Mike Kühne

Berufserfolg von Akademikerinnen und Akademikern

AF155108

Mike Kühne

Berufserfolg von Akademikerinnen und Akademikern

Theoretische Grundlagen und empirische Analysen

VS VERLAG FÜR SOZIALWISSENSCHAFTEN

Bibliografische Information der Deutschen Nationalbibliothek
Die Deutsche Nationalbibliothek verzeichnet diese Publikation in der
Deutschen Nationalbibliografie; detaillierte bibliografische Daten sind im Internet über
<http://dnb.d-nb.de> abrufbar.

1. Auflage 2009

Alle Rechte vorbehalten
© VS Verlag für Sozialwissenschaften | GWV Fachverlage GmbH, Wiesbaden 2009

Lektorat: Katrin Emmerich / Jens Ossadnik

VS Verlag für Sozialwissenschaften ist Teil der Fachverlagsgruppe
Springer Science+Business Media.
www.vs-verlag.de

Das Werk einschließlich aller seiner Teile ist urheberrechtlich geschützt. Jede
Verwertung außerhalb der engen Grenzen des Urheberrechtsgesetzes ist
ohne Zustimmung des Verlags unzulässig und strafbar. Das gilt insbesondere
für Vervielfältigungen, Übersetzungen, Mikroverfilmungen und die Einspei-
cherung und Verarbeitung in elektronischen Systemen.

Die Wiedergabe von Gebrauchsnamen, Handelsnamen, Warenbezeichnungen usw. in diesem
Werk berechtigt auch ohne besondere Kennzeichnung nicht zu der Annahme, dass solche
Namen im Sinne der Warenzeichen- und Markenschutz-Gesetzgebung als frei zu betrachten
wären und daher von jedermann benutzt werden dürften.

Umschlaggestaltung: KünkelLopka Medienentwicklung, Heidelberg
Druck und buchbinderische Verarbeitung: Krips b.v., Meppel
Gedruckt auf säurefreiem und chlorfrei gebleichtem Papier
Printed in the Netherlands

ISBN 978-3-531-16563-9

Für Grit

Inhaltsverzeichnis

1 Einleitung

„Studieren lohnt sich auch in Zukunft". Zu diesem Schluss kommen Reinberg und Schreyer (2003) und verweisen damit sowohl auf die Perspektiven, die sich aus einem Hochschulstudium ergeben können als auch auf die Bedeutung eines Studiums in den vergangenen Jahrzehnten. Der erfolgreiche Abschluss eines Hochschulstudiums war lange Zeit ein Garant für soziale Absicherung und Prestige in der Gesellschaft. Bis in die 1960er Jahre führte ein Hochschulstudium in der Regel zu überdurchschnittlichem Einkommen und einer der Ausbildung entsprechenden Beschäftigung. Trotz zahlreicher gesellschaftlicher Veränderungen scheint der Gruppe der Hochqualifizierten im Arbeitsmarkt nach wie vor eine privilegierte Stellung zuzukommen (Bundesagentur für Arbeit 2007; Hohn 2006; Reinberg und Hummel 2005). Das steigende öffentliche und wissenschaftliche Interesse am Akademikerarbeitsmarkt kann vor dem Hintergrund der Entwicklungen der letzten drei Jahrzehnte nicht verwundern. Dietrich und Abraham (2005: 86) gehen von einer Steigerung des Anteils an Hochqualifizierten im Arbeitsmarkt um etwa 300 % von 1975 bis zum Jahre 2000 aus. Der Anteil hochqualifizierter Personen an der erwerbstätigen Bevölkerung in Deutschland insgesamt gibt Grund zu der Annahme, dass der Bedarf an Personen mit Hochschulabschluss weiter steigen wird (OECD 2006).[1] Auch wenn die Diskussion der Entwicklungen und Tendenzen des Akademikerarbeitsmarktes im Laufe der Zeit unterschiedliche Aspekte fokussierte, steht zumindest ein theoretisches Konstrukt dauerhaft im Mittelpunkt: der Berufserfolg von Akademikerinnen und Akademikern.

Dieses Buch befasst sich mit akademischen Berufsverläufen. Schwerpunkt der empirischen Untersuchung sind die Determinanten beruflichen Erfolgs von Hochqualifizierten. Erste Untersuchungen zum Thema Berufserfolg fanden bereits am Anfang des vorangegangenen Jahrhunderts statt (Parsons 1909; Thorndike 1934). Gegenstand soziologischer Forschung wurde das Konstrukt Berufserfolg bereits Mitte des letzten Jahrhunderts (Hughes 1958). Mittlerweile existiert eine brei-

---

[1] Allerdings muss dieser Befund relativiert werden, da die Voraussetzungen an Bildungszertifikaten für bestimmte Berufe sehr unterschiedlich sind.

te empirische Basis mit sehr unterschiedlichen Schwerpunktsetzungen. Auf der Grundlage der empirischen Befunde wird deutlich, dass in Abhängigkeit der jeweiligen Fragestellung eine kontextspezifische Konzeptualisierung des Konstruktes von enormer Bedeutung ist (Heslin 2005). In dieser Arbeit geht es im Kern um die beiden Fragen, was den beruflichen Erfolg von Hochqualifizierten kennzeichnet und wovon dieser zu unterschiedlichen Zeitpunkten individueller Berufsverläufe abhängt.

Die Arbeitsmarkt- und Berufsforschung hat sich im Zuge der steigenden Nachfrage von Hochqualifizierten am Arbeitsmarkt auch verstärkt den Prozessen und Veränderungen im tertiären Bildungssektor und im Anschluss daran den Berufswegen von Personen mit Hochschulabschluss zugewandt. Trotzdem existieren bislang wenige Studien, die den Berufserfolg von Hochqualifizierten systematisch untersucht haben. Die stetig wachsende Zahl an Absolventenstudien liefern zwar Bestandsaufnahmen zur beruflichen Situation von Hochschulabsolventinnen und Hochschulabsolventen. Allerdings fehlen zum einen Informationen zur Entwicklung von Berufserfolg in den individuellen Berufsverläufen, da Berufserfolg meist als statisches Konzept gefasst wird. Zum anderen wissen wir wenig darüber, wie der Berufseintritt – als zentrale Statuspassage – auf den Berufsverlauf und damit den Berufserfolg von Hochqualifizierten wirkt. Die Mobilitätsforschung, die neben dem Fokus auf intergenerationale Prozesse auch Erklärungen individueller Karriereverläufe liefert, konnte bereits die determinierende Wirkung des Berufseinstiegs auf den späteren Berufsverlauf nachweisen (Blossfeld 1987, 1989; Shavit und Müller 1998). Inwieweit der Berufseintritt den Berufserfolg von Hochqualifizierten beeinflusst, ist bisher kaum Gegenstand empirischer Analysen gewesen.

Die individuellen Karrierechancen von Personen mit Hochschulabschluss sind abhängig von zahlreichen gesellschaftlichen Veränderungsprozessen. Für die Erwerbstätigkeit von Hochqualifizierten sind dabei insbesondere die Veränderungen der beruflichen Struktur – durch die Verschiebung der Beschäftigung vom primären über den sekundären zum tertiären Sektor – und die Bildungsexpansion herauszustellen. Wie die Lebenslauf-, Bildungs- und Arbeitsmarktforschung zeigen kann, ergaben sich insbesondere aus diesen beiden Wandlungsprozessen ambivalente Arbeitsmarktsituationen für Akademiker/innen. Auf der einen Seite werden als Reaktion auf die anstehende Bewältigung des Aufkommens an technologischen Innovationen verstärkt Hochqualifizierte nachgefragt (Gleiser 1996). Dazu kommt es zumindest bis zum Ende der 1980er Jahre mit der Expansion des Staates und dessen wohlfahrtsstaatlichen Programmen zu einer verstärkten Nachfrage von Hochschulabsolventinnen und Hochschulabsolventen in diesem

Bereich (Becker 1993; Blossfeld und Becker 1989). Auf der anderen Seite werden bereits frühzeitig Phänomene wie Bildungsinflation und Verdrängungsprozesse auf allen Qualifikationsebenen diskutiert (Blossfeld 1983, 1984a). Die privilegierte Stellung, die lange Zeit mit dem erfolgreichen Abschluss eines Hochschulstudiums verbunden war, verliert auf dem Arbeitsmarkt an uneingeschränkter Gültigkeit. Arbeitslosigkeit ist nicht länger ein Phänomen, das ausschließlich Personen mit Berufsausbildung sowie Personen ohne abgeschlossene Ausbildung betrifft. Es wird seit einiger Zeit von einer steigenden Anzahl an Personen ausgegangen, die trotz eines erfolgreichen Hochschulabschlusses ausbildungsfremden und damit oft inadäquaten Tätigkeiten nachgehen. Das Bild des „Taxifahrers Dr. phil." (Schlegelmilch 1987) ist regelmäßig Gegenstand tagespolitischer Kontroversen. Bereits in den 1970er Jahren begann die Diskussion um die Existenz eines „akademischen Proletariats" (Schlafke 1972). Allerdings konnten Ende der 1970er Jahre weder der prognostizierte Anstieg der Akademikerarbeitslosigkeit noch die befürchteten Dequalifizierungstendenzen im erwarteten Maß empirisch belegt werden (Teichler 1981; Tessaring 1982).

Dieses Thema erlebt jedoch in regelmäßigen Abständen Renaissance. Auch die aktuellen Diskussionen zur Erwerbstätigkeit von Hochqualifizierten sind von Ambivalenz geprägt. Ausgelöst durch einen Beitrag in der Wochenzeitung „Die Zeit" im Jahr 2005, wird nun der Missbrauch von Praktika bei Hochqualifizierten diskutiert. Auf der einen Seite wurde ein starker Anstieg postgradueller Praktika diagnostiziert und damit die „Generation Praktikum" ausgerufen (u. a. Grühn und Hecht 2007). Demgegenüber liefern die Ergebnisse einer bundesweiten Absolventenstudie der Hochschul-Informations-System GmbH aus dem Jahr 2007 keinen Hinweis auf einen übermäßigen Anstieg des Phänomens Praktika nach dem Studium, der den Begriff „Generation Praktikum" rechtfertigen würde (Briedis und Minks 2007).

Ausgangspunkt der Fragestellung sind die beiden sozialen Veränderungsprozesse des sektoralen Wandels sowie der Bildungsexpansion. Die gesellschaftlichen Wandlungsprozesse können nur aus einer Verlaufsperspektive heraus analysiert werden. Bildungs- und Berufsverläufe werden deshalb als Teil des Lebensverlaufs gesehen. Lebenslauf bedeutet dabei nicht die Biografie eines Individuums, sondern das kollektive Verlaufsmuster von Biografien einer größeren Gruppe (Kohli 1985). Für die Analyse akademischer Berufsverläufe stellen Bildungs- und Berufsverläufe damit Schnittstellen zwischen individuellem Planen und Handeln auf der einen und der Sozialstruktur auf der anderen Seite dar.

In diesem Buch werden auf der Basis eines mehrdimensionalen Konzeptes von Berufserfolg spezifische Statuspassagen in Berufsverläufen von Hochschulabsolventinnen und Hochschulabsolventen untersucht. Dabei werden drei zentrale Fragestellungen in den Vordergrund gerückt:

Was kennzeichnet den Berufserfolg von Akademikerinnen und Akademikern?
Das Konstrukt Berufserfolg kann auf unterschiedliche Weise operationalisiert werden. Schwerpunkt in der sozialwissenschaftlichen Literatur waren dabei lange Zeit objektive Indikatoren.[2] Insbesondere monatliches Einkommen, Arbeitszeit und Stundenlohn wurden als relevante Indikatoren in den Beschreibungen und Erklärungen der beruflichen Situation von Hochqualifizierten herangezogen. In den letzten Jahren sind vermehrt subjektive Indikatoren[3], als zweite Dimension beruflicher Erfolgsmessung, einbezogen worden. Erst unter Berücksichtigung der subjektiven Beurteilung der jeweiligen beruflichen Situation erscheint eine Zuschreibung von erfolgreich beziehungsweise erfolglos als inhaltlich sinnvoll. Auch objektivierbare Gegenstände wie sozialer Status oder Einkommen, im Sinne einer maßstäblichen Zuschreibung aus einer Außenperspektive, gewinnen ihre Substanz erst in der Einschätzung der Angemessenheit durch die Personen selbst. Damit verbunden ist zugleich die Möglichkeit, Bilanzierungen und Bewertungen von Statusinkonsistenzen zu erfassen, da subjektive Bewertungen zugleich Reflexionen objektiver Bedingungen darstellen. Dadurch werden in der Messung des beruflichen Erfolgs auch berufliche Aspirationen und die Bewertung des Erreichten sichtbar. Daraus ergibt sich die Frage, welche Indikatoren sich für die Messung von Berufserfolg von Hochqualifizierten besonders eignen. Voraussetzung für die Bearbeitung der Fragestellung ist jedoch die Berücksichtigung von Verlaufsdaten, da sich subjektive Wahrnehmungen, ebenso wie objektive Indikatoren, im Berufsverlauf verändern können. Der Bedeutung individueller Bewertungen wird auch hier Rechnung getragen, indem sowohl objektive als auch subjektive Indikatoren bei der Ausarbeitung des Konstruktes Berufserfolg Beachtung finden. Bisher wurden die einzelnen Aspekte beruflichen Erfolgs getrennt erklärt, was häufig zu heterogenen Ergebnissen bezüglich einzelner Determinanten führte. In dieser Arbeit wird deshalb ein Konstrukt verwendet, das gleichwertig verteilt aus objektiven und subjektiven Indikatoren besteht und dadurch nur eine zentrale abhängige Variable repräsentiert. Damit wird zum einen das Ziel verfolgt, der Komplexität

---

[2] Der Begriff „objektive Indikatoren" ist aus der Sozialindikatorenforschung hervorgegangen und steht für Indikatoren, die sich auf objektive Lebensbedingungen oder Dimensionen der Sozialstruktur beziehen (Noll 2000: 4).

[3] In Abgrenzung zu den objektiven Indikatoren sind „subjektive Indikatoren" Maße, die mit einer Bewertung der Untersuchungsteilnehmer/innen einhergehen. Daraus folgt unter anderem, dass anders als im Falle von objektiven Indikatoren, die auf den verschiedensten Wegen gewonnen werden, subjektive Indikatoren ausschließlich mit Befragungen erhoben werden können (Noll 2000: 4f.).

des Konstruktes Berufserfolg Rechnung zu tragen und zum anderen die Analyse der unterschiedlichen Einflüsse überschaubar zu halten. *Wie gestaltet sich der Berufseintritt nach dem Verlassen der Hochschule?* Die einzelnen Indikatoren beruflichen Erfolgs sind eingebunden in zahlreiche gesellschaftliche Prozesse und hängen gleichzeitig von individuellen Entscheidungen der Personen mit Hochschulabschluss ab. Um das komplexe Konstrukt Berufserfolg von Hochqualifizierten entfalten zu können, muss deshalb dem Verlaufscharakter Rechnung getragen werden, indem der Berufserfolg nicht zeitunabhängig in die Analysen eingeht. Um Veränderungen im zeitlichen Verlauf zumindest kontrollieren zu können, müssen außerdem die zentralen zeitveränderlichen Determinanten herausgearbeitet und anschließend in die Analysen einbezogen werden. Dabei steht die Frage im Mittelpunkt, über welchen Zeitraum sich die Phase des Übergangs von der Hochschule in die erste Erwerbstätigkeit erstreckt und welche Determinanten die Dauer beeinflussen.

Welche Determinanten haben eine besondere Wirkung auf den Berufserfolg und welchen Stellenwert besitzt die berufliche Erstplatzierung nach dem Studium? Es lassen sich in der Literatur Hinweise darauf finden, dass einzelne Statuspassagen in Berufsverläufen eine herausragende Stellung einnehmen. Vor allem dem Berufseintritt wird eine determinierende Kraft zugeschrieben, die nachhaltig auf den sich anschließenden Berufsverlauf wirkt. Deshalb wird diesem Zeitpunkt besonderes Augenmerk geschenkt und Determinanten der Übergangsphase untersucht. Die Berufsverläufe sind als Teil von Lebensläufen immer ein individuelles Konstrukt und unterliegen zugleich dem Prinzip sozialer Organisation (Birkelbach 1998). Damit sind für Analysen beruflichen Erfolgs sowohl makrosoziologische Phänomene, wie der Wandel von Arbeitsmarktstrukturen, als auch individuelle Aspekte, wie Elternschaft und spezifische Ressourcen, von hoher Relevanz. Deswegen beschäftigt sich ein Teil dieser Arbeit mit der Entwicklung eines Modells, das die Komplexität des Berufserfolgs berücksichtigt, sich aber zugleich am Postulat sparsamer Modelle orientiert. Ziel des Modells ist es, relevante Einflüsse beruflichen Erfolgs herauszuarbeiten. Besondere Beachtung wird dabei dem Berufseinstieg geschenkt. Es wird insbesondere analysiert, wie sich Unterschiede im Übergang von der Hochschule in den Arbeitsmarkt im beruflichen Erfolg widerspiegeln. Weiterhin wird untersucht, ob der Berufsverlauf, gemessen an subjektiven Bilanzierungen und objektiven Merkmalen, den späteren Berufserfolg ebenfalls beeinflussen kann. Aufgrund der Anlage der zugrunde liegenden Studie besteht die besondere Möglichkeit, Aspekte des Berufseintritts mit Gegebenheiten der letzten Erwerbstätigkeit bei Personen mit abgeschlossenen Berufsverläufen zu vergleichen. Diese Besonderheit der Datengrundlage ermöglicht es, insbesondere den Berufserfolg als zeitlich variierendes Phänomen untersuchen zu können. Dadurch können nun Entwicklungen im Berufserfolg und deren Ursachen spezifiziert werden. Das vorliegende Buch bearbeitet diese Fragestellungen und ist dafür in drei Teile gegliedert.

(I) Im ersten Teil (Kapitel eins bis sechs) wird in das Thema Berufserfolg von Hochqualifizierten eingeführt. Dafür wird im zweiten Kapitel ein historischer Abriss zur jüngeren Entwicklung des Akademikerarbeitsmarktes gegeben. Im Mittelpunkt werden dabei die Veränderungen der letzten vier Jahrzehnte auf dem Akademikerarbeitsmarkt stehen. Es wird entlang des zentralen Arbeitsmarktindikators *Akademikerarbeitslosigkeit* aufgezeigt, wie sich Unterschiede zwischen Fächergruppen entwickelten und welche Differenzen sich zwischen Akademikerinnen und Akademikern ergeben haben. Der Übergang von der Hochschule in den Beruf und der Verbleib von Hochqualifizierten ist in den letzten Jahren stärker in den Blickpunkt sozialwissenschaftlicher Forschung getreten. Zugleich war ein wachsendes Interesse der Bildungseinrichtungen im tertiären Sektor an ihren Absolventinnen und Absolventen zu verzeichnen. Es wurden zahlreiche Untersuchungen initiiert, die Daten zu akademischen Berufsverläufen erhoben haben und im Anschluss daran zumeist fach- bzw. hochschulspezifisch analysierten. Es existiert eine Reihe von Befunden – vor allem aus der Absolventenforschung – zum beruflichen Erfolg. An dieser Stelle werden die zentralen Indikatoren vorgestellt, die zur Operationalisierung des Berufserfolgs von Hochqualifizierten herangezogen wurden.
In der Literatur existieren bereits einige Modelle zur Erklärung beruflichen Erfolgs. In den beiden sich anschließenden Kapiteln werden zuerst die zentralen Determinanten und anschließend Theorien und Modelle zur Erklärung beruflichen Erfolgs vorgestellt. Dabei kann aufgezeigt werden, dass in Bezug auf die Konzeptualisierung des Konstruktes und der Bedeutung einzelner Statuspassagen ein Forschungsdesiderat besteht. Insbesondere der Verlaufscharakter akademischer Erwerbstätigkeit fand bisher wenig Berücksichtigung. In Bezug auf den Bedarf an lebensverlaufsorientierter Erklärung beruflichen Erfolgs von Personen mit Hochschulabschluss werden abschließend die zentralen Forschungsfragen und Hypothesen abgeleitet. Die Perspektive liegt dabei auf den Möglichkeiten einer Verlaufsdatenanalyse bei der Untersuchung und Erklärung beruflichen Erfolgs von Personen mit Hochschulabschluss.

(II) Gegenstand des zweiten Teils (Kapitel sieben) sind methodische Aspekte der zugrunde liegenden Studie. Eingangs wird das Forschungsdesign vorgestellt, um einen Einblick in den zeitlichen Verlauf, den Auswahlrahmen und die Datenqualität zu geben. Im Anschluss daran werden zentrale messtheoretische Aspekte diskutiert, die mit der Messung einzelner Indikatoren aufgetreten sind. Dabei wird auf Probleme bei der Operationalisierung und Messung von Einkommen und Zufriedenheit, zwei zentralen Indikatoren beruflichen Erfolgs, eingegangen.

(III) Im dritten Teil des Buches (Kapitel acht bis dreizehn) stehen die Präsentation und Diskussion der Ergebnisse im Mittelpunkt. Zu Beginn werden Befunde zum Übergang von der Hochschule in die erste Erwerbstätigkeit nach dem Studium präsentiert. Es werden spezifische Übergangsprofile vorgestellt und verschiedene Einflüsse auf die Suchdauer diskutiert. Im Anschluss daran werden Ergebnisse zur ersten Erwerbstätigkeit nach dem Studium präsentiert. Schwerpunkt in diesem Kapitel ist die Frage, welche Aspekte den Berufserfolg der ersten Erwerbstätigkeit nach dem Verlassen der Hochschule bedingen. Das sich anschließende Kapitel beinhaltet Befunde zum Berufsverlauf von Hochqualifizierten. Der Untersuchungszeitraum der Studie umfasst die Jahre von 1970 bis 2000. Aufgrund der Anlage der Befragung als Retrospektiverhebung (dazu Kapitel 7.2) ist die Analyse umfangreicher Berufsverläufe möglich. Schwerpunkt der Analysen in diesem Abschnitt sind Kontinuität und Diskontinuität im Berufsverlauf. Im folgenden Kapitel wird der Berufserfolg der letzten Erwerbstätigkeit vor dem Ende des Berufsverlaufs untersucht. Dabei wird unter anderem der Frage nachgegangen, welche Aspekte einen Einfluss haben und inwieweit sich Einflüsse des Berufseintritts bis zu diesem Zeitpunkt nachweisen lassen. Im letzten Kapitel werden die vorgestellten Ergebnisse diskutiert und in den Forschungskontext eingeordnet.

2 Grundzüge der Entwicklung des Akademikerarbeitsmarkts

Die Beschäftigungssituation als einer der zentralen Eckpfeiler innerhalb eines Wirtschaftssystems hat sich in den letzten drei Jahrzehnten des letzten Jahrhunderts gerade für Akademiker/innen als wechselhaft erwiesen. Deutschland war Ende der 1970er Jahre von einer zweiten Rezession geprägt, die sich unter anderem auch in einer erschwerten Arbeitsmarktsituation für Hochqualifizierte[1] manifestierte. Damit erlebte erstmals eine größere Gruppe von Erwerbstätigen mit einem Hochschulabschluss Arbeitslosigkeit, die mit schwankender Intensität bis heute auf diesem Teilarbeitsmarkt zu finden ist. Die 1980er Jahre waren gekennzeichnet von der Ausbreitung technischer Innovationen, die vor allem durch den Mikroprozessor eingeleitet wurde. Diese Entwicklung konstituierte eine ambivalente Situation. Auf der einen Seite führte der technische Fortschritt zur Freisetzung von Arbeitskräften. Auf der anderen Seite wurden verstärkt Personen mit Hochschulabschluss gesucht, die über die notwendigen Kompetenzen und den erforderlichen Ausbildungshorizont verfügten. Aufgrund der herausragenden Bedeutung für die Entwicklung des Akademikerarbeitsmarkts sind in dieser Epoche vor allem zwei gesellschaftliche Veränderungen herauszustellen:[2]

(1) 1970 waren etwa 50 % der Erwerbstätigen in Handwerk und Industrie tätig. Seit Mitte der 1970er Jahre ist die Zahl der Erwerbstätigen im tertiären Sek-

---

[1] Der Terminus *Hochqualifizierte* wird im Folgenden synonym für Akademikerinnen und Akademiker verwendet.

[2] Es existieren zahlreiche anderen Aspekte – wie beispielsweise Internationalisierung, globale Phänomene auf den Wirtschafts- und Finanzmärkten, den Wandel der Arbeitsorganisation oder den Bedeutungsgewinn der Schlüsselqualifikationen (Mertens 1974) – die Einfluss auf die Entwicklung der Erwerbstätigkeit von Hochqualifizierten haben. Mit Perspektive auf den beruflichen Erfolg, insbesondere im Vergleich zu anderen Bildungsabschlüssen, stellen allerdings die Bildungsexpansion sowie die Verschiebung der Bedeutungsgewichte zwischen den Sektoren die Meilensteine gesellschaftlicher Veränderung für den Beobachtungszeitraum der dieser Arbeit zugrunde liegenden Studie dar.

tor[3] größer als die Zahl im sekundären Sektor (Statistisches Bundesamt 2006: 278). Im Jahr 2000 waren schließlich nur noch etwa 32 % der Erwerbstätigen im sekundären Sektor beschäftigt. Handel und Dienstleistung gewinnen gemessen an der Wertschöpfung sowie der Anzahl der Beschäftigten kontinuierlich an Bedeutung. Dieser Umbau der Branchenstruktur hat sich in den letzten 20 Jahren immer schneller vollzogen (Alex 2000). Parallel dazu kam es seit den 1970er Jahren zu einem rapiden Bedeutungsverlust des sekundären Sektors (Baethge 2000). Diese Befunde sind ein zentrales Kennzeichen des sektoralen Strukturwandels von der Industrie- hin zur Dienstleistungsgesellschaft. In der Literatur häufig als Postindustrialismus etikettiert, ist diese Entwicklung insbesondere durch das Wachstum des tertiären Sektors und den Bedeutungsgewinn des Wissens als Produktivkraft gekennzeichnet (u. a. Bell 1975; Häußermann und Siebel 1995; Offe 1984; Touraine 1972).

Bereits frühzeitig stellte sich die Frage, wie sich diese Verschiebung zwischen den Sektoren – unter anderem in Bezug auf die Beschäftigungsquote – zwischen den Berufssektoren für die Beschäftigung von Hochqualifizierten auswirken würde. Die mit dem berufstrukturellen Wandel verbundenen Anforderungen an die Qualifikation konnten eher zu einer Zunahme an akademischen Berufen führen. Wie Blossfeld (1985b) aufzeigt, lieferte Bell (1975) bereits Mitte der 1970er Jahre mit der These der Wissensgesellschaft die theoretische Grundlage für diese Entwicklung und prognostizierte die Expansion von Ingenieur-, Techniker- und Wissenschaftlerberufen, die bereits vorher vereinzelt empirisch bestätigt werden konnten (Blauner 1964).

(2) In diesem Zeitraum fällt die *Bildungsexpansion* und die damit primär verbundene Ausweitung des Bildungswesens. Initiiert vom Staat, um die Nachfrage nach höher qualifizierten Arbeitskräften zu befriedigen und um gleichzeitig wohlfahrtsstaatliche Programme wie Bildung, Gesundheit und Sozialfürsorge ausbauen zu können (Schubert und Engelage 2006: 93), waren sicherlich auch humanistische Gründe wie die Stärkung der Demokratie durch eine verbesserte Entscheidungsfähigkeit mündiger Bürger ausschlaggebend (Dahrendorf 1965). Von besonderem Interesse für Analysen des Akademikerarbeitsmarktes ist dabei der Ausbau des höheren Schul- und Hochschulangebots. Es kam in der weiteren Folge zu einer enormen Expansion des Hochschulwesens. Die Tertiärisierung des Bildungswesens war damit ein wichtiger Wegbereiter der

---

[3] Die Unterscheidung in den primären, sekundären sowie tertiären Sektor bezieht sich auf das Drei-Sektoren-Modell von Fourastié (1954), das auf den Arbeiten von Fisher (1939) und Clark (1940) aufbaut. Fourastié (1954) skizzierte schon in der Mitte des letzten Jahrhunderts den sozioökonomischen Wandel. Dabei werden, mit Fokus auf den technischen Fortschritt, die Bedeutungsverschiebungen zwischen den drei Sektoren beschrieben.

Akademisierung der Erwerbstätigkeit. Die Anzahl der Studierenden hat stetig zugenommen. Ein immer größerer Anteil der alterspezifisch relevanten Bevölkerung beginnt ein Studium an einer Universität oder Fachhochschule. 1960 nahmen nur 8 % eines Jahrgangs ein Hochschul- bzw. Fachhochschulstudium auf. Seit Mitte der 1960er Jahre sind die Studierendenzahlen in Deutschland kontinuierlich angestiegen. Im Wintersemester 2003/2004 waren mit etwas über 2 Millionen so viele Studierende an deutschen Hochschulen eingeschrieben wie nie zuvor (Statistisches Bundesamt 2005: 76).[4] Folgt man den Prognosen der Kultusministerkonferenz, unter der Annahme, dass zwischen 70 % und 80 % der Studienberechtigten ein Hochschulstudium aufnehmen, werden die Zahlen immatrikulierter Studierender vorerst weiter steigen. Diese Entwicklungen lassen sich allerdings nur unzureichend auf demografische Entwicklungen zurückführen. Vielmehr ist hier ein verändertes Bildungsverhalten ausschlaggebend, das seinen Ursprung in den sozialen Strukturen hat (Fischer et al. 1993).

Im nun folgenden Abschnitt wird ein deskriptiver Überblick zur Akademisierung der Erwerbstätigkeit gegeben. Außerdem werden einzelne Aspekte aufgezeigt, die zu dieser Entwicklung geführt haben. Im Anschluss daran wird anhand der Akademikerarbeitslosigkeit die spezifische Stellung der Hochqualifizierten auf dem Arbeitsmarkt skizziert. Die Arbeitslosigkeit wird als ein spezifischer Arbeitsmarktindikator anschließend etwas differenzierter nach Fächergruppen und im Unterschied zwischen Männern und Frauen mit Hochschulabschluss untersucht. Das Kapitel endet mit einem Ausblick in die Zukunft des Akademikerarbeitsmarktes. Aufgrund der relativ konstanten langjährigen Entwicklung qualifikationsspezifischer Arbeitslosenquoten besonders bei Hochqualifizierten und der eingangs aufgezeigten Trends im gesellschaftlichen Wandel lassen sich für Personen mit Hochschulabschluss Prognosen der zukünftigen Nachfrage auf dem Arbeitsmarkt ableiten.

2.1 Die Akademisierung der Erwerbstätigkeit am Ende des 20. Jahrhunderts

Die im Zuge der Bildungsexpansion steigenden Studienberechtigtenzahlen führten insgesamt zu einem Anstieg der absoluten Studierendenzahlen in Deutschland. Die enorm gestiegenen Eintrittszahlen führten, korrigiert um die Schwund-

---

[4] Allerdings sank im darauf folgenden Wintersemester die Zahl der eingeschriebenen Studierenden an deutschen Universitäten leicht unter die 2 Millionengrenze (Statistisches Bundesamt 2006).

quoten, zu einer Zunahme der Hochschulabsolventinnen und Hochschulabsolventen.[5] Diese Entwicklung lässt sich an ausgewählten Jahrgängen aufzeigen. Die Zahl der bestandenen Abschlussprüfungen stieg von 117.000 (1975) auf 230.000 (1995) (Statistisches Bundesamt 2006: 68).[6]

Sowohl die Bildungsexpansion als auch die Verschiebungen zwischen den Sektoren spiegeln sich in einem steigenden Akademisierungsgrad als Indikator des Anteils von Hochqualifizierten am Gesamtarbeitsmarkt wider. Die Expansion des Akademikerarbeitsmarktes führte zu einer Zunahme des Akademisierungsgrades an der Gesamtbevölkerung von 3 % Anfang der 1960er Jahre auf 7 % Mitte der 1970er. Innerhalb der nächsten zwei Jahrzehnte hat sich der Anteil bereits verdoppelt. In Westdeutschland besaßen kurz vor der Jahrtausendwende 16 % und in Ostdeutschland bereits 17 % der erwerbstätigen Bevölkerung einen universitären Abschluss oder ein Fachhochschulabschluss (Reinberg und Hummel 2002: 581). Die Gründe für die veränderte Angebots- und Nachfragesituation sind unterschiedlicher Natur. In der Literatur lassen sich, in Abhängigkeit vom wissenschaftlichen Zugang, weitere Ursachen finden:

- Eine Reaktion auf die Nachfrage von Hochqualifizierten zur Bewältigung des Aufkommens an technologischen Innovationen (u. a. Gleiser 1996),
- Eine Erhöhung der Konkurrenz- und Leistungsfähigkeit des Hochtechnologie- und Hochlohnstandorts Deutschland (u. a. Picht 1964; Reinberg und Hummel 2002),
- Die Bedeutung von Bildung als Voraussetzung demokratischer Gesellschaftsstrukturen (Dahrendorf 1965),
- Veränderte Aufgaben des Bildungssystems (u. a. Schelsky 1956; Geißler 2000)
- Und damit verbundene bildungspolitische Zielsetzungen vor allem in Bezug auf soziale Ungleichheit im Bildungssystem (Geißler 2004; Hradil 2001: 149f.),
- Die Überwindung der „deutschen Bildungskatastrophe" (Picht 1964) als Ausdruck quantitativer und qualitativer Mängel im Bildungssystem.

---

[5] Diese Entwicklung ist nicht nur in der Bundesrepublik Deutschland zu beobachten, sondern vollzog sich in der Nachkriegszeit in allem entwickelten Gesellschaften. Für diesen Zuwachs sind weitere Aspekte, wie beispielsweise ein Anstieg der Studiendauer, verantwortlich, können aber an dieser Stelle nicht weiter diskutiert werden.

[6] Diese Zahlen sanken zwischenzeitlich auf 208.000 (2001) ab, stiegen aber bis 2004 wieder auf 231.000 an. Im Vergleich zur Entwicklung der Studienanfängerzahlen im gleichen Zeitraum fällt dieser Anstieg eher moderat aus.

Ohne an dieser Stelle die einzelnen Ursachen diskutieren zu können und ohne Anspruch auf Vollständigkeit der angeführten Argumente zu erheben, wird ersichtlich, wie vielschichtig die Akademikerrate – als Ausdruck einer spezifischen Arbeitsmarktentwicklung – strukturell in gesellschaftliche Prozesse eingebunden ist. Aus soziologischer Perspektive sind eine Reihe von Schwierigkeiten vor allem mit den beabsichtigten, erwarteten und unintendierten Folgen der Bildungsexpansion verbunden (Müller 1998). Aufgrund des oftmals reflexiven Charakters einzelner Entwicklungen sind einfache Ursache-Wirkungs-Schemata kaum zur Erklärung heranzuziehen (dazu auch Hadjar und Becker 2006a). Allerdings lassen sich den Akademikerzahlen einzelne Befunde gegenüberstellen, die den Akademikerarbeitsmarkt charakterisieren und die Entwicklungen auf diesem Teilarbeitsmarkt empirischen Untersuchungen zugänglich machen.

Der Zuwachs von Personen mit Hochschulabschluss auf dem Arbeitsmarkt war zugleich mit einer stärkeren Betroffenheit und Teilhabe von Hochqualifizierten an den generellen Arbeitsmarktproblemen verbunden. Die Schwierigkeiten auf dem Akademikerarbeitsmarkt manifestieren sich dabei in sehr unterschiedlichen Phänomenen. *Untypische* Beschäftigungsformen, *inadäquate* Beschäftigung, *Grauzonen* des sozialen Verbleibs, Schwierigkeiten beim Arbeitsmarkteintritt und die Dauer bis zum Erreichen einer regulären Erwerbstätigkeit, stellen einige zentralen Indikatoren dar, die im Kontext problematischer Akademikerbeschäftigung diskutiert werden (u. a. Burkhardt et al. 2000; Briedis und Minks 2004; Holtkamp et al. 2000; Schlegelmilch 1987). Die registrierte Arbeitslosigkeit stellt einen weiteren wichtigen Indikator dar. Allerdings sollte die registrierte Arbeitslosigkeit in ihrer Bedeutung nicht überschätzt und aufgrund der zahlreichen anderen Phänomene nicht allein zur Beurteilung beruflicher Situationen herangezogen werden (Schreyer 2001: 1). Es ist jedoch bei der enormen Bedeutung, die der Erwerbstätigkeit im gesamten Lebensverlauf zugeschrieben wird (Kohli 1985; Kohli und Künemund 2000) nicht verwunderlich, dass den Phasen von Arbeitslosigkeit in den individuellen Berufskarrieren ein besonderer Stellenwert zur Analyse von Erwerbstätigkeit und Arbeitsmarktsituation von Hochqualifizierten zukommen. Zumal mit Arbeitslosigkeit eine Reihe individueller und gesellschaftlicher Folgen verbunden sind.[7] Im Vergleich zu anderen Bildungsgruppen ist die Arbeitslosenquote allerdings sehr gering und in den letzten Jahren stabil (Reinberg und Hummel 2005). Die Arbeitslosigkeit unter Hochqualifizierten wird nun in Abschnitt 2.2 näher vorgestellt und diskutiert.

---

[7] Ohne an dieser Stelle näher auf die Folgen eingehen zu können, sei sowohl auf die gesamtwirtschaftlichen als auch auf die sich ergebenden individuellen Auswirkungen verwiesen (zum Überblick Bonß 2001; Jahoda 1982; Kronauer 2002; Ludwig-Mayerhofer 2005; Mutz et al. 1995).

2.2 Registrierte Arbeitslosigkeit – der zentrale Arbeitsmarktindikator

Mitte der 1970er Jahre kommt es im Zuge der ersten Ölkrise auch in der Bundesrepublik Deutschland zu einem Anstieg der offiziell registrierten Arbeitslosen insgesamt sowie einer Zunahme an arbeitslosen Hochqualifizierten (Tessaring 1977).[8] Mit dieser Entwicklung wird zum ersten Mal die lange Zeit mit dem Erwerb des Abiturs verbundene Sonderstellung einer Bildungselite (Wolter 1989: 79) nachhaltig erschüttert. Die Anzahl arbeitsloser Personen mit Hochschulabschluss nahm in den darauf folgenden Jahren, wenn auch nicht stetig, zu (Bundesagentur für Arbeit 2007). Absolut erhöhte sich die Zahl arbeitsloser Akademiker von 10.000 im Jahre 1973 auf 140.000 im Jahre 1988 und entsprach zu diesem Zeitpunkt etwa einem Anteil von 7 % aller Arbeitslosen (Falk und Weiß 1993: 7). Im September 2001 waren 180.000 Akademiker/innen arbeitslos. Diese Zahl stieg weiter bis auf 253.000 im September 2003. Das entspricht einem Zuwachs von 40 % innerhalb dieser zwei Jahre (Reinberg und Schreyer 2003: 1). Trotz dieser zwischenzeitlichen Zunahme der absoluten Zahlen verweisen die relativen Häufigkeiten auf einen stabilen Anteil arbeitsloser Akademiker/innen zwischen 3 und 4 % seit Beginn der 1990er Jahre (Reinberg und Hummel 2005: 2).

Mittlerweile werden die Arbeitsmarktchancen der Hochschulabgänger/innen höchst unterschiedlich bewertet. Auf der einen Seite verweisen die eingangs angeführten Studien auf eine steigende Akademikerarbeitslosigkeit. Auf der anderen Seite wird höherer Bildung ein Schutzmechanismus vor Arbeitslosigkeit zugeschrieben (Reinberg und Hummel 2005; Schreyer 2001) und als Zugang zu höheren Durchschnittseinkommen gesehen (Allmendinger und Schreyer 2005: 32; Parmentier et al. 1996). Vergleiche der Anteile an Arbeitslosigkeit mit anderen Bildungsabschlüssen zeigen deutlich niedrigere Arbeitslosenquoten bei Hochqualifizierten im Unterschied zu Personen mit Abschluss einer Lehre oder Berufsfachschule (Reinberg 1999). Noch gravierender sind die Unterschiede zu Personen ohne Ausbildung (u. a. Reinberg und Hummel 2005; Schreyer 2001).

---

[8] In den meisten referierten Studien sowie in der amtlichen Statistik ist der Begriff „Arbeitslosigkeit" gebräuchlich. Allerdings kann man davon den Begriff der „Erwerbslosigkeit" abgrenzen, da nicht jeder Erwerbslose zwangsläufig arbeitslos ist (Lipowsky 2003: 30). Es besteht unter anderem die Möglichkeit, in Phasen von Arbeitslosigkeit unentgeltlich Familienarbeit oder ehrenamtliche Tätigkeiten auszuüben und damit „nur" als erwerbslos zu gelten. Aufgrund der Verbreitung sowie fehlender Angaben (beispielsweise zu unentgeltlicher ehrenamtlicher Tätigkeit) werden auch hier ausschließlich die Begriffe „Arbeitslosigkeit" und „arbeitslos" verwendet.

Im Vergleich mit anderen Bildungsabschlüssen zeichnet sich ein deutlicher Trend qualifikationsspezifischer Arbeitslosenquoten ab. Es lässt sich letztlich auf die einfache Formel bringen, dass höhere Qualifikationsniveaus, insbesondere Hochschulabschlüsse, das Risiko, arbeitslos zu werden, senken (Reinberg und Hummel 2005). Die Stabilität der Unterschiede in den Risiken der Betroffenheit von Arbeitslosigkeit zwischen den einzelnen Bildungsabschlüssen etablierte in der Arbeitsmarktforschung die plakative These: „Studieren lohnt sich auch in Zukunft" (Reinberg und Schreyer 2003: 1).

2.2.1 Fächergruppenspezifische Arbeitsmarktlage

Die individuelle Fächerwahl ist, wie die gesamte Studienentscheidung, in soziale Mechanismen eingebunden. Die Entscheidung für oder gegen ein Studienfach geschieht immer vor dem Hintergrund zahlreicher Einflüsse. Für die Fächerwahl als individuelle Entscheidung werden drei Gruppen von Motiven in der Literatur diskutiert:

(1) ideell-intrinsische Motive (Fachinteresse und Begabung),

(2) materiell-extrinsisch (Einkommen, Arbeitsplatzsicherheit) und

(3) Vorhandensein eines festen Berufswunsches (Ramm und Bargel 2005: 34).

Dabei können einzelne Aspekte individuell mit unterschiedlicher Gewichtung Berücksichtigung finden. Arbeitsmarktbedingungen und die Nachfrage spezifischer Berufe können ebenso von Bedeutung sein – insofern mit einem bestimmten Studiengang eine höhere Arbeitsmarktchance in Verbindung gebracht wird – wie beispielsweise intergenerationaler Statuserhalt, der in höheren Sozialschichten ausgeprägter zu sein scheint (u. a. Becker 2000).

Über die einzelnen Fächergruppen hinweg war bis Anfang der 1970er Jahre ein größtenteils unproblematischer Übergang in akademikeradäquate Positionen zu beobachten (Gleiser 1996: 14). Empirisch manifestierte sich das unter anderem darin, dass die Zahl der Stellenangebote stets höher war als die Anzahl der Bewerbergesuche (Titze 1986: 14f.). Umso drastischer erscheint die Entwicklung auf dem Akademikerarbeitsmarkt im Zuge der zweiten Ölkrise in Deutschland. Anfang der 1980er Jahre rückten verstärkt Unterschiede in den Arbeitslosenzahlen zwischen einzelnen Studiengängen und Fächergruppen in den Fokus der Aufmerksamkeit. Die Arbeitslosigkeit unterscheidet sich in dieser Zeit zwischen einzelnen Studienfächern zum Teil erheblich (dazu u. a. Briedis und Minks 2004; Heine und Scheller 2005).

In den 1970er Jahren kristallisieren sich die ersten gravierenden studiengangs-
spezifischen Differenzen auf dem Akademikerarbeitsmarkt heraus. Akademi-
ker/innen mit einem Staatsexamen für pädagogische Berufsfelder stehen wachsenden Problemen beim Berufseinstieg gegenüber. Von 1975 bis 1985, dem Jahr,
in dem es zu einer kurzzeitigen Entspannung auf diesem Teilarbeitsmarkt kam,
stiegen die Arbeitslosenzahlen der Lehrer/innen an (Titze 1981; Klemm 1995).
Nach einer Entspannung in der zweiten Hälfte der 1980er Jahre verschlechterten
sich die Aussichten für Akademiker/innen mit einem Staatsexamen für Lehramt
in den 1990er Jahren wieder. Der Anstieg der Arbeitslosenzahlen Ende der 1990er
Jahre ist vor allem auf eine Zunahme in Ostdeutschland zurückzuführen (Kultusministerkonferenz 2000).

Eine ähnliche Entwicklung, allerdings auf einem niedrigeren Niveau, lässt sich
für die Geistes- und Sozialwissenschaften aufzeigen. Mitte der 1970er Jahre entwickelte sich ein Arbeitsplatzdefizit, das mit einigen Schwankungen bis heute
fortbesteht. Eng mit der Entwicklung der Nachfrage dieser Fächergruppe ist das
Konzept der Schlüsselqualifikationen (Mertens 1974) verbunden. Aufgrund der
oftmals geringen Orientierung am Arbeitsmarkt (Briedis und Minks 2004) und
weniger klar definierten Berufsfelder (Falk und Reimer 2007) werden bei den
Absolventinnen und Absolventen dieser Fachrichtungen andere Kompetenzen –
insbesondere die Schlüsselkompetenzen – in den Mittelpunkt gestellt, die wiederum die *Employability* (Beschäftigungsfähigkeit) erhöhen sollen.[9]

Eine andere Situation zeichnet sich bei den Wirtschaftswissenschaften ab. Trotz
Rezessionen waren die Absolventinnen und Absolventen dieser Fächergruppe bis
zum Beginn der 1980er von Arbeitslosigkeit kaum betroffen. 1983, dem Jahr nach
der dritten Rezession, standen 3.000 offenen Stellen etwa 20.000 Bewerber gegenüber, woraus sich erstmals für diese Fächergruppe Schwierigkeiten auf dem
Arbeitsmarkt empirisch belegen lassen. Diese Relation stabilisierte sich bis 1991,
verschlechterte sich aber anschließend wiederum bis 1994 (2.900 : 36.000). In
den 1980er Jahren wird in diesem Studiengang eine Entwicklung sichtbar, die im
Anschluss einen Großteil der Debatten um Akademikerbeschäftigung initiierte.
Die Bereitschaft von Akademikerinnen und Akademikern mit einem wirtschaftswissenschaftlichen Abschluss wächst, in andere als zunächst beabsichtigte Tä-
tigkeitsfelder einzusteigen (Gleiser 1996: 18). Dabei werden, im Vergleich zum
erworbenen Hochschulabschluss, teilweise unterwertige Erwerbstätigkeiten ange-

---

[9] Zu der Frage „Schlüsselkompetenzen und Employability" wurde 2004 eine Konferenz ausgerichtet,
    die diese Problematik im Zuge des Bologna-Prozesses zum Gegenstand hatte (Stifterverband für
    die Deutsche Wissenschaft 2004).

nommen. Der Prozess des *downgrading* kann einige Zeit später auch in anderen studienfachspezifischen Teilarbeitsmärkten beobachtet werden.

Für die Entwicklung des Arbeitsmarktes von Ingenieurwissenschaftlerinnen und Ingenieurwissenschaftlern, kann man die Entwicklung des Wirtschaftswachstums in Deutschland heranziehen. Leicht versetzt, spiegeln sich die Konjunkturzyklen in deren Nachfrage wider. Bis in die 1990er Jahre sind diese Studiengänge deswegen auch die konjunkturanfälligste Großgruppe auf dem Akademikerarbeitsmarkt (Gleiser 1996: 19). Allerdings konnte im weiteren Verlauf auch in Zeiten eines zunehmenden Wirtschaftswachstums die große Zahl von Bewerberinnen und Bewerbern nicht vom Arbeitsmarkt absorbiert werden. Anfang der 1990er Jahre konnten sich insbesondere Absolventinnen und Absolventen der Fächer Architektur und Bauingenieurwesen einer hohen Nachfrage erfreuen. Die Arbeitslosenquote dieser Personengruppe lag zu diesem Zeitpunkt bei 2 bis 4 %. Demgegenüber stieg die Arbeitslosigkeit bei Hochqualifizierten mit Hochschulabschlüssen in den Fächern Maschinenbau und Elektrotechnik drastisch. Im Vergleich zur Akademikerarbeitslosigkeit insgesamt, waren die Arbeitslosenquoten mit 5 bis 6 % überdurchschnittlich hoch (Parmentier et al. 1999: 9f.). Die Entwicklung in diesen beiden Fächern führte zu einem teilweise massiven Rückgang der Studienanfängerzahlen in den Folgejahren. Der Rückgang in den Studienanfängerzahlen macht sich später auch in sinkenden Absolventenzahlen bemerkbar (Parmentier et al. 1999: 10). Trotzdem lag die Arbeitslosenzahl Ende der 1990er und den folgenden Jahren über alle Ingenieurberufe hinweg bei über 6 % (Biersack et al. 2007).[10] Mittelfristig zeichnet sich allerdings eine steigende Nachfrage nach Absolventinnen und Absolventen dieser Fächergruppe ab, die sich durchaus zu einem Mangel an Ingenieuren entwickeln könnte (Bundesagentur für Arbeit 2007).

Abschließend kann man feststellen, dass sich die Lage auf dem Akademikerarbeitsmarkt für die vorgestellten Fächergruppen unterschiedlich entwickelt hat. Jedoch haben alle Fächergruppen, wenn auch zeitversetzt, ähnliche Zäsuren erlebt, wobei sich fächerspezifische Besonderheiten auf dem Arbeitsmarkt ergeben. Für die Lehrämter, lässt sich insbesondere die Abhängigkeit von politischen Entscheidungen herausstellen. Für die Entwicklung dieser Studiengänge haben demografische Entwicklungen (u. a. Geburtenzahlen und Jahrgangsstärken) enorme Auswirkungen. Die Geistes- und Sozialwissenschaften kennzeichnet das breite Einstiegsfeld und die sich daraus ergebende Bandbreite an potentiellen Erwerbstätigkeiten. Ingenieurwissenschaftler/innen erfahren aufgrund des vermittelten Spe-

---

[10] Dabei wird auch ersichtlich, dass Frauen und ältere Akademiker/innen dieser Fächergruppe stärker von Arbeitslosigkeit betroffen sind (Biersack et al. 2007: 3).

zialwissens im Studium eine stärkere Fokussierung auf spezielle Bereiche im Arbeitsmarkt, als es zum Beispiel bei den Sozialwissenschaften der Fall ist. Darin liegt eine der wichtigsten Ursachen für die starke Kopplung dieser Studiengänge an die Konjunkturzyklen. Die Schwankungen der wirtschaftlichen Aktivitäten wirken sich, wenn auch leicht versetzt, auf die Nachfrage aus. Dadurch lassen sich beispielsweise Nachfrageentwicklungen in diesen Studiengängen zumindest eingeschränkt an den Phasen der Konjunktur ablesen.

2.2.2 Differenzen in der Betroffenheit von Arbeitslosigkeit zwischen Akademikerinnen und Akademikern

Eine weitere wichtige Unterscheidung zur Charakterisierung des Akademikerarbeitsmarktes erfolgt anhand des Geschlechts. Auch wenn die empirischen Befunde darauf hindeuten, dass sich das Ausmaß an Ungleichheit – wenn diese mit Hilfe der Arbeitslosenquote operationalisiert wird – im Zeitverlauf deutlich verringert hat (u. a. Reinberg 1999; Schreyer 1999), sind Akademikerinnen immer noch häufiger arbeitslos als die ehemaligen Kommilitonen (Reinberg 1999).

Eine Ursache für die höhere Betroffenheit an Arbeitslosigkeit bei Akademikerinnen wird in der geschlechterspezifischen Fächerwahl gesucht. Demnach sind Frauen häufiger in Studiengängen anzutreffen, die ungünstigere Arbeitsmarktchancen aufweisen. Allerdings zeigen Untersuchungen zu fächerspezifischen Arbeitslosenzahlen unter statistischer Kontrolle des Geschlechts, dass Akademikerinnen in den meisten Fächern stärker von Arbeitslosigkeit betroffen sind. Schreyer (1999) konnte sogar zeigen, dass diese Unterschiede gerade in traditionell von Männern gewählten Fächern besonders groß sind. In einigen Jahrgängen waren beispielsweise Elektroingenieurinnen dreimal häufiger von Arbeitslosigkeit betroffen als Elektroingenieure (Schreyer 2001: 2226). Frauen sind demnach in frauenuntypischen Studiengängen letztlich sogar häufiger arbeitslos. Insofern würde die Wahl untypischer Studiengänge eher den gegenteiligen Effekt erzielen, und den Anteil an arbeitslosen Akademikerinnen wohl eher erhöhen. Außerdem haben sich die Arbeitsmarktstrukturen mit der Zunahme an Frauenerwerbstätigkeit verändert. Diese Entwicklung vollzieht sich ebenfalls in den Teilarbeitsmärkten. Ein Grund dafür liegt sicherlich darin, dass Mädchen und Frauen im Zuge der Bildungsexpansion immer häufiger in Einrichtungen weiterführender Bildung gelangten (Hradil 2001: 160ff.). Langfristig zeigte sich das unter anderem in einem steigenden Anteil an Akademikerinnen.

2.3 Zur Zukunft des Akademikerarbeitsmarktes

Betrachtet man die neueren Entwicklungen des Verhältnisses von Hochschule und Arbeitsmarkt, sehen sich alle beteiligten Akteure wiederum einer hohen Reformdynamik gegenüber. Die jüngsten bildungspolitischen Ereignisse verweisen auf die Notwendigkeit verlaufsorientierter Forschungsarbeiten zum Berufseinstieg und Berufsverlauf von Hochqualifizierten. Mit der Bologna-Erklärung wurden grundlegende Umstrukturierungen im Hochschulsystem ausgelöst, die unter anderem zur Etablierung konsekutiver und modular organisierter Studiengänge führten. Ziel war es dabei, Hochschulabsolventinnen und Hochschulabsolventen auf den Arbeitsmarkt vorzubereiten und zugleich eine größere Anpassungsfähigkeit auf sich stetig ändernde Arbeitsmarktstrukturen zu erreichen (Konsortium Bildungsberichterstattung 2006; Falk et al. 2007: 7). Zugleich ist ein zunehmender Wettbewerb der Hochschulen um Ressourcen und Studierende zu beobachten, infolgedessen Exzellenzinitiativen zu einer stärkeren Profilbildung und Differenzierung im tertiären Bildungssektor führen (Wissenschaftsrat 2006: 17). Weiterhin ist davon auszugehen, dass die neuen managementorientierten Modelle der Hochschulsteuerung die institutionelle Selbstständigkeit der Hochschulen steigern und zugleich deren Autonomie vom Staat erhöhen (Wissenschaftsrat 2006: 24; Wolter 2007). Die Entwicklung des Bildungswesens und insbesondere des Hochschulsystems ist zugleich eingebunden in zahlreiche andere gesellschaftliche Prozesse. Dabei lassen sich gegenwärtig fünf maßgebliche Trends beobachten, auf die die Bildungspolitik Bezug nehmen muss:

- die demografische Entwicklung,
- die wirtschaftliche Entwicklung und die Finanzsituation der öffentlichen Haushalte,
- Internationalisierungs- und Globalisierungstrends,
- den Strukturwandel zur Dienstleistungs- und Wissensgesellschaft und
- veränderte Familien- und andere Lebensformen (Konsortium Bildungsberichterstattung 2006).

Das auf der langjährigen Entwicklung qualifikationsspezifischer Arbeitslosenquoten beruhende Zitat zu Beginn des Abschnitts gewinnt eine breitere empirische Basis, wenn man Prognosen zur Arbeitsmarktnachfrage von Hochqualifizierten berücksichtigt. In Deutschland ist, als Hochtechnologiestandort mit einer stark wissensbasierten Ökonomie, mit einem Anstieg der Nachfrage nach Hochqualifizierten zu rechnen (Reinberg und Hummel 2002). Die Nachfrage wird so groß sein, dass es bis 2015 zu einem Fachkräftemangel bei Hochqualifizierten kommen wird, der die Wettbewerbsfähigkeit Deutschlands bedrohen könnte (Reinberg und Hummel 2004).

Allein für den sächsischen Arbeitsmarkt werden, unter Berücksichtigung von Ersatzbedarf, bis 2020 insgesamt etwa 26.000 zusätzliche Akademiker/innen nachgefragt. Bezieht man zusätzlich das altersbedingte Ausscheiden von Personen mit Hochschulabschluss ein, entsteht ein Bedarf von insgesamt etwa 182.000 Hochschulabsolventinnen und Hochschulabsolventen (Killisch et al. 2007).[11] Diese Tendenz ist auch deutschlandweit zu erwarten (u. a. OECD 2006).

---

[11] Eine in Zukunft steigende Nachfrage nach Hochqualifizierten in Sachsen wurde mit unterschiedlicher Intensität auch in anderen Studien prognostiziert (Frohwieser et al. 2003).

3 Indikatoren des Berufserfolgs

Es existieren bisher wenige empirische Studien mit einem Schwerpunkt auf der Analyse des Berufserfolgs von Personen mit Hochschulabschluss. Das ist zum einen dem Subgruppencharakter der Hochqualifizierten in der Gesamtbevölkerung geschuldet. Zum anderen werden Indikatoren, wie beispielsweise das Einkommen, implizit als Maßstab des beruflichen Erfolgs verwendet.

Zur Analyse der Erwerbstätigkeit von Hochqualifizierten kann auf zahlreiche Daten zurückgegriffen werden. Das Bundesinstitut für Berufsbildung (BIBB) und das Institut für Arbeitsmarkt- und Berufsforschung (IAB) veröffentlichen regelmäßig Statistiken zu Entwicklungen in den akademischen Teilarbeitsmärkten. Zur Untersuchung von akademischer Erwerbstätigkeit werden auch die Daten allgemeiner Bevölkerungsumfragen genutzt. Qualitativ hochwertige allgemeine Bevölkerungsumfragen wie die Allgemeinen Bevölkerungsumfrage der Sozialwissenschaften (Allbus), das Sozioökonomische Panel (SOEP) oder der Mikrozensus (Plicht et al. 1994) können nur begrenzt Informationen zum Studienverlauf, den Studienbedingungen, der Berufseinmündung und der weiteren beruflichen Entwicklung erheben. Die Analyse akademischer Erwerbstätigkeit mit diesen Daten stößt deshalb schnell an inhaltliche Grenzen.

Eine Reaktion auf die limitierte Datenlage in den Bevölkerungsumfragen und der amtlichen Statistik sowie dem parallel dazu steigenden Interesse der Hochschulen an ihren Absolventinnen und Absolventen ist die Durchführung von Absolventenstudien. Insbesondere die Hochschul-Informations-System GmbH (HIS) und das Internationale Zentrum für Hochschulforschung Kassel (INCHER-Kassel) führen wissenschaftlich anspruchsvolle und für Deutschland repräsentative Absolventenstudien durch.

Das INCHER-Kassel (ehemals Wissenschaftliches Zentrum für Berufs- und Hochschulforschung) befragte erstmals 1982 bundesweit Personen mit Hochschulabschluss. Die darauf aufbauende Kasseler Hochschulabsolventenstudie untersuchte die Berufswege ehemaliger Studierender ausgewählter Fachrichtungen vom Verlassen der Hochschule bis etwa zehn Jahre nach Studienabschluss. Empirischer Kern dieser Absolventenstudien ist eine Längsschnittuntersuchung, in der ehemalige Studierende zwischen 1983 und 1995 viermal zu Qualifikations-erwerb, Übergang in den Beruf, Berufsweg und Berufstätigkeit befragt wurden (Schomburg und Teichler 1998: 142f.).

Einen für Deutschland repräsentativen Überblick zum Berufsstart von Hoch-qualifizierten geben auch die Absolventenstudien der HIS. Ende der 1980er und Anfang der 1990er wurden bundesweit Hochschulabsolventinnen und Hochschul-absolventen etwa eineinhalb Jahre nach dem erfolgreichen Verlassen der Hoch-schule befragt (Minks und Nigmann 1991). Diese Ergebnisse bilden die Grund-lage der seit dem durchgeführten bundesweiten Befragungen. Die Daten beider Projekte bieten die Möglichkeit der Analyse beruflicher Situationen von Personen mit Hochschulabschluss (u. a. Briedis und Minks 2007; Buttgereit und Teichler 1992; Heine und Scheller 2005; Kerst und Minks 2005; Teichler 1992).

Parallel dazu existieren einige wenige sozialwissenschaftliche Studien, die sich mit Berufsverläufen von Hochqualifizierten befassen. Herauszustellen ist dabei die Kölner Gymnasiasten Längsschnittsstudie. Die erste Erhebung wurde am For-schungsinstitut für Soziologie der Universität zu Köln unter der Leitung von René König im Jahre 1969 durchgeführt. Im Anschluss daran wurden zwei Wiederho-lungsbefragungen realisiert (zum Überblick Meulemann et al. 1987). Die Anlage der Studie ermöglichte spezifische Analysen akademischer Berufsverläufe. Auf der Grundlage dieser Daten wurde unter anderem der Berufserfolg von Personen mit Hochschulabschluss näher untersucht (Birkelbach 1998; Hemsing 2001).

Ein großer Teil der existierenden empirischen Befunde zum beruflichen Erfolg von Hochschulabsolventinnen und Hochschulabsolventen wird allerdings in zeit-lich und lokal eingeschränkten Absolventenstudien gewonnen.[1] Das Thema er-folgreicher beziehungsweise nicht erfolgreicher Berufseinmündung und die Eta-blierung auf dem Arbeitsmarkt ist Bestandteil fast jeder Absolventenbefragung. Allerdings sind viele der durchgeführten Absolventenstudien als mangelhaft zu bewerten, da in großem Maße weder erhebungstechnische Standards der Um-frageforschung noch auswertungsrelevante Kriterien eingehalten wurden. Burk-hardt et al. (2000: 13) bescheinigen deswegen vielen Absolventenstudien eine unterdurchschnittliche professionelle Mindestqualität. Ein weiterer Nachteil vie-ler Absolventenstudien ist das partikulare Interesse einzelner Fachbereiche und Institute sowie die damit verbundene fachspezifische Begrenztheit vieler Auswer-tungen. Die Intention und Motivation zur Durchführung vermutet Büchel (1998:

---

[1] Es gibt neben den etablierten bundesweiten Absolventenstudien vereinzelt Befragungen, die sich ebenfalls auf das gesamte Bundesgebiet beziehen. Allerdings sind diese Studien aufgrund des im-mensen Aufwands selten (u. a. Schneller und Schneider 2005; Weymann und Koll 2001).

53) eher in fachbereichsbezogener Betroffenheit als in fachwissenschaftlichem Interesse. Innerhalb der Absolventenstudien überwiegen deskriptive Darstellungen raum-zeitlicher Bestandsaufnahmen. Multivariate Analysen und die Berücksichtung von Verlaufsdaten in Erklärungen und Beschreibungen der Phänomene sind eher selten.

Betrachtet man die existierende Literatur zum Thema Verbleib von Hochschulabsolventinnen und Hochschulabsolventen auf dem Arbeitsmarkt, scheint es keine Fragen darüber zu geben, was beruflichen Erfolg nach dem Verlassen der Hochschule ausmacht. Der Grundtenor vieler Absolventenstudien beschreibt die erfolgreichen Akademiker/innen in erster Linie durch ein hohes Einkommen (zum Vergleich Burkhardt et al. 2000: 86ff.). Inwieweit der Indikator Einkommen als Alleinstellungsmerkmal beruflichen Erfolgs von höher qualifizierten Personen gelten kann, wird ein Teil der kommenden Diskussion sein. Weiterhin wird der Frage nachgegangen, welche Indikatoren noch herangezogen werden und wie tragfähig diese zur Bestimmung des Berufserfolgs von Hochschulabsolventinnen und Hochschulabsolventen sind. Dafür werden sowohl objektive Aspekte als auch subjektive Kriterien aufgezeigt. In den Abschnitten zu den einzelnen Indikatoren werden die Operationalisierung und zentrale empirische Befunde vorgestellt.

3.1 Einkommen

Berufserfolg als Komponente einzelner Berufsverläufe wird in der wissenschaftlichen Literatur als Terminus technicus unterschiedlich gebraucht. Die dahinter stehenden Definitionen sind je nach Schwerpunktsetzung und Forschungsfeld an unterschiedlichen Aspekten ausgerichtet. Allerdings fällt auf, dass über die Forschungsfelder hinweg und im Speziellen innerhalb sozialwissenschaftlicher Studien, Berufserfolg überwiegend an monetären Maßstäben gemessen wird. Das monatliche Netto- bzw. Bruttoeinkommen, Stundenlöhne und akkumulierte Gesamteinkommen stehen in den meisten Arbeiten zum beruflichen Erfolg als Indikatoren im Mittelpunkt. Betrachtet man die empirischen Arbeiten zu diesem Thema, wird die Bedeutung der Einkommensdimension für die Beurteilung der Statuspassagen Studium und Berufseintritt für die empirische Forschung deutlich.[2] Die Höhe des Einkommens wird häufig implizit als Kriteriumsvariable stellvertretend für Berufserfolg in Analysen einbezogen. Erfolgreiche Absolventinnen und Absolventen sind demnach Personen mit einem hohen Einkommen. Im Hinblick

---

[2] Eine umfangreiche Übersicht zu Inhalten, Erhebungsmodi und Ergebnissen von Absolventenstudien findet man bei Burkhardt et al. (2000).

auf die explizite Verwendung von Einkommen als einen möglichen Indikator beruflichen Erfolgs werden kurz vier Studien vorgestellt.[3]

Anhand der Verlaufsdaten der Kölner Gymnasiasten Längsschnittsstudie untersuchte Birkelbach (1998) den Berufserfolg von Hochschulabsolventinnen und Hochschulabsolventen. Schwerpunkt seiner Analysen waren die Beziehungen zwischen privatem und beruflichem Lebenslauf im Lebensabschnitt zwischen dem fünfzehnten und dreißigsten Lebensjahr. Dabei fokussierte er den Schritt von der Herkunftsfamilie hin zur Gründung einer eigenen Familie sowie auf beruflicher Seite Berufseintritt und beruflichen Erfolg (Birkelbach 1998: 18). Dabei verwendete er das Monatseinkommen als Indikator für den Berufserfolg von Hochqualifizierten.

Ebenfalls mit diesem Datensatz untersuchte Hemsing (2001) den Berufserfolg von Personen mit Hochschulabschluss. Schwerpunkt seiner Fragestellungen waren neben den privaten Bindungen zugleich Humankapitalinvestitionen. Dafür verwendete er das Monatsnettoeinkommen, den Nettostundenlohn sowie das akkumulierte Gesamtnettoeinkommen.

Seit 2000 werden an der Technischen Universität Dresden regelmäßig Absolventenstudien durchgeführt. Bis einschließlich 2004 wurden insgesamt über 3.000 Absolventinnen und Absolventen erfolgreich befragt. Schwerpunkt der Datenerhebung sind der Berufseinstieg sowie die retrospektive Einschätzung und Bewertung des Studiums. Krempkow und Pastohr (2006) suchten anhand dieser Daten nach dem Einfluss zahlreicher Determinanten. Als Indikator beruflichen Erfolgs verwendeten sie unter anderem das monatliche Bruttoeinkommen.

Heidemann (2005) untersuchte ebenfalls mit den Daten der Dresdner Absolventenstudie den Einfluss der Dimensionen Studienergebnisse, Ausbildungsverlauf, familiäre Rahmenbedingungen und Berufsverlauf auf den beruflichen Erfolg. Berufserfolg wurde auch dort über das monatliche Bruttoeinkommen operationalisiert.

3.2 Adäquanz

Mit dem Trend der Höherqualifizierung war und ist in steigendem Maße das Interesse an der Qualität der einzelnen Beschäftigungsverhältnisse verbunden. Der Anstieg des Anteils von Personen mit einem Hochschulabschluss an der gesamten Erwerbsbevölkerung führte auch zum Verschleiß eines idealtypischen akademischen Normalarbeitsverhältnisses (siehe dazu auch Abschnitt 5.2.4). Die Erosion

---

[3] Weitere Studien werden im Kapitel 4 vorgestellt.

dieses exklusiven Berufsbildes erfolgte vor allem auf den folgenden Dimensionen:

- Beruflicher Status – im Vergleich zu anderen Berufsgruppen besitzen Akademiker/innen hohe Einkommen, hohe Positionen und damit verbundenes gesellschaftliches Ansehen,
- Anwenden im Studium erworbener Qualifikationen,
- Anspruchsniveau im Hinblick auf kognitive Anforderungen und Problemlösungsfähigkeit und
- Attraktivität des beruflichen Einsatzes wie beispielsweise hohe Verantwortlichkeiten sowie hohe Dispositionsspielräume (Burkhardt et al. 2000: 17f.).

In den letzten 20 Jahren wurden verstärkt Versuche unternommen, adäquate beziehungsweise inadäquate Beschäftigung von Hochqualifizierten entlang dieser vier zentralen Bereiche zu operationalisieren und anschließend das Ausmaß zu erfassen. Die Ergebnisse variieren dabei erheblich zwischen den einzelnen Studien, was unter anderem auf die Unterschiede zwischen den verwendeten Indikatoren zurückzuführen ist.

Auf der Basis von zehn Wellen des Sozioökonomischen Panels ermitteln Büchel und Matiaske (1996) einen Anteil von 7 % bis 22 % inadäquat beschäftigter Akademiker/innen in den alten Bundesländern. Plicht et al. (1994) finden in der bereits oben angeführten Studie (Datengrundlage ist der Mikrozensus von 1985 bis 1991) eine Spanne von 8 % bis 16 % der Erwerbstätigen mit Hochschulabschluss in einer inadäquaten beruflichen Situation. Die Kasseler Hochschulabsolventenstudie untersuchte unter anderem die Absolventinnen und Absolventen der drei Studiengänge Wirtschaftswissenschaften, Sozialpädagogik und Maschinenbau im Hinblick auf die Angemessenheit des beruflichen Verbleibs. Dabei wurde eine Inadäquanz von 10 % ermittelt (vgl. Teichler 1992). Auch die HIS untersuchte bundesweit dieses Phänomen und kam beispielsweise für den Absolventenjahrgang 1989 auf eine Rate von 20 % nicht adäquat beschäftigter Sozialwissenschaftler (Minks und Filaretow 1993).

Die Differenzen zwischen den Ergebnissen sind unter anderem auf Unterschiede in der Operationalisierung zurückzuführen (Plicht und Schreyer 2002). Auch Burkhardt et al. (2000) kommen zu dem Schluss, dass die Selektionskriterien ausschlaggebend für das festgestellte Ausmaß sind. Bei der Wahl objektiver Kriterien, wie beispielsweise Einkommen und Positionshöhe, ist bei mindestens 10 % allerdings höchstens 25 % der Erwerbstätigen mit Hochschulabschluss mit inadäquater Beschäftigung zu rechnen. Auf der Basis einer Metaanalyse der Absolventenstudien der 1990er Jahre in Deutschland können die Autoren allerdings andere Ergebnisse aufweisen. Werden bei der Einstufung restriktivere Kriterien wie Attraktivität der Beschäftigung, kognitive Anforderungen und Anspruchsniveau verwendet, kann man sogar von 40 % inadäquater Beschäftigung ausgehen (Burkhardt et al. 2000: 18).

Einkommen und berufliche Position sind die beiden objektiven Indikatoren, die am häufigsten zur Erfassung der Adäquatheit[4] von Erwerbstätigkeiten verwendet werden. In den letzten Jahren werden verstärkt die subjektiven Perspektiven zur Einschätzung der beruflichen Situation herangezogen (u. a. Teichler 1992). Schomburg und Teichler (1998) verweisen auf der Basis der Ergebnisse ihrer Untersuchungen auf die Bedeutung individuell differenzierter Meinungen für die Analyse der Adäquatheit. Die Angemessenheit von Erwerbstätigkeit lässt sich in derart verschiedenen Aspekte wie Position, Verwendung von Qualifikationen und beruflicher Autonomie mittlerweile nur unzureichend von *außen* (über objektivierte Maßstäbe) zuschreiben. Beide Autoren gehen vielmehr davon aus, dass:

> „[...] die Einschätzungen der Studierenden selbst in Ergänzung zu "objektiven" Informationen wie Position, Berufsbezeichnung, Einkommen, Funktionsbereich u.ä. zu berücksichtigen sind. Durch sie gewinnt man Informationen, die mit den üblichen Fragen nach objektiven Merkmalen des Berufs nicht erfasst werden können, und die Bewertung der eigenen beruflichen Situation ist ein für das berufliche Handeln wichtiges Phänomen." (Schomburg und Teichler 1998: 150)

Auch Kahle und Schaeper (1991) weisen auf die Bedeutung der individuellen Einschätzung im Hinblick auf die Angemessenheit der Position und das Ausmaß der Anwendung im Studium erworbener Kompetenzen für die Analyse von Adäquatheit hin. Ein zentraler Aspekt der Diskussion betrifft die Beschäftigungsadäquanz, und bezeichnet den Grad der Nichtübereinstimmung der im Ausbildungssystem erworbenen beruflichen Qualifikationen mit den beruflichen Arbeitsanforderungen und/oder der beruflichen Position (Fehse und Kerst 2007: 73). Damit kann sowohl eine über- als auch eine unterwertige Beschäftigung einhergehen (Büchel 1998). Schwerpunkt in diesem Buch wird die unterwertige Beschäftigung sein.[5] Wie Plicht et al. (1994) zeigen konnten, ist es aufgrund der Mehrdimensionalität des theoretischen Konstruktes hilfreich, zwischen einer vertikalen und horizontalen Dimension von Inadäquanz zu unterscheiden. Die vertikale Dimension beschreibt dabei den Grad an Übereinstimmung des Qualifikationsniveaus

---

[4] Adäquanz und Adäquatheit werden im Folgenden synonym verwendet.
[5] Unterwertige Beschäftigung wird deshalb im Folgenden mit dem Begriff inadäquat gleichgesetzt.

mit den beruflichen Anforderungen. Mit der horizontalen Dimension steht weniger die Angemessenheit des Status im Mittelpunkt, als vielmehr die Übereinstimmung zwischen den im Studium erworbenen fachlichen Kompetenzen und der tatsächlichen Verwendung und Nutzung dieser Kompetenzen im Berufsleben. Beide Aspekte werden in der Literatur kontrovers diskutiert. In Bezug auf die vertikale Dimension lässt sich über den Akademikerarbeitsmarkt hinweg keine homogene Struktur erwarten. Das ist auf die folgenden beiden Aspekte zurückzuführen:

- Wenn das positionale Niveau herangezogen wird, um die Adäquanz von Berufssituationen zu beurteilen, wird ein Zusammenhang zwischen Anforderungshöhe und positionalem Niveau unterstellt, denen ein bestimmtes Ausbildungsniveau zugeschrieben wird (Plicht et al. 1994: 178). Beispielsweise sind nicht mit allen akademischen Berufen allgemein erwartete Führungspositionen verbunden.

- Weiterhin unterscheiden sich die beruflichen Entwicklungsmöglichkeiten im hierarchischen Gefüge einer Institution zum Teil erheblich. Während in der freien Wirtschaft Aufstiegsprozesse durchaus regelmäßig zu beobachten sind, stellt sich für viele Berufe im öffentlichen Dienst die berufliche Entwicklung in einem starren Korsett von Laufbahngefügen dar. So sind den Fachhochschulabsolventinnen und Fachhochschulabsolventen vor allem der gehobene Dienst und Personen mit universitärem Abschluss in erster Linie der höhere Dienst vorbehalten (Plicht et al. 1994: 178; Fraenkel 1996).

Auch bei der Erfassung der horizontalen Dimension steht die empirische Forschung vor einem Set an messtheoretischen und inhaltlichen Problemen:

- Die Beurteilung der inhaltlichen Passung einer Beschäftigung ist an den Vergleich der Studieninhalte mit dem jeweiligen Berufsfeld gekoppelt. Allerdings existieren nicht für alle Studiengänge abgrenzbare Berufsfelder. Während beispielsweise für Hochschulabsolventinnen und Hochschulabsolventen der Studiengänge Rechtswissenschaften, Pharmazie und Medizin spezifische Einsatzfelder – aufgrund des starken Bezugs der Studienfächer auf die Profession – existieren (Falk und Reimer 2007: 38) weist unter anderem die berufliche Laufbahn von Sozialwissenschaftlerinnen und Sozialwissenschaftlern nicht a priori entsprechende inhaltliche Bereiche einer Erwerbstätigkeit auf. Minks und Filaretow (1993) konstatieren insbesondere den Sozialwissenschaften ein breites Feld an Arbeitsinhalten. Das führt wiederum zu einer starken Streuung der Berufsfelder.

- Der Berufsverlauf von Hochqualifizierten ist generell von einer vergleichsweise hohen Diskrepanz zwischen den im Studium erworbenen und den im
  Beschäftigungssystem verwendeten Qualifikationen geprägt. Auch wenn
  einige Studiengänge stärker davon betroffen sind, lässt sich eine geringe inhaltliche Passung der Erwerbstätigkeit nach dem Studium bei Absolventinnen und Absolventen vieler Studiengänge feststellen (Plicht und Schreyer
  2002: 531). Allerdings muss dafür nicht zwangsläufig ein „beruflicher Abstieg" die Ursache sein. Beispielsweise kann die Übernahme von Führungspositionen zu einer Verschiebung des Arbeitsschwerpunkts von Fachtätig-
  keiten zu Arbeiten in anderen Tätigkeitsfeldern führen, in denen eben auch
  andere Kompetenzen gefordert sind (Fehse und Kerst 2007: 84).[6]

Plicht et al. (1994) haben auf der breiten Datenbasis des Mikrozensus einen Ansatz entwickelt, um die Adäquanz von Akademikerbeschäftigung zu erfassen. Der
Ausgangspunkt für die Bestimmung der vertikalen Adäquanz einer Beschäftigung
war das Merkmal „Stellung im Betrieb". Damit sollte die hierarchische Stellung
der befragten Personen innerhalb eines Betriebes erfasst werden.[7] Für die Analysen wurden die vorgegebenen Merkmalsausprägungen in fünf Positionskategorien
zusammengefasst:

(1) Selbständige,

(2) einfache Angestellte beziehungsweise (Fach-)Arbeiter,

(3) Sachbearbeiter,

(4) qualifizierte Fachkräfte sowie

(5) Führungskräfte.[8]

---

[6] Als Beispiel lässt sich hier eine Soziologin anführen, die zur Leiterin einer Forschungsabteilung
aufsteigt und sich im Zuge dieser beruflichen Weiterentwicklung nunmehr zusätzlich betriebswirt-
schaftlichen Aufgaben gegenübersieht. Im Vergleich zur ursprünglichen Tätigkeit ist diese berufliche Entwicklung durchaus mit einer Abnahme der fachlichen Adäquanz der Erwerbstätigkeit insgesamt verbunden.

[7] Parallel zum sozialversicherungsrechtlichen Status wurden weitere Erhebungskategorien des Mikrozensus zur Messung der hierarchischen Stellung verwendet, die den Grad der Verantwortung
und der Selbständigkeit bei der Aufgabenwahrnehmung sowie die Reichweite und den Schwierig-
keitsgrad der Aufgabe transparent machen sollten.

[8] Diese Differenzierung stellt in Bezug auf Akademiker/innen allerdings eine nicht unerhebliche Un-
schärfe dar (Plicht und Schreyer 2002: 533). Beispielsweise können Sachbearbeiterpositionen – in
Abhängigkeit von Art der Hochschule, Betriebsgröße oder Branche – durchaus einer akademischen
Ausbildung angemessen sein.

Weiterhin wurde der ausgeübte Beruf in die Analysen einbezogen. Allerdings musste dabei stark aggregiert werden, um ausreichend hohe Fallzahlen zu erreichen. Deshalb wurden die Berufe in akademische Berufe, Mischberufe und nichtakademische Berufe aufgeteilt. Neben den genuin akademischen Berufen mit starren Zugangsregelungen (beispielsweise Arzt) fanden nichtakademische Berufe (unter anderem Fertigungsberufe) Berücksichtigung. Mischberufe kennzeichnen berufliche Bereiche mit Beschäftigungsfeldern die sowohl von Personen mit Hochschulabschluss als auch von anderen Qualifikationsgruppen besetzt werden (wie die Verkehrsberufe). Weder mit Status und Beruf im Einzelnen noch mit der Kombination beider Merkmale konnten das Ausmaß inadäquater Beschäftigung ausreichend exakt bestimmen. Deshalb wurden für die Intensität der Inadäquanz Unter- und Obergrenzen – getrennt nach Hochschularten (Universitäten und Fachhochschulen) und in variierter Kombination von Statusposition und Berufskategorie – ausgewiesen. Plicht und Schreyer (2002) überprüften diesen Ansatz anhand von BIBB/IAB-Daten (Parmentier 2002). Dabei wurden folgende Ergebnisse deutlich:

- Insgesamt tritt adäquate Beschäftigung bei Hochqualifizierten deutlich häufiger auf als bei weniger qualifizierten Personen.
- Geben Akademiker/innen einen niedrigen betrieblichen Status an, wird in nahezu allen Fällen trotzdem eine adäquaten Beschäftigung ausgeübt. Dieses – zumindest auf den ersten Blick widersprüchliche Ergebnis – ist vor allem bei Lehrerinnen und Lehrern zu beobachten. Zurückzuführen ist dieser Befund auf ein hierarchisch niedriges berufliches Selbstverständnis und die oft fehlende Kenntnis des Laufbahngefüges. In den Mischberufen sind adäquate und inadäquate Beschäftigung etwa gleich verteilt. Die Konstruktion der Gruppe „nichtakademische Berufe" erwies sich als Artefakt, da es sich fast ausnahmslos um Personen handelte, die sich falsch zuordneten und keine Akademiker/innen waren.
- Ein hoher betrieblicher Status (qualifizierte Angestellte und Führungskräfte, Beamte im gehobenen und höheren Dienst) ist nicht automatisch mit qualifikationsangemessener Tätigkeit gleichzusetzen. Inadäquate Beschäftigung kann trotz einer hohen betrieblichen Position auftreten.

Die Studie konnte die Tragfähigkeit des Konzeptes unterstützen. Es zeigen sich außerdem auch in diesem Arbeitsmarktindikator die Vorteile der Akademiker/innen gegenüber niedriger qualifizierten Personen auf dem Arbeitsmarkt (siehe dazu auch Abschnitt 2.3). Willich et al. (2002) attestieren der Ausbildungsadäquanz eine gesamtwirtschaftliche Bedeutung. Bildung wird dabei in einem hu-

mankapitaltheoretischen Kontext verwendet. Einer angemessenen Ausbildungsadäquanz wird deshalb eher die Funktion eines Gütekriteriums der Ausbildung
zugeschrieben. Schomburg und Teichler (1998) weisen darauf hin, dass eine differenzierte und ausführliche Behandlung der Adäquatheit von Beschäftigung erforderlich ist: „[...], denn es ist bei einem schwer definierbaren und normativ be-
lasteten Phänomen zu vermuten, dass Nuancen von Frageformulierungen einen
erheblichen Einfluss auf die Ergebnisse haben können" (Schomburg und Teichler
1998: 150f.). Sie schlagen deshalb eine Unterscheidung zwischen dem Ausmaß
der Verwendung der Qualifikation und der Adäquatheit vor. Die Autoren zeigen
einen positiven Zusammenhang von vertikaler Adäquanz und der Höhe der beruflichen Stellung auf. Für die „Verwendungsadäquanz" (subjektiv eingeschätz-
te horizontale Adäquanz) konnten keine empirischen Zusammenhänge gefunden
werden.

Trotz der damit verbundenen Probleme stellt die Adäquanz für einen Großteil
empirischer Arbeiten neben dem Einkommen den zentralen Indikator zur Beurteilung der beruflichen Situation von Hochqualifizierten dar. Dabei konnten insbesondere sozialwissenschaftliche Studien den Nutzen als Indikator beruflichen Erfolgs unter Beweis stellen (u. a. Birkelbach 1998; Hemsing 2001). Die Diskussion
und Analyse der Adäquatheit von Beschäftigung gewann besonders im Kontext
der Hochschulexpansion und dem damit verbundenen Anstieg der Studierenden-
und Absolventenzahlen an Bedeutung. Im Laufe der 1980er und 1990er Jahre
konnten die Debatten vermehrt auf eine empirische Basis zurückgreifen. Sowohl
die theoretischen Perspektiven zu diesem Thema als auch die empirischen Analysen verweisen auf eine Komposition unterschiedlicher gesellschaftlicher Einflüsse wie zum Beispiel der demografischen Entwicklung und dem veränderten
Bildungsverhalten (Fischer et al. 1993).

3.3 Sozialer Status

Eng verbunden mit dem Konzept adäquater Beschäftigung sind Indikatoren des
sozialen Status. Dabei wird der Berufserfolg, insbesondere bei Personen mit vergleichsweise hohen Bildungsabschlüssen, oftmals direkt mit dem erreichten sozialen Status verknüpft. Es wird unterstellt, dass sich ein hoher Berufserfolg aus
einer hohen gesellschaftlichen Positionierung ableitet. Die Operationalisierung
des Konstruktes erfolgt unter anderem über die Indikatoren berufliches Prestige
und berufliche Stellung.

Prestige als eine grundlegende Dimension sozialer Ungleichheit (Hradil 2001)
repräsentiert in erster Linie Wertschätzungen und soziales Ansehen, die ein In-

haber innerhalb einer sozialen Gruppe genießt. In Bezug auf die Erfassung sozialer Differenzierung kommt dem Berufsprestige allerdings eine besondere Stellung zu. Im Zuge der Pluralisierung der Lebensbedingungen haben die klassischen Theorien sozialer Ungleichheit teilweise an Erklärungskraft verloren. Der Rückgriff auf Termini technici wie Klasse und Schicht zur Analyse des sozialen Gefüges ist immer an die grundlegende Annahme gebunden, dass mit bestimmten äußeren Lebensbedingungen auch mehr oder weniger eng Einstellungen, ein Klassenbewusstsein oder schichtspezifisches Denken einhergehen (Hradil 2001: 270ff.). Die Pluralisierung der Lebensbedingungen hat sukzessive zu einer Veränderung der individuellen Maßstäbe geführt. Während diese in der vorindustriellen Gesellschaft aufgrund der klar definierten gesellschaftlichen Stratifikation in den einzelnen homogenen gesellschaftlichen Subgruppen nahezu identisch waren, führte der Ausdifferenzierungsgrad der modernen industriellen und postindustriellen Gesellschaften zu einer starken Pluralisierung. Allerdings existiert ein soziales Merkmal, dass innerhalb der Gesellschaft nach wie vor relativ kongruente Bewertungen hervorruft: der Beruf (Hradil 2001: 274). Damit verbunden ist eine gesamtgesellschaftliche und zeitliche Stabilität des Berufsprestiges.

Die Messung der beruflichen Stellung oder des beruflichen Prestiges stellen Möglichkeiten der Bestimmung sozialer Positionierung im gesellschaftlichen Gefüge dar (Wolf 1995: 103). Neben Einkommen und Bildung zählt der operationalisierte Beruf zu den wichtigsten Indikatoren des sozioökonomischen Status in den Sozialwissenschaften (Hoffmeyer-Zlotnik 1993: 135). Hoffmeyer-Zlotnik (2003) konnte zeigen, wie eng Bildung, Beruf und Einkommen miteinander in Verbindung stehen und welche Probleme sich daraus ergeben. Aufgrund der Voraussetzung von bestimmten Bildungsabschlüssen für spezifische Berufe und die enge Verknüpfung von bestimmten Einkommenserträgen mit den Berufen, werden diese zu den zentralen Variablen. Sowohl das Einkommen als auch die Bildung verlieren dagegen an analytischer Bedeutung:

> „Die Variable „Bildung" verliert an Bedeutung in dem Sinn, wie die Bildungsanforderung als Eingangskriterium für die Ausbildung generell steigt – spätestens seit Beginn der Bildungsexpansion (Ende der sechziger Jahre) ist „Bildung" für die betroffenen Altersgruppen keine relevante Schichtvariable mehr." (Hoffmeyer-Zlotnik 1993: 136).

Parallel zur Entwertung der Indikatoren Bildung und Einkommen gewinnt die Messung des Berufs an Bedeutung. Für zahlreiche Studien dient der Beruf als Basis der Messung gesellschaftlicher Stratifikation und stellt eine zentrale Variable in der sozialwissenschaftlichen Forschung dar (Hoffmeyer-Zlotnik 1993: 136).

Jedem Beruf kann ein bestimmter Prestige-Wert zugeordnet werden. Dafür wird insbesondere bei sozialwissenschaftlichen Erhebungen auf den *International Standard Classification of Occupations* (ISCO) zurückgegriffen, der neben einer exakten Einordnung der ausgeübten Berufe zugleich eine internationale Vergleichbarkeit bietet.[9] Der Mehrwert dieser exakten Erfassung der Berufe durch offene Fragen und den aufwändigen sich anschließenden separaten Vercodungen[10] liegt in den darauf aufbauenden exakten Prestige-Skalen (u. a. Treiman 1977; Wegener 1988), die zur Bestimmung der horizontalen Stratifikation von Individuen herangezogen werden. Jedem Beruf kann in Abhängigkeit der Einordnung nach dem ISCO ein eindeutiger Prestige-Wert zugeordnet werden.

Zur Analyse des Berufserfolgs von Hochqualifizierten haben unter anderem Birkelbach (1998) und Hemsing (2001) auf das berufliche Prestige zurückgegriffen. Dafür verwendeten sie die Magnitude-Prestige-Skala (MPS) nach Wegener (1988). Neben anderen Indikatoren[11] wurden in multivariaten Analysen verschiedene Determinanten überprüft.

3.4 Arbeitszufriedenheit

Berufserfolg ist neben seiner gesellschaftlichen und ökonomischen Bedeutung ein wesentliches Merkmal individueller Berufsverläufe (Abele 2002; Abele et al. 1999). Aus diesem Grund existieren zahlreiche sozialwissenschaftliche und psychologische Studien, die sich mit diesem Konstrukt auseinandersetzen. Im nun folgenden Abschnitt wird kurz das Konzept der Arbeitszufriedenheit vorgestellt, da es als subjektiver Indikator der Erfolgsmessung einen zentralen Stellenwert in der Forschungsliteratur einnimmt.[12]

Die berufliche Zufriedenheit von Hochqualifizierten war in den Sozialwissenschaften bisher selten Gegenstand systematischer Untersuchungen. Es existieren deshalb wenig elaborierte Modelle zur Erklärung von spezifischen Zusammenhängen und der Beschreibung einzelner Wirkungsmechanismen. Innerhalb der psychologischen Literatur hat das Thema allerdings eine lange Tradition. Zur Er-

---

[9] Geis und Hoffmeyer-Zlotnik (2000) geben eine Einführung in die Kodierung anhand des ISCO. Eine kritische Diskussion der Vor- und Nachteile des Verfahrens geben Bergman und Joye (2001).

[10] Zur Problematik der Erfassung und Vercodung siehe zum Beispiel Ganzeboom et al. (1992) und Geis (1986). Mittlerweile stehen auch computergestütze Verfahren der Vercodung zur Verfügung (Hoffmeyer-Zlotnik et al. 2004).

[11] Neben dem Berufsprestige verwendete Hemsing (2001) das Monatsnettoeinkommen, den Nettostundenlohn und das akkumulierte Einkommen bis zum Befragungszeitpunkt. Birkelbach operationalisierte den Berufserfolg noch über Monatseinkommen (siehe dazu Abschnitt 3.1).

[12] Die Messung von Zufriedenheit und damit verbundene Probleme werden im Abschnitt 7.3.2 diskutiert.

fassung der beruflichen Zufriedenheit weist die wissenschaftliche Literatur sowohl auf psychologischer als auch auf sozialwissenschaftlicher Seite ein heterogenes Theoriekonzept auf (Fischer 2006). Es existieren jeweils in Abhängigkeit der Forschungsfrage unterschiedliche Schwerpunkte und Theorieansätze. Das komplexe theoretische Konstrukt der Arbeitszufriedenheit wird in der Arbeits- und Organisationspsychologie breit diskutiert. Gebert und Rosenstiel (1996: 74) verweisen auf einige zentrale Dimensionen, entlang derer Arbeitszufriedenheit gefasst werden kann. Auch Westermann et al. (1996) weisen darauf hin, dass trotz einer Vielfalt an Modellen und theoretischen Konstrukten zumindest die basalen Kategorien sehr ähnlich sind. Unabhängig vom gewählten Zugang scheint der kleinste gemeinsame Nenner in der Messung einer Soll-Ist-Differenz zwischen den individuellen Erwartungen und der beruflichen Realität zu bestehen. Dabei steigt die Arbeitszufriedenheit mit einer sinkenden Differenz (Cisik 1994). Es wird oftmals auf der Basis einer bedürfnis- und ausgleichtheoretischen Perspektive unterstellt, dass ein immanentes menschliches Bestreben darin besteht, mit der Befriedigung bestimmter Bedürfnisse ein inneres Gleichgewicht herzustellen. Das Erreichen dieses Gleichgewichtszustands führt anschließend zu Zufriedenheit. Dieses Prinzip wird generalistisch gehandhabt und auf die Arbeitszufriedenheit angewendet. Die Einstellung eines Gleichgewichts kann allerdings auch alternativ erreicht werden. Die eben genannten Ansätze beruhen auf der Annahme, dass Bedürfnisbefriedigung über die Veränderung der Umwelt erreicht wird. Demgegenüber kann Zufriedenheit auch als Resultat einer der Nivellierung der Bedürfnisse erreicht werden (Festinger 1957). Insofern ist Arbeitszufriedenheit eher als relationaler Zusammenhang zu verstehen, der sich als Ergebnis eines kognitiven Vergleichsprozesses zwischen der vorgefundenen Situation und dem wünschenswerten Zustand ergibt (Wiendieck 1994).

Bruggemann et al. (1975) haben ein umfassendes Modell vorgeschlagen, das sich dafür eignet, den Prozess der Entstehung von Arbeitszufriedenheit[13] zu beschreiben. Dieses Modell konzentriert sich auf zwei Aspekte:

(1) Die so genannte *Soll-Ist-Differenz* zwischen den Erwartungen und der wahrgenommenen Realität, welche dann auch zu (Un-)Zufriedenheit führt. Die Bewertung einer Situation und der realisierten Bedürfnisbefriedigung wird relativiert eben durch die Erwartungen. Diese Erwartungen werden zugleich zum Maßstab der Wahrnehmung. Auf dieser Grundlage wird ein *Soll-Ist-*

---

[13] Arbeitszufriedenheit als Terminus technicus steht dabei für die Zufriedenheit mit einem gegebenen Arbeitsverhältnis und bezeichnet damit eine Einstellung, die ein Arbeitsverhältnis mit allen Aspekten hinsichtlich einer Beurteilungsdimension (zufrieden bis unzufrieden) betrifft (Bruggemann et al. 1975: 19).

Vergleich – im Verständnis eines Vergleichs zwischen Erwartungen und Realität – vorgenommen. Im Anschluss konstituiert sich ein Gefühl von Zufriedenheit beziehungsweise Unzufriedenheit.

(2) Die Verarbeitung der Zustände von Zufriedenheit oder Unzufriedenheit. In dem Modell wird Zufriedenheit eine stabilisierende Wirkung zugeschrieben. Unzufriedenheit wirkt eher diffus. Die Verarbeitung des jeweiligen Zustands wirkt auf die Ausgangswahrnehmung, die Soll-Ist-Differenz, zurück. Aus den Zuständen ergeben sich dann Facetten von Zufriedenheit.

Zufriedenheit mit einem Arbeitsverhältnis führt zunächst zu einer Phase der Stabilisierung und Entlastung. Aus diesem Grund kommt es zu einer stabilisierenden Wirkung von Zufriedenheit. Diese kann die Ansprüche und Bedürfnisse erweitern oder in eine Verschiebung des Aufmerksamkeitsfokus auf andere Lebensbereiche führen. Der Zustand der Unzufriedenheit führt über ein Frustrationserlebnis zu einer Destabilisierung. Das kann zu einer Absenkung des Erwartungsniveaus führen. Aufgrund der Verringerung der Soll-Ist-Differenz kann es anschließend noch zu Zufriedenheit führen.

Die berufliche Zufriedenheit bei Hochqualifizierten war bisher eher selten Gegenstand systematischer sozialwissenschaftlicher Untersuchungen. Allerdings existieren empirische Befunde, die eine hohe Korrelation zwischen Zufriedenheit und anderen Indikatoren beruflichen Erfolgs aufzeigen. Bischoff (1996) berichtet auf den Daten einer Absolventenbefragung agrarwissenschaftlicher und agrarbiologischer Studiengänge an der Universität Hohenhein über einen positiven Zusammenhang zwischen Zufriedenheit und Einkommen sowie zwischen Zufriedenheit und Adäquatheit der Erwerbstätigkeit. Einen starken positiven Zusammenhang zwischen Einkommen und Zufriedenheit können auch Butz et al. (1997) nachweisen. Grundlage dieser Ergebnisse war eine Vollerhebung der Hochschulabsolventinnen und Hochschulabsolventen der Universität Hamburg mit einem Diplom- oder Magisterabschluss im Fach Politik zwischen 1970 und 1991. Vor dem Hintergrund der psychologischen Forschung und der Ergebnisse der Zusammenhangsanalysen kann eine ausreichende Validität angenommen werden, die eine Verwendung von Zufriedenheit als Indikator beruflichen Erfolgs hinreichend absichert.

Schomburg und Teichler (1998) untersuchten die allgemeine Berufszufriedenheit mit den Daten der Kasseler Hochschulabsolventenstudie. Auf den Daten der Absolventenstudie der Technischen Universität Dresden untersuchten Krempkow und Pastohr (2006) sowie Heidemann (2005) den Berufserfolg unter Einbezug der Zufriedenheit als Indikator. Auch im Bayerischen Absolventenpanel (BAP) fand die Frage nach der Zufriedenheit mit der beruflichen Situation Berücksichtigung (Falk und Reimer 2007: 64).

Dabei unterscheiden sich die verwendeten Skalen teilweise voneinander. Die Absolventenstudien der Technischen Universität Dresden, das Bayerische Absolventenpanel und die Kasseler Hochschulabsolventenstudie verwenden beispielsweise einfache Ratingskalen.[14] Die Absolventenreports der HIS messen berufliche Zufriedenheit über die Abfrage einzelner Aspekte der Arbeitstätigkeit (u. a. Minks und Filaretow 1993; Minks und Bathke 1994; Minks 1996). Es wurde unter anderem nach der Zufriedenheit bezüglich des Einkommens und der beruflichen Position gefragt. Inwieweit einzelne Aspekte miteinander zusammenhängen wurde nicht kontrolliert.

Eine weitere multivariate Analyse unter Anwendung einer linearen Regression führten Brüderl et al. (1996) durch. Dort wurde die abhängige Variable Zufriedenheit über einen Index erfasst. Dieser wurde über die sechzehn Eigenschaften der beruflichen Situation und der damit verbundenen Aspekte gebildet. Dabei wurden additiv einzelne Items – nach einer Gewichtung mit der individuellen Bedeutung – zusammengefasst.

3.5 Stellensuchdauer

Speziell der Übergang vom Studium in den Arbeitsmarkt ist Gegenstand vieler Absolventenstudien und für einzelnen Hochschulen und Fächer zum Teil gut dokumentiert.[15] Aktuell haben zwölf Monate nach Studienabschluss etwa die Hälfte aller Universitätsabsolventen und 80 % der Personen mit Fachhochschulabschluss eine reguläre Erwerbstätigkeit aufgenommen (Briedis und Minks 2004). So genannte atypische Beschäftigungsverhältnisse wie Werksverträge und Beschäftigung auf Honorarbasis treten vor allem direkt nach Studienabschluss auf, verlieren aber schnell an Bedeutung (u. a. Stief und Abele 2002; Briedis und Minks 2004). Die durchschnittliche Suchdauer der Hochschulabsolventinnen und Hochschulabsolventen insgesamt liegt nach Schomburg et al. (2001) bei 5 Monaten. Allerdings muss dabei vor allem strukturellen Unterschieden zwischen den Studiengängen Beachtung geschenkt werden. Obligatorische zweite Ausbildungsphasen (zum Beispiel Referendariat, Vikariat, Ärztin und Arzt im Praktikum) verzerren an dieser Stelle zwischen den Studiengängen die Relationen.

---

[14] Dabei werden meist 5 Ausprägungen und eine äquidistante Präsentation verwendet, was die Interpretation des formal ordinalen Skalenniveaus als metrisch aus messtheoretischer Sicht erheblich begünstigt.

[15] Die Messung von Suchdauer und damit verbundenen Problemen werden in Abschnitt 7.3.3 vorgestellt.

Die Suche nach einer ersten Erwerbstätigkeit nach dem erfolgreichen Hochschulabschluss ist für einige Absolventinnen und Absolventen mit Phasen von Arbeitslosogkeit verbunden. Die vergleichsweise geringe Arbeitslosigkeit bei Hochqualifizierten kennzeichnen Dietrich und Abraham (2005: 87) vor allem als *friktionelle Arbeitslosigkeit*[16] und finden darin eine Ursache für die hohe Beschäftigungsquote ein Jahr nach Studienabschluss.

Krempkow und Pastohr (2004) untersuchten neben dem Ersteinkommen, dem Einkommen 12 Monate nach Studienabschluss und der beruflichen Zufriedenheit ebenfalls die aktive Suchdauer als vierte Komponenten des Berufserfolgs. Dabei wurden auf der Basis der Absolventenstudien der Technischen Universität Dresden für vier Fachrichtungen (Wirtschaftswissenschaften, Elektrotechnik, Geowissenschaften und Wasserwesen) über lineare Regressionsmodelle verschiedene Einflüsse untersucht. Bei Hemsing (2001: 13) findet man neben Nettoeinkommen (im Monat und als Stundenlohn), dem akkumulierten Gesamteinkommen und dem Prestige ebenfalls den Berufseinstieg als Kriterien für beruflichen Erfolg. In dieser Arbeit wurde die Zeitspanne zwischen Studienende und Berufseintritt als Kennzeichen der Umsetzungsdauer der Bildungsinvestitionen in Prestige und Einkommen verwendet. Die Suchdauer nach dem erfolgreichen Verlassen wurde ebenfalls auf der Basis der bundesweiten Befragungen von der HIS untersucht (Briedis und Minks 2004; Minks 1992, 1996).

3.6 Selbsteinstufung des erreichten beruflichen Erfolgs

Hörschgen et al. (1993) verfolgten bei der schriftlichen Befragung von Diplom-Ökonomen der Universität Hohenheim, die zwischen November 1978 und Dezember 1991 ihr Studium erfolgreich abgeschlossen haben, eine direktere Strategie. Dabei wurde im Fragebogen eine Skala zur Selbsteinstufung bezüglich des beruflichen Erfolgs angeboten. Das für die Forscher überraschendste Ergebnis der Studie bestand darin, dass kein statistisch gesicherter Zusammenhang zwischen den Studienleistungen, dargestellt anhand der Diplomnote beziehungsweise der Studiendauer, und dem späteren beruflichen Erfolg der Absolventinnen und Absolventen bestand (Hörschgen et al. 1993: 117f.). Mit diesen Daten kommen die Forscher zu folgenden Überlegungen:

> „Demnach scheint es auf den ersten Blick nicht so wichtig, ob die Absolventen ein hervorragendes Diplom in Rekordzeit absolvieren oder ob sie sich mit mittleren Noten über eine Vielzahl an Semestern hinweg in ihrem Studi-

---

[16] Friktionelle Arbeitslosigkeit steht dabei als Sucharbeitslosigkeit für den Zeitraum des Übergangs von einer in die nächste Erwerbstätigkeit.

um durchschlängeln. Studienleistungen haben zwar einen hochsignifikanten Einfluß auf den Erfolg beim Berufseinstieg, langfristig wirken sich dagegen persönliche Eigenschaften und Persönlichkeitsmerkmale stärker auf den Berufserfolg aus. Bei den persönlichen Eigenschaften des Individuums handelte es sich insbesondere um das Interesse an einer Sache, das Engagement und die Einsatzbereitschaft. Diese persönlichen Eigenschaften und auch die Persönlichkeitsmerkmale Extraversion, Geselligkeit und unterdurchschnittliche Emotionale Labilität sind die wesentlichen Determinanten für den späteren Berufserfolg der Absolventen" (Hörschgen et al. 1993: 117f. zit. n. Burkhardt et al. 2000: 163).

3.7 Wissenschaftsnähe

Enders und Bornemann (2001) untersuchten die Bildungs- und Berufswege einer Subgruppe von Hochqualifizierten. In dieser Studie wurden bundesweit über 2.000 Promovierte unterschiedlicher Jahrgangskohorten der Fächer Biologie, Elektrotechnik, Germanistik, Mathematik, Sozialwissenschaften sowie Wirtschaftswissenschaften schriftlich befragt (Bornmann 2002: 54). Neben den bereits bekannten Kriterien Einkommen, Zufriedenheit und berufliche Position, wurde die Wissenschaftsnähe erfasst. Dabei wurden Determinanten gesucht, die eine Beschäftigung innerhalb oder außerhalb von Hochschule und Forschung bedingen (Enders und Bornemann 2001: 182).

3.8 Vertragliche Absicherung

Kromrey (2002) stellt vor dem Hintergrund der spezifischen Situation der Geistes- und Sozialwissenschaften beim Berufseinstieg aufgrund fehlender konkreter Berufsfelder zunehmende prekäre Beschäftigungsverhältnisse fest. Allerdings tritt diese Tendenz auch bei anderen Studiengängen auf. Zur Differenzierung der individuellen Berufsverläufe in erfolgreiche und eher problembehaftete Übergänge wurde das Beschäftigungsverhältnis als zentrales Kriterium gewählt. Damit konnten Personen, die gesicherte Arbeitsverhältnisse als Angestellte oder Beamte innehatten, als beruflich erfolgreich klassifiziert werden. Demgegenüber wurden Erwerbstätigkeiten unterhalb einer angemessenen beruflichen Stellung und mit Befristungen als nicht erfolgreich eingestuft. Zusätzlich wurde, aufgrund der Pluralität an vertraglichen Regelungen, ein Spektrum zwischen diesen beiden Polen aufgezogen.

Kromrey (1999) griff für diese Analysen auf die Verbleibsstudie des Instituts für Soziologie an der Freien Universität Berlin zurück. Es sind nur 118 Personen in die Analyse eingegangen, was die Befunde auf eine schmale empirische Basis stellt. Insgesamt hatten unmittelbar mit Studienabschluss 21 % und 24 Monaten danach weitere 21 % ein gesichertes Arbeitsverhältnis. 30 % hatten sowohl beim Verlassen der Hochschule als auch 24 Monate danach kein als gesichert geltendes Arbeitsverhältnis. Für ebenfalls 10 % der befragten Personen kam es in diesem Zeitraum zu einem Abstieg. Bei den verbleibenden Personen kam es zu geringfügigen Fluktuationen auf niedrigem Niveau.

3.9 Zusammenfassung

In diesem Kapitel wurde ein Überblick zu unterschiedlichen Indikatoren beruflichen Erfolgs gegeben. Es lassen sich zahlreiche Konzepte und Operationalisierungen zur Erfassung von Berufserfolg insbesondere für Akademiker/innen bereits in der Auswahl der hier präsentierten Studien finden. Es wurde unter anderem deutlich, welchen Einfluss die Operationalisierung von Berufserfolg und damit verbunden die Schwerpunktsetzung der Dimensionen und letztlich die Auswahl der Indikatoren haben. Es konnte gezeigt werden, wie heterogen das Konzept Berufserfolg in der empirischen Forschung angelegt wird. Dieser Befund erschwert einen systematischen Zugang und den Vergleich bisheriger Studien zu diesem Thema.

Zusammenfassend lässt sich weiterhin feststellen, dass es wichtig erscheint, Angemessenheit von Erwerbstätigkeiten nach Fächergruppen differenziert zu betrachten. Vergleicht man beide Adäquanzkonzepte auf Ihre Verwendbarkeit zur Bestimmung beruflichen Erfolgs von Hochqualifizierten, erscheint insbesondere die vertikale Dimension besser geeignet. Bei der Auswahl der Indikatoren werden allerdings zwei Schwerpunkte besonders deutlich:

* objektive Indikatoren zur Beschreibung beruflicher Situationen (wie beispielsweise Einkommen und berufliches Prestige),
* und subjektive Kriterien beruflichen Erfolgs (u. a. Zufriedenheit und individuelle Beurteilung der Adäquatheit einer Erwerbstätigkeit).

Die Beurteilung der Berufssituation kann vor dem Hintergrund objektiver Merkmale der einzelnen Abschnitte eines Berufsverlaufs erfolgen. Allerdings ist die subjektive Perspektive von großer Bedeutung. Auf die Unterscheidung in subjektive und objektive Kriterien des Berufserfolgs wird zur Beschreibung der Arbeitsmarktsituation von Hochqualifizierten mittlerweile häufiger zurückgegriffen. Diese Differenzierung lässt sich auf einen theoretischen Rahmen zurückführen, den Hughes (1937) bereits frühzeitig mit der Kategorisierung beruflichen Erfolgs in objektive und subjektive Kriterien schaffte. Dabei charakterisierte er den objektiven Teil des Konstruktes als von einer unabhängigen dritten Person direkt beobachtbar und messbar. Dem stellte er einen subjektiven Aspekt gegenüber, der nur durch die Individuen selbst erfahren werden kann (Hughes 1958). Aufgrund der aufgezeigten Spezifika des Akademikerarbeitsmarktes erscheint eine Verwendung sowohl objektiver als auch subjektiver Indikatoren bei der Analyse beruflichen Erfolgs unumgänglich (Schomburg und Teichler 1998: 161). Eine insbesondere bei den Befunden zur Adäquatheit einer Erwerbstätigkeit auffällige heterogene Datenlage, die aber auch bei anderen Indikatoren auftritt, ist grundlegend auf zwei Aspekte zurückzuführen. Zum einen werden unterschiedliche Operationalisierungen der Einzelindikatoren vorgenommen. Zu den inhaltlichen Differenzen bei der Konzeptualisierung kommen messtheoretische Probleme hinzu (dazu Kapitel 7.3). Beide Aspekte führen bei zahlreichen Studien zu Unterschieden in den deskriptiven Befunden. Außerdem ergibt sich daraus oftmals ein heterogenes Bild bei einem Vergleich von Zusammenhängen bestimmter Determinanten und Indikatoren beruflichen Erfolgs verschiedener Studien. Im nun folgenden Kapitel werden empirische Befunde zu Einflussfaktoren der vorgestellten Indikatoren präsentiert.

4 Determinanten des Berufserfolgs

Im vorangegangenen Kapitel wurden verschiedene Indikatoren beruflichen Erfolgs von Hochqualifizierten vorgestellt. Im nun folgenden Kapitel werden die wichtigsten Determinanten des Berufserfolgs von Personen mit Hochschulabschluss vorgestellt. In der sozialwissenschaftlichen Literatur werden dabei drei zentrale Dimensionen potentieller Einflüsse deutlich:

- Investitionen in das Humankapital,
- soziodemografische Merkmale und
- die Arbeitsmarktsituation.

Vor dem Hintergrund dieser drei Bereiche werden Ergebnisse ausgewählter Studien präsentiert. Dabei werden in der Dimension Humankapitalinvestitionen vor allem die Aspekte des Studiums zur Erklärung von Berufserfolg herangezogen. Die einzelnen Bereiche des Studiums werden mit unterschiedlicher Gewichtung und Häufigkeit in die Analysen einbezogen. Allerdings lassen sich drei Aspekte aufgrund der Häufigkeit der Verwendung herausstellen: die Abschlussnote des erfolgreich abgeschlossenen Studiums, das Studienfach sowie der Hochschultyp. Befunde zu diesen Determinanten werden im Abschnitt 4.1 dargestellt. Im Anschluss daran werden Ergebnisse zu soziodemografischen Merkmalen im Abschnitt 4.2 präsentiert. Dabei kann gezeigt werden, dass Geschlecht sowie eine Elternschaft in Abhängigkeit vom Geschlecht enormen Einfluss auf den Berufserfolg haben können. Während die Determinanten der beiden ersten Dimensionen eher auf der Mikro- bzw. der Mesoebene angesiedelt sind, werden im Bereich der Arbeitsmarktsituation auch Einflüsse der Makroebene präsentiert. Wie bereits zu Beginn aufgezeigt wurde, haben sich die Bedingungen auf dem Akademikerarbeitsmarkt in den letzten drei Jahrzehnten verändert. Daraus ergeben sich auch Auswirkungen für den Berufserfolg individueller Berufsverläufe. Ausgewählte Befunde dazu werden im Abschnitt 4.3 präsentiert.

4.1 Humankapital

4.1.1 Berufsausbildung vor dem Studium

Die Wirkung einer Berufsausbildung vor dem Studium auf den Berufserfolg in akademischen Berufsverläufen wurde in der Literatur bisher kontrovers diskutiert. In einer stringenten Weiterführung humankapitaltheoretischer Prämissen (dazu Abschnitt 5.1.2), sollte eine vor dem Studium absolvierte Berufsausbildung (*Doppelqualifikation*) zu einer Steigerung des individuellen Humankapitals und zu einer Verkürzung der Suchdauer führen. Außerdem sollte eine Doppelqualifikation in stärkerem Maße zu einer adäquaten Beschäftigung führen als bei Personen ohne Zusatzqualifikation (*Direktqualifikation*) (Lewin et al. 1996). Allerdings konnten sowohl für als auch gegen diese Überlegung empirische Befunde gesammelt werden.

Anhand der Daten des SOEP (Büchel und Helberger 1995; Büchel und Matiaske 1996) sowie auf der Datengrundlage der BIBB/IAB-Erhebung 1992 (Büchel 1997) konnte gezeigt werden, dass Personen mit so genannter Doppelqualifikation einen vergleichsweise problematischeren Zugang zum Arbeitsmarkt haben. Lewin et al. (1996) kommen demgegenüber mit Daten der HIS[1] zum Schluss, dass diese Personengruppe häufiger in eine reguläre Erwerbstätigkeit nach dem erfolgreichen Hochschulabschluss findet als Direktqualifizierte. Zugleich sind Direktqualifizierte häufiger in ausbildungsinadäquaten Positionen zu finden. Diese Kontroverse konnte zum großen Teil auf Unterschiede im Untersuchungsdesign zurückgeführt werden. Die Divergenzen zwischen den Ergebnissen der Studien ergeben sich vor allem aus den Unterschieden in der jeweils berücksichtigten Suchdauer (Büchel 1997).[2]

4.1.2 Aspekte des Studiums

Bei einer genaueren Analysen des Einflusses studienrelevanter Aspekte auf den Berufserfolg fällt auf, dass ein durchaus inkonsistentes Bild in den Ergebnissen herrscht. Bei der Erklärung von Berufserfolg und dabei insbesondere von Ein-

---

[1] Für diese Analysen wurde auf sechs verschiedene Datenquellen zurückgegriffen: 1. Studienanfängerbefragung (Jahrgänge 1985 bis 1994), 2. Studienberechtigten-Panels 1978 und 1994, 3. Befragung exmatrikulierter Studienabbrecher/innen sowie Absolventinnen und Absolventen des Jahrgangs 1993/1994, 4. Befragung zur Studierfähigkeit von ausgewählten Studiengängen 1987, 5. Längsschnittbefragung von Hochschulabsolventinnen und Hochschulabsolventen mit einem ersten Hochschulabschluss im Prüfungsjahr 1992/1993 und 6. Befragung der Absolventinnen und Absolventen sowie der Abbrecher/innen 1979/1980.

[2] Büchel (1997: 632f.) kommt zu dem Schluss, dass bei einer längerfristigen Perspektive beide Ergebnisse nachweisbar sind.

kommen und Einkommensunterschieden zwischen einzelnen Gruppen werden in der Literatur konträre Einflüsse gleicher Determinanten auf das Einkommen berichtet. Die untersuchten Zusammenhänge der einzelnen Einkommensprädiktoren mit dem Arbeitseinkommen weisen keine einheitlichen Muster auf. Weder Stärke noch Richtung der oftmals kausal formulierten Beziehungen werden ausreichend wiederholt und damit längerfristig bestätigt. Beispielsweise können Becker (1997) für wirtschaftswissenschaftliche Hochschulabsolventinnen und Hochschulabsolventen in Trier und Minks (1992) für junge Akademiker/innen in den neuen Bundesländern feststellen, dass mit besseren Abschlussnoten höhere Einkommen einhergehen. Falk und Reimer (2007: 57f.) können für die Gruppe der Sozial- und Wirtschaftswissenschaften – allerdings unter hohen Streuungen in den einzelnen Gruppen – höhere Einkommen für die erste Erwerbstätigkeit nach dem Studium feststellen als bei den Gruppen Sprach- und Kulturwissenschaften, Mathematik und Naturwissenschaften sowie den Ingenieurwissenschaften.

Auch Klein (1994) kann einen Effekt der Abschlussnote auf das Bruttomonatseinkommen feststellen. Dafür wurden die Daten der Absolventinnen und Absolventen des Diplomverwaltungsstudiengangs an der Universität Konstanz herangezogen, die zwischen 1972 und 1990 das Studium beendeten. Bessere Noten gingen mit einem höheren Einkommen einher. Demgegenüber können Brüderl et al. (1995) für Münchner Soziologinnen und Soziologen, Beyer und Wacker (1999) für Sozial- und Geisteswissenschaftler/innen in Hannover, Peschel (1997) für Wirtschaftswissenschaftler/innen in Essen sowie Butz et al. (1997) für Politologinnen und Politologen in Hamburg nur sehr geringe bis keine Effekte der Abschlussnote auf das Einkommen erkennen.

Ziegler et al. (1988) untersuchten an einer Stichprobe von Hochschulabsolventinnen und Hochschulabsolventen aus Nordrhein-Westfalen, die zwischen 1975 und 1985 das Examen ablegten, Einflussgrößen des Einkommens im ersten Berufsjahr. Es konnten keine signifikanten Effekte der Examensnote festgestellt werden. Auch Lüdeke und Beckmann (2001) kommen mit Hilfe von Längsschnittdaten einer Panelbefragung von Absolventinnen und Absolventen der wirtschaftswissenschaftlichen Fakultät der Universität Passau zu dem Ergebnis, dass sich keine konsistenten Effekte einer besseren Note auf ein höheres Einkommen bestätigen lassen. Ähnlich ambivalente Ergebnisse weisen die oftmals zur Erklärung herangezogenen Prädiktoren Studiendauer und Zusatzqualifikationen auf (Bichler und Schomburg 1997; Bischoff 1996; Butz et al. 1997; Brüderl et al. 1995; Minks 1992; Hörschgen et al. 1993).

Bei der Analyse der Kasseler Hochschulabsolventenstudie kommen Schomburg und Teichler (1998: 161) zu dem Ergebnis, dass der Hochschultyp im Gegensatz zum Studienfach einen geringen Beitrag bei der Erklärung von Einkommensunterschieden leistet.

In Bezug auf den Berufserfolgsindikator Adäquatheit der ausgeübten Erwerbstätigkeit werden in der Literatur vor allem Unterschiede zwischen einzelnen Fächern und Hochschultypen sichtbar (Falk und Reimer 2007: 60). Büchel und Matiaske (1996) konnten zeigen, dass ein Studium an einer Fachhochschule die Wahrscheinlichkeit, eine adäquate Erwerbstätigkeit auszuüben, senkt. Demgegenüber steigert eine kurze Studiendauer die Adäquatheit der ersten Erwerbstätigkeit nach dem Studium. Plicht et al. (1994) stellen in Bezug auf die Adäquatheit der Erwerbstätigkeit von Hochqualifizierten ebenfalls fächerspezifische Effekte fest. Vor allem Absolventinnen und Absolventen geisteswissenschaftlicher und pädagogischer Fächer haben öfter inadäquate berufliche Positionen inne. Auch Akademiker/innen mit Magisterabschluss wird eine erhöhte Betroffenheit ausbildungsinadäquater Beschäftigung attestiert. Es konnte weiterhin gezeigt werden, dass Wirtschaftswissenschafter/innen (sowohl mit universitären als auch mit Fachhochschulabschlüssen) vergleichsweise geringe Anteile an inadäquaten Beschäftigungen aufweisen (Kahle und Schaeper 1991: 510f.).

Auch für das berufliche Prestige ergaben sich Unterschiede zwischen einzelnen Fächern. Hemsing (2001: 103f.) konnte in Bezug auf das berufliche Prestige ebenso fächerspezifische Unterschiede aufdecken wie Birkelbach (1998) und Schomburg und Teichler (1998: 162).

Plicht et al. (1994: 179) konnten bei der Analyse von Mikrozensus-Daten Unterschiede in Bezug auf die Zufriedenheit von Hochqualifizierten mit der Erwerbstätigkeit feststellen. Dabei werden Fächereffekte sichtbar. Während sich 70 % der Universitätsabsolventinnen und Universitätsabsolventen des Jahrgangs 1984 zufrieden äußerten, waren es fünf Jahre später nur noch 59 %. Eine Ursache wird in der Zunahme ausbildungsinadäquater Beschäftigung gesucht (vgl. dazu Abschnitt 3.2).[3]

Es konnte außerdem gezeigt werden, dass mit einer Verlängerung des Studiums eine längere Suchdauer verbunden ist (Franzen und Hecken 2002; Krempkow und Pastohr 2004). Im Modell von Krempkow und Pastohr (2004) wurde die Suchdauer der ersten Erwerbstätigkeit nach dem Studium auf die Dauer des Auslandsaufenthalts und spezifische Weiterbildungsveranstaltungen der ersten Erwerbstätigkeit zurückgeführt. Anhand multivariater Analysen werden weitere Fächereffekte deutlich. So begünstigen naturwissenschaftliche Fachhochschulstudiengänge, universitäre wirtschaftswissenschaftliche Fächer und technisch ausgerichtete Stu-

---

[3] Dazu kommen zahlreiche Studien, in denen die Befunde zu einzelnen Determinanten über Fächergruppen hinweg nicht konstant waren (u. a. Krempkow und Pastohr 2006).

dienfächer einen schnellen Berufseintritt (Hemsing 2001: 71f.). Fächereffekte bei der Stellensuche konnten außer auf der Basis der Kölner Gymnasiasten Längsschnittsstudie auch durch die HIS bestätigt werden (Briedis und Minks 2004). Auch der Indikator Wissenschaftsnähe konnte über die Determinante Abschlussnote erklärt werden. Personen mit einer besseren Abschlussnote weisen demnach öfter eine Erwerbstätigkeit mit Wissenschaftsnähe auf (Enders und Bornemann 2001: 186). Das ist sicherlich unter anderem darauf zurückzuführen, dass für Dissertationsvorhaben – als einen zentralen Einstieg in eine wissenschaftliche Karriere – Promotionsordnungen gelten, die Mindestanforderungen an die Abschlussnote definieren.[4] Dadurch ergibt sich ein Selektiosnkriterium, das tendenziell bessere Abschlussnoten bei so genannten wissenschaftsnahen Erwerbstätigkeiten bedingt.

4.1.3 Soziale Herkunft

Das Interesse an den Auswirkungen sozialer Herkunft im Bildungssystem wurde durch die Ergebnisse der PISA-Studien 2000 und 2003 neu entfacht, nachdem die Diskussionen dazu im Zuge der Bildungsexpansion nachgelassen haben. Die Sozialwissenschaften haben das Thema jedoch nie aus dem Auge verloren (Becker und Lauterbach 2004a; Hadjar und Becker 2006a; Wolter 2005a). Dabei lassen sich sowohl Ergebnisse und Argumente finden, dass nach wie vor Ungleichheit im Bildungssystem in Abhängigkeit der sozialer Herkunft existieren (Solga und Powell 2006). Demgegenüber konnte aber auch gezeigt werden, dass Bildungsdisparitäten immer weniger von sozialstrukturellen Merkmalen abhängen (Schimpl-Neimanns 2000b) und institutionelle, ökonomische und geografische Barrieren weitgehend an Bedeutung verloren haben (Hadjar und Becker 2006b: 28).

Ohne die Kontroverse an dieser Stelle fortführen zu können, stellt sich allerdings die Frage, ob der „lange Arm der Familie" (Wolter 2005a) auch bis in das Hochschulsystem und vor allem darüber hinaus bis in akademische Berufsverläufe reicht.[5] Es werden auf allen Ebenen des deutschen Bildungssystems Benachteiligungen bei Kindern aus sozial schwachen Elternhäusern sichtbar (zum Überblick Becker und Lauterbach 2004a). Insbesondere beim Zugang zur Hochschule werden Selektionsprozesse entlang sozialer Schichtung deutlich. Der „Bildungstrichter 2005" (Isserstedt et al. 2006: 111) zeigt mit einem Extremgruppenvergleich zwischen jeweils 100 Kindern von Akademikern auf der einen und

---

[4] In der aktuellen Promotionsordnung der Philosophischen Fakultät der Technischen Universität wird beispielsweise gefordert, dass der Studienabschluss mindestens mit der Note „Gut" bewertet wurde.

[5] Aufgrund der mit der sozialen Herkunft einhergehenden Unterschiede in Bildung und Ausbildung, wird auch hier die soziale Herkunft als ein Aspekt der Investitionen in das Humankapital erfasst.

100 Kindern von Vätern ohne Hochschulabschluss auf der anderen Seite, dass die Chancen auf den Besuch einer weiterführenden Schule für Kinder aus hochschulfernen Schichten bereits beim Übergang in die Klassen 11 bis 13 deutlich niedriger sind (Isserstedt et al. 2006: 108f.).

Auch wenn die Öffnung des Bildungssystems langfristig zu einer Verlagerung sozialer Segregation in den tertiären Bildungssektor führte (Becker 2006), sollte aufgrund der bis dahin stattgefundenen Selektion die soziale Herkunft im späteren Verlauf eine eher unbedeutende Rolle spielen. Es ist davon auszugehen, dass die soziale Herkunft an Einflusskraft verliert und Aspekte des eigenen Berufsverlaufs (Berufserfahrung, Qualifikationen etc.) in den Vordergrund treten (Birkelbach 1998: 232).

Diese Fragestellung war bisher selten Gegenstand sozialwissenschaftlicher Fragestellungen. Die Vermutung eines abnehmenden Einflusses konnte Birkelbach (1998: 238) unter Verwendung des Berufsprestige des Vaters nach Treiman (1977) bestätigen. Auf der Basis multivariater Analysen kommt er zu dem Schluss, dass ein hohes Berufsprestige des Vaters zwar die nötige Sicherheit geben kann, bei der Berufseinmündung auf eine berufliche Chance auch eine gewisse Zeit zu warten. Der Berufserfolg[6] wird allerdings durch die soziale Herkunft nicht beeinflusst (Birkelbach 1998: 291f.). Die Abnahme der Bedeutung sozialer Herkunft konnte auch Meulemann (1995) bestätigen, der zwar noch einen Einfluss des Berufsprestiges des Vaters auf den Abiturerfolg, aber nicht mehr auf den Studienerfolg feststellen konnte.

Allerdings ergeben sich auch konträre Befunde. Hemsing (2001: 105) konnte beispielsweise zeigen, dass eine hohe soziale Herkunft zu hohem beruflichen Prestige der ersten Erwerbstätigkeit nach dem Studium führt.[7] Inwieweit Einflüsse bei den untersuchten Personen auftraten, wird weiter unten aufgezeigt.

4.2 Soziodemografische Merkmale

Die soziodemografischen Variablen zählen sicherlich zu den am häufigsten genutzten Kontrollvariablen und Einflussfaktoren bei der Erklärung sozialer Phänomene. Auch bei der Analyse von Berufserfolg werden vor allem Alter, Geschlecht und Elternschaft herangezogen, um Unterschiede zwischen Subgruppen herauszuarbeiten oder zumindest den Einfluss dieser Merkmale zu kontrollieren (Abe-

---

[6] Bei Birkelbach wird dieser über den beruflichen Status und das Einkommen operationalisiert (vgl. Kapitel 3).

[7] Der Befund von Hemsing (2001) ist vor allem vor dem Hintergrund einer gemeinsamen Datenbasis (Kölner Gymnasiasten Längsschnittsstudie) aller drei angeführten Arbeiten spannend.

le 2002; Birkelbach 1998; Dette 2005; Falk und Reimer 2007; Hemsing 2001; Hohner et al. 2003). Im nun folgenden Abschnitt werden ausgewählte Befunde präsentiert.

4.2.1 Alter

Das Alter findet oft Eingang in die multivariaten Analysen. Ergeben sich statistische Effekte dieser Variablen, können damit zahlreiche Ursachen einhergehen, die oft über tatsächliche Alterseffekte hinausgehen. Ob es sich tatsächlich um Alterseffekte und nicht um Kohorten- oder Peridoeneffekte handelt, kann nur inhaltlich oder mit spezifischen statistischen Modellierungen geklärt werden (zum Überblick Glenn 2005). Allerdings ist die ursächliche Erklärung meist mit Problemen verbunden (Mayer und Huinink 1990).

Plicht et al. (1994) haben dieses Problem zum Beispiel inhaltlich gelöst, in dem Alter entlang des Konstruktes Berufserfahrung verwendet wurde. Sie können aufzeigen, dass mit einer steigenden Berufserfahrung ein Anstieg in der Adäquatheit einhergeht. In Bezug auf den Berufserfolg konnten Franzen und Hecken (2002) einen Zusammenhang von Alter und Einkommen feststellen, demnach mit steigendem Alter beim Berufseintritt von Hochqualifizierten das Einkommen ansteigt. Allerdings wurde dieser Effekt nicht weiter diskutiert.

4.2.2 Geschlecht

Eine Übersicht der Veröffentlichungen zum Thema Geschlecht und Einkommen würde den Rahmen dieses Buches sprengen. Ursachen und Theorien zur Erklärung von Geschlechtersegregation und daraus resultierenden Epiphänomenen wie beispielsweise Einkommensunterschieden existieren zahlreich in der sozialwissenschaftlichen Literatur (zum Überblick Achatz 2005). Deren Befunde decken sich mit den Ergebnissen der Arbeiten, die Berufserfolg von Personen mit Hochschulabschluss explizit über den Indikator Einkommen untersucht haben. Auch unter Kontrolle der Rahmenbedingungen auf dem Arbeitsmarkt[8], erzielen Akademiker deutlich höhere Einkommen als Akademikerinnen (u. a. Birkelbach 1998; Falk und Reimer 2007; Franzen und Hecken 2002; Hemsing 2001).

Ähnliche Tendenzen ergeben sich auch bei der Messung des Berufserfolgs über das Prestige der Erwerbstätigkeit. Frauen haben bis zum 28. Lebensjahr leicht höhere Werte im Berufsprestige als Männer. Ab diesem Alter kehrt sich der Zusam-

---

[8] Beispielsweise gehen Frauen viel häufiger als Männer einer Teilzeitbeschäftigung nach.

menhang um, und das Berufsprestige von Männern ist deutlich höher (Hemsing 2001: 35).

In Bezug auf die Suchdauer zeigen sich ebenfalls Unterschiede zwischen den Geschlechtern (Stief und Abele 2002). Der größte Unterschied ergibt sich direkt mit Studienende. Es sind vor allem die Männer, die zügig in den Arbeitsmarkt eintreten (Hemsing 2001: 38). Während nach drei Monaten bereits 45 % der Absolventen eine Erwerbstätigkeit gefunden haben, sind es bei den Absolventinnen nur etwa 35 % (Hemsing 2001: 60). Wobei ein Teil dieser Differenz durch einen Geschlechtereffekt in den Lehramtsstudiengängen erklärt werden könnte. Die Zahl der Lehramtsabsolventinnen überwiegt die Anzahl der Lehramtsabsolventen. Insgesamt ist diese Absolventengruppe auf feste Einstellungstermine des öffentlichen Auftraggebers angewiesen, wodurch sich zwangsläufig Wartezeiten ergeben (Birkelbach 1998: 265). Das führt zu längeren Suchdauern bei Akademikerinnen insgesamt. Zu ähnlichen Befunden kommt Minks (1992, 1996) mit Daten der HIS.

Es können ebenso Unterschiede zwischen Akademikerinnen und Akademikern in Bezug auf die Adäquatheit der Erwerbstätigkeit festgestellt werden. Hochschulabsolventinnen üben häufiger inadäquate Erwerbstätigkeiten aus als Hochschulabsolventen (Büchel und Matiaske 1996; Plicht et al. 1994).

Die Tendenz, dass Frauen einen niedrigeren Berufserfolg aufweisen als Männer, wird von den meisten Studien bestätigt. Eine Ausnahme ergibt sich bei der spezifischen Gruppe, die Enders und Bornemann (2001) untersuchten. In Bezug auf den Erfolgsindikator Wissenschaftsnähe können Frauen zumindest in zwei Fächergruppen (Germanistik und Wirtschaftswissenschaften) höhere Werte erzielen als Männer (Enders und Bornemann 2001: 186). Für die anderen Fächer ergaben sich keine signifikanten Unterschiede zwischen den Geschlechtern.

4.2.3 Elternschaft

Dette (2005: 141) konnte auf der Basis einer Pfadanalyse zeigen, dass Elternschaft einen positiven Effekt auf die Lebenszufriedenheit und damit indirekt auf den subjektiv empfundenen Berufserfolg hat. Personen mit mindestens einem Kind gaben demnach höhere Werte bei der Bewertung des eigenen Berufserfolgs an als Personen ohne Kinder. Für Elternschaft werden in Bezug auf den Berufserfolg Adäquatheit heterogene Befunde deutlich. Birkelbach (1998) konnte beispielsweise negative Effekte von Kindern auf das berufliche Prestige bei Müttern bei gleichzeitig positiven Effekten für Väter feststellen. Die Befunde weisen darauf hin, dass Männer mit Kindern höhere Prestige-Werte aufweisen als Männer ohne Kinder. Demgegenüber haben erwerbstätige Frauen mit Hochschulabschluss und mindestens einem Kind ein geringeres berufliches Prestige als Akademikerinnen ohne Kinder.

4.3 Arbeitsmarktsituation zum Zeitpunkt des Berufseinstiegs

Die Situation auf dem Arbeitsmarkt beim Übergang von der Hochschule in die erste Erwerbstätigkeit kann durch unterschiedliche Aspekte charakterisiert werden. Insbesondere Hemsing (2001) ist es zu verdanken, dass die Arbeitsmarktsituation detailliert und vergleichbar über unterschiedliche Fächer und Zeitpunkte hinweg in die Analyse von Berufserfolg einbezogen werden kann. Er entwickelte auf den Daten der Bundesanstalt für Arbeit einen Arbeitsmarktindikator, der studienfachspezifisch das Verhältnis von Bewerberinnen und Bewerbern zu den freien Stellen pro Jahr darstellt.[9]

Der Berufserfolg von Hochqualifizierten zeigte dabei ein ambivalentes Bild. Hemsing (2001: 106) konnte aufzeigen, dass sich eine schlechte Arbeitsmarktlage (wenn die Anzahl der Bewerber/innen die Anzahl der offenen Stellen übersteigt) negativ auf das Berufsprestige der ersten Erwerbstätigkeit nach dem Studium auswirkt. Dieser Effekt war bei Frauen stärker ausgeprägt als bei Männern. Frauen sind demnach stärker als Männer auf eine gute Arbeitsmarktlage angewiesen, um ihre beruflichen Ambitionen zu verwirklichen (Hemsing 2001: 110). Für das Einkommen konnte dieser Zusammenhang nicht bestätigt werden. Eine schlechte Arbeitsmarktlage hatte nur bei Akademikerinnen einen Einfluss und minderte das Einkommen (Hemsing 2001: 119).

Unterschiede des Berufserfolgs im Zeitverlauf zeigten sich indirekt auch in anderen Untersuchungen. Vereinzelt wurden auffällige Veränderungen des Indikators Zufriedenheit deutlich. Plicht et al. (1994: 179) konnten feststellen, dass die berufliche Zufriedenheit bei berufstätigen Personen mit Hochschulabschluss im Vergleich einzelner Geburtskohorten (von 1985 bis 1991) nachlässt.

4.4 Zusammenfassung

In der Literatur zur Erklärung von Unterschieden im Berufserfolg einzelner Gruppen ergeben sich zahlreiche Determinanten. Allerdings liefern die Ergebnisse der multivariaten Analysen ein inkonsistentes Bild. Teilweise können Ergebnisse zu einem Indikator nicht repliziert werden. Es kommt dabei, wie beispielsweise beim Einkommen, auch zu widersprüchlichen Ergebnissen. Diese Problemlage

---

[9] Die Erstellung dieses Quotienten und die Interpretation werden im Abschnitt 9.1.5 kurz beschrieben.

verschärft sich weiter mit dem Blick auf die Analyse von einzelnen Kausalzu-
sammenhängen zwischen einzelnen Indikatoren. Auch dabei werden heterogene Ergebnisse in der Literatur berichtet. Unabhängig davon werden in den drei
eingangs erwähnten Dimensionen einzelnen Merkmale erkennbar, die einen besonders starken Einfluss auf den Berufserfolg von Hochqualifizierten haben. Im
nächsten Kapitel werden deshalb Modelle vorgestellt, die aus der Bandbreite an
möglichen Determinanten einzelnen Aspekte ausgewählt haben und damit unter
Kontrolle zusätzlicher Variablen beruflichen Erfolg erklären.

5 Theorien und Modelle zur Erklärung des Berufserfolgs von Hochqualifizierten

In den Kapiteln 3 und 4 wurden bereits Indikatoren und Determinanten des Berufserfolgs diskutiert. Zugleich wurden deskriptive Ergebnisse und multivariate Analysen ausgewählter Studien präsentiert. Im nun folgenden Kapitel werden Theoriekonzepte und theoretischen Modelle vorgestellt, auf deren Basis Studien zur Untersuchung beruflichen Erfolgs von Hochqualifizierten durchgeführt wurden.

Im ersten Abschnitt wird ein Überblick zu den neoklassischen Arbeitsmarkttheorien gegeben. Dieses Theoriekonzept erfreut sich in der Arbeitsmarktforschung großer Beliebtheit (Hinz und Abraham 2005). Es werden die Grundlagen sowie die Vor- und Nachteile kurz vorgestellt. Im Anschluss daran werden zentrale Erweiterungen, die bereits zur Analyse von Berufserfolg herangezogen wurden, skizziert.

Im Abschnitt 5.2 werden Modelle zum Berufserfolg vorgestellt, die bereits empirisch überprüft wurden. Der letzte Abschnitt diskutiert die einzelnen Befunde und leitet Prämissen für diese Untersuchung ab. Dabei kann festgestellt werden, dass insbesondere der Zeitpunkt des Übergangs von der Hochschule in die erste Erwerbstätigkeit nach dem Studium aufgrund der weichenstellenden Funktion in den Fokus der Analysen gerückt werden muss. Außerdem kann gezeigt werden, dass die Suchdauer als Indikator des Berufserfolgs ungeeignet ist und eine getrennte Analyse beziehungsweise die Verwendung als Determinante beruflichen Erfolgs sinnvoller erscheint.

5.1 Relevante theoretische Konzepte

5.1.1 Neoklassische Arbeitsmarkttheorie

Es existiert eine Reihe von Konzepten und etablierter Theorien zum Arbeitsmarkt (u. a. Hinz und Abraham 2005: 17). Allerdings haben sich einige davon als besonders ergiebig für die Analyse der Gegebenheiten auf den Teilarbeitsmärkten von Hochqualifizierten ausgezeichnet. Der folgende Abschnitt kann keinen vollständigen Einblick in die zum Teil komplexen Theorien geben. Im sich anschließenden Abschnitt sollen vor allem die Theorien und Modelle vorgestellt werden, die für die Erklärung objektiver Indikatoren beruflichen Erfolges bevorzugt verwendet werden. Ausgangspunkt ist dabei oftmals die neoklassische Arbeitsmarkttheorie. Unter zahlreichen abstrakten Annahmen (Stinchcombe 1974: 124) stellen sich Angebot und Nachfrage von Arbeitskraft ein. Der Arbeitsmarkt unterscheidet sich dahingehend nicht von anderen Märkten. In Bezug auf den Arbeitsmarkt ergeben sich die folgenden Rahmenbedingungen auf dem Arbeitsmarkt:

(1) Alle Akteure handeln rational und sind vollständig informiert. Im Kontext einer erklärenden Modellierung sozialer Prozesse wird dabei oftmals auf das Modell des *homo oeconomicus* (u. a. Esser 1996: 236) zurückgegriffen. Die Nutzenmaximierung – auf Seiten der Arbeitgeber durch Gewinnsteigerung und seitens der Arbeitnehmer/innen durch Maximierung der Einkommen – ist dabei der zentrale handlungstheoretische Kern.

(2) Die Arbeitnehmer/innen besitzen alle die gleiche Produktivität und die gleichen Kompetenzen. Damit wird das Gut Arbeit aufgrund der Homogenität auch beliebig teilbar.

(3) Es wird von einem perfekten Markt ausgegangen, der über ausreichend Angebot und Nachfrage verfügt und dadurch Monopolbildungen ausschließt.

(4) Sowohl auf der Seite des Arbeitsangebotes als auch auf Seite der Arbeitsnachfrage herrscht vollkommene Information bezüglich der aktuellen und der zukünftigen Situation des Arbeitsmarktes, also beispielsweise bezüglich offener Stellen und Lohnhöhe.

(5) Es besteht vollkommene Flexibilität der Löhne. Änderungen in Angebot und Nachfrage verändern das Lohnniveau.

(6) Arbeitsverhältnisse werden auf den Güteraustausch reduziert (Geld gegen Arbeit) und die Akteure besitzen keine Präferenzen für bestimmte Tauschpartner (Sesselmeier und Blauermel 1997: 47f.).

Sind diese Prämissen erfüllt, dann wird so lange Arbeit nachgefragt, bis der Grenzertrag einer zusätzlichen Arbeitseinheit den Grenzkosten entspricht. Die Arbeitnehmer/innen werden der neoklassischen Theorie zufolge solange ihre Arbeit anbieten, bis der Grenznutzen einer zusätzlichen Arbeitseinheit den Grenzkosten der entgangenen Freizeit entspricht. Der Gleichgewichtslohn entspricht daher dem Grenznutzen der Arbeit und den Grenzkosten der Freizeit.

Dieses Modell weicht offensichtlich erheblich von der Realität ab (Hinz und Abraham 2005). Das Akteursmodell des *homo oeconomicus* kann zentrale Sachverhalte wie Lernprozesse und individuelle Situationsdefinitionen nicht erklären (Esser 1996: 237). Es wird weiterhin bemängelt, dass Arbeitsmärkte keine perfekten Märkte sind und Austauschprozesse mit anderen gesellschaftlichen Teilbereichen ausgeblendet werden (Hinz und Abraham 2005: 22). Zahlreiche Kritiken führten aufgrund des bestehenden Analysepotentials des neoklassischen Modells zu Weiterentwicklungen und Erweiterungen. Ziel war es vor allem eine größere Realitätsnähe zu schaffen und damit Theorien und Modelle mit einer höheren Erklärungskraft zu entwickeln. Im Anschluss werden einige dieser auf dem neoklassischen Basismodell aufbauende Arbeitsmarkttheorien näher vorgestellt.[1]

5.1.2 Humankapitaltheorie

Die Ursprünge der Humankapitaltheorie gehen insbesondere auf die Arbeiten von Mincer (1962) und Becker (1964) zurück. In dieser Theorie wird die unrealistische Annahme der Homogenität des Faktors Arbeit aufgegeben. Ausgangspunkt der Humankapitaltheorie ist die Prämisse, dass ein größerer Bestand an Humankapital einer Person zu einer höheren Produktivität führt und mit dieser höheren Produktivität wiederum höhere Einkünfte erzielt werden können. Ein steigender Qualifizierungsgrad erhöht automatisch die Produktivität der Person und damit ihr Einkommen. In erster Linie ist die Humankapitaltheorie damit eine Theorie zur Erklärung von Bildungsinvestitionen. Da Investitionen in das Humankapital mit Kosten verbunden sind, sollten aus rationalen Erwägungen die Renditen der Ausbildung höher sein als die Kosten für die Bildung und die entgangenen Gewinne in der Ausbildungszeit. Diese Annahme lässt sich für Hochqualifizierte empirisch belegen. Mit der Aufnahme eines Studiums ist in der Regel ein Aufschub einer Erwerbstätigkeit verbunden (Hemsing 2001: 33). Dieser finanzielle Nachteile (Kosten) werden im Anschluss an das Studium aufgewogen, in dem höhere Stundenlöhne und monatliche Einkommen akkumuliert werden.

Für die Erklärung von Einkommensunterschieden existieren zahlreiche Theorien (u. a. Szydlik 1993). Dabei gehört die Humankapitaltheorie sicherlich zu den wichtigsten und am häufigsten verwendeten Konzepten. In einer der zentralen Weiterentwicklungen des neoklassischen Modells (zur Übersicht Stinchcombe 1974), werden vor allem individuelle Unterschiede herangezogen, um Ungleich-

---

[1] Diese drei Theorien wurden aufgrund der häufigen Anwendung in der Literatur zum Berufserfolg ausgewählt. Es existieren zahlreiche weitere Modelle und Theorien, insbesondere zur Erklärung von Einkommen (zum Überblick Blossfeld et al. 1988).

heiten im Einkommen zu erklären. Auch wenn das Humankapital mittlerweile hauptsächlich an schulischer Bildung und Berufserfahrung festgemacht wird und deswegen auch als schulisches und berufliches Humankapital (Franz 2003) gefasst wird, können eine Reihe weiterer Faktoren, wie zum Beispiel Gesundheit oder auch allgemeines Humankapital (Hinz und Abraham 2005: 37), dazu gezählt werden. Hemsing (2001) untersucht das Monatsnettoeinkommen, Nettostundenlohn, das akkumulierte Gesamtnettoeinkommen sowie das Berufsprestige als Kriterien beruflichen Erfolgs in Abhängigkeit von Humankapital, privaten Bindungen und Arbeitsmarktstrukturen. Dabei konnte er feststellen, dass sich in Abhängigkeit des gewählten Indikators Stärke und teilweise auch Richtung der Einflüsse unterscheiden. Es lassen sich vor allem Unterschiede zwischen Männern und Frauen sowie zwischen einzelnen Studiengängen finden. Berufserfahrung hat insbesondere im letzten ausgeübten Beruf einen positiven Einfluss auf den Berufserfolg. Zusammenfassend lässt sich feststellen, dass mit einer Steigerung an Humankapital auch der Berufserfolg zunimmt. Die Form der Partnerschaft hat keinen Einfluss auf das Ausmaß an Berufserfolg. Diesen Befund kann auch (Birkelbach 1998) bestätigen. Elternschaft hat für Frauen eine eher negative und für Männer eine eher positive Wirkung. Der Einfluss der Arbeitsmarktsituation ist nicht durchgehend für alle Indikatoren nachzuweisen.

Humankapitaltheoretische Ansätze und Erweiterungen der Theorie werden ebenfalls herangezogen, um fehlende Adäquanz von Ausbildung und Erwerbstätigkeit zu erklären (Büchel 1998). Dabei wird davon ausgegangen, dass tendenziell mit einem steigenden Humankapital auch eine erhöhte Ausbildungsadäquanz einhergeht (siehe dazu auch Abschnitt 3.2). Allerdings dürfte mit Rückgriff auf die Prämissen der Humankapitaltheorie inadäquate Beschäftigung strukturell nicht existieren (Rumberger 1981: 24). Dieses Phänomen könnte nur als Resultat einer kurzzeitigen Störung der Marktmechanismen aufgrund eines temporären Überangebots an Hochqualifizierten auftreten und müsste relativ schnell wieder verschwinden. Über das Regulativ des Marktes würde das veränderte Angebot zu sinkenden Renditen dieser Qualifikationen und anschließend zu sinkender Nachfrage nach exakt diesen Bildungsabschlüssen führen (Büchel und Matiaske 1996: 56). Der Humankapitalansatz ist für die moderne Arbeitsmarktforschung von zentraler Bedeutung und besitzt weit reichende Anwendungsmöglichkeiten. Allerdings zeigen einige empirische Befunde Grenzen der Theorie und insbesondere Schranken der aus dem neoklassischen Modells übernommenen Prämissen auf. Sowohl die Annahme des Informationsgrades in Bezug auf zukünftige Renditen von Humankapitalinvestitionen als auch den ideal funktionierenden Markt werden eher problematisch gesehen (Hinz und Abraham 2005: 38). Weiterhin bestehen Zweifel an dem unmittelbar kausalen Zusammenhang von Ausbildung und Produktivität (Weiss 1995) und dem direkte Zusammenhang von Produktivität und Einkommen (Szydlik 1993: 19ff.).

5.1.3 Signaltheorie

Die Ansätze der Signaltheorie (Arrow 1973; Spence 1973, 1974) verzichten auf eine weitere Annahme des neoklassischen Modells: Existenz vollständiger Informationen in Bezug auf die Produktivität von Arbeitskräften. Empirische Untersuchungen weisen darauf hin, dass sich die Akteure im Alltag eher mit unvollständigen und asymmetrischen Informationen konfrontiert sehen. Diese Konstellation reflektiert der Signal-Ansatz (Spence 1973). Spence (1973: 356) charakterisiert die Situation der Einstellung eines Arbeitnehmers als „hiring as investment under uncertainty".[2] In derartigen Situationen mangelnder Informationen wird auf bestimmte Signale zurückgegriffen. Arbeitgeber könnten beispielsweise Qualität und Höhe von Ausbildungszertifikaten als Proxy für die potentielle Produktivität von Arbeitnehmerinnen und Arbeitnehmern verwenden. Eine Rendite würde sich dann ausschließlich aus dem Signal durch das Ausbildungszertifikat und nicht aus dem tatsächlichen Humankapital ergeben (Büchel 1998: 28). Während die Humankapitaltheorie Produktivitätsunterschiede hauptsächlich auf Unterschiede im Bildungsniveau zurückführt, geht der Signal-Ansatz davon aus, dass Unterschiede in den Bildungsabschlüssen mit nichtbeobachtbaren Attributen des Bewerbers oder der Bewerberin, wie zum Beispiel Leistungsfähigkeit und Intelligenz zusammenhängen. Diese können wiederum als Ursache für die jeweilige Abschlussart gesehen werden (Weiss 1995). Daraus lässt sich unter anderem die Hypothese ableiten, dass aufgrund des formal höheren Ansehens eines universitären Abschlusses gegenüber Fachhochschulabschlüssen Absolventinnen und Absolventen von Universitäten finanziell attraktivere Erwerbstätigkeiten angeboten bekommen. Die Hypothese konnte unter Kontrolle des Studiengangs reichhaltig belegt werden. Parallel dazu lassen sich ähnliche Annahmen für das Erreichen von höherem Berufsprestige finden. Höheres Humankapital beziehungsweise eine bessere Ausstattung in den verlässlichen Signalen sollten in der Regel zu höherem beruflichen Prestige führen. Da sowohl die Humankapitaltheorie als auch die Signaltheorie im Wesentlichen auf den gleichen neoklassischen Annahmen beruhen, kann der Signal-Ansatz als Erweiterung der Humankapitaltheorie gesehen werden (Hinz und Abraham 2005; Weiss 1995).

---

[2] Die Situation stellt sich sowohl aus der Perspektive der Arbeitgeber/innen als auch von Seiten der Arbeitnehmer/innen als unsicher dar.

5.1.4 Suchtheorie

Die Suchtheorie (Stigler 1962) geht wie die Signaltheorie davon aus, dass die Arbeitsmärkte eher von unvollständigen Informationen geprägt sind. Innerhalb der Suchtheorie existieren zahlreiche Varianten (zum Überblick Pissarides 1985: 159ff.), die allerdings alle die Erklärung des Verhaltens rationaler Akteure unter Bedingungen eingeschränkter Informationen zum Ziel haben. Die Suchtheorie fasst den Prozess der Suche als eine Investition in Information auf (Stigler 1962: 102). In diesem Kontext macht die Suchtheorie eine eindeutige Prämisse: Suchprozesse seitens der Arbeitnehmer/innen finden immer dann und so lang statt, wie die zukünftig zu erwartenden zusätzlichen Erträge in Form höherer Lohnzahlungen gerade noch größer sind als die jetzt aufzuwendenden zusätzlichen Kosten der Suche, in Form direkter Informationskosten und entgangenem Einkommen während der Suche (Henneberger und Sousa-Poza 2002). Diese Entscheidungsregel gilt sowohl für die Stellensuche als auch für die Suche nach Arbeitskräften. Mit einem steigenden Lohn, wird es immer unwahrscheinlicher für Arbeitnehmer/innen eine besser bezahlte Stelle zu finden. Daraus folgt unter anderem, dass die Wahrscheinlichkeit eines zwischenbetrieblichen Wechsels mit einem steigenden Lohn abnimmt (Mortensen 1988). Diese Tendenz wird verstärkt, da nichtmonetäre Eigenschaften eines Arbeitsplatzes erst *on-the-job* evaluiert beziehungsweise erworben werden können. Auch deshalb ist mit sinkenden Wechselraten bei steigender Beschäftigungszeit zu rechnen (Mortensen 1988).

5.1.5 Theorien segmentierter Arbeitsmärkte

Andere theoretische Konzepte betrachten den globalen Arbeitsmarkt stärker mit einem Fokus auf die zahlreichen mehr oder weniger voneinander getrennten Teilarbeitsmärkte (Sengenberger 1978). Innerhalb der einzelnen Segmente sorgen institutionelle Regelungen für eine Arbeitsplatzallokation, die zu einer Unabhängigkeit von Arbeitsplatz und Inhaber/in führen. Aus diesem Grund sind berufliche Mobilitätsprozesse in hohem Maße von den organisationsspezifischen Strukturen und Regeln abhängig.

Mit der Theorie interner Arbeitsmärkte (Alewell 1993; Williamson et al. 1975) kann die private Wirtschaft in interne und externe Teilmärkte differenziert werden. Die Erwerbstätigen im internen Arbeitsmarkt sind vor den Schwankungen des externen Arbeitsmarktes weitestgehend geschützt. Allerdings ist der Eintritt in den internen Arbeitsmarkt mit spezifischen Bedingungen verbunden. Der Eintritt erfolgt über Qualifikationskriterien, die so genannten *ports of entry*, an die relativ starre hierarchisch gestufte Karriereleitern geknüpft sind (Becker 1993: 79).

Innerhalb der Privatwirtschaft kann man, mit einigen Einschränkungen, von einem neoklassischen Modell ausgehen. Theoretische Prämisse ist ein Angleichen von angebotenem und nachgefragtem Arbeitsvolumen auf dem Markt. Unter konstanten Randbedingungen sollte das zum Beispiel zu sinkenden Löhnen bei einem Überangebot an Hochschulabsolventinnen und Hochschulabsolventen bestimmter Fachrichtungen führen, während ein Mangel an hochqualifizierten Arbeitskräften zu steigenden Lohnsätzen führen wird.

Arbeitsmarktanalysen orientieren sich vor allem an der Privatwirtschaft. Allerdings bestehen grundlegende Unterschiede in den institutionellen und rechtlichen Rahmenbedingungen zwischen den Arbeitsmärkten im öffentlichen Dienst und der Privatwirtschaft (Becker 1993; Keller und Klein 1994). Dabei kann auch der öffentliche Dienst als interner Arbeitsmarkt beschrieben werden. Der Zugang ist über spezifische Bildungszertifikate stärker formalisiert als in der Privatwirtschaft. Zugleich ist die Nachfrage stark reguliert und unterliegt nur geringfügig einer marktähnlichen Situation.

Im öffentlichen Dienst sind die Randbedingungen des Arbeitsmarktes grundsätzlich verschieden. Die Beschäftigungsperspektiven für Hochqualifizierte bestehen im Wesentlichen ausschließlich im höheren Dienst, der einen universitären Abschluss voraussetzt. Der akademische Nachwuchs für den gehobenen Dienst, der einen Fachhochschulabschluss erfordert, wird an internen Einrichtungen ausgebildet.[3] Drei Aspekte lassen keine neoklassischen Marktmechanismen auf diesem Teilarbeitsmarkt zu:

(1) Die Löhne/Gehälter orientieren sich an festen Besoldungsstufen und Angestelltentarife und regulieren sich nicht über Angebot und Nachfrage.

(2) Der öffentlichen Dienst hat keinen unmittelbaren Einfluss auf die künftige Entwicklung des Akademikerangebots. Es lassen sich weder zuverlässige Bedarfsprognosen erstellen, noch besteht ein Interesse seitens der Institutionen im öffentlichen Dienst längerfristige Personalplanung durchzuführen.

(3) Der Personalbedarf im öffentlichen Dienst ergibt sich zu einem erheblichen Teil aus politischen Entscheidungen. Diese sind sicherlich in gleichem Maße für die Privatwirtschaft bindend. Allerdings unterliegt die öffentliche Verwaltung zugleich der Frage, ob rechtliche und tatsächliche Sachlagen Auswirkungen auf den Personalbedarf haben sollen (Fraenkel 1996: 133f.).

---

[3] Neben diesen grundsätzlichen Regelungen bestehen u. a. länder- und institutionsspezifische Möglichkeiten, so genannte *Quereinsteiger/innen* zu beschäftigen. Allerdings ist dieser Bereich an Akademikerbeschäftigung, der ebenfalls für Personen mit universitären Abschlüssen relevant sein kann, quantitativ eher unerheblich.

Parallel zu Privatwirtschaft und öffentlichem Dienst existieren zahlreiche Formen beruflicher Selbstständigkeit. Mit selbstständiger Erwerbstätigkeit insbesondere von Hochqualifizierten wird seit vielen Jahren große Hoffnung sowohl in den wirtschafts- als auch strukturpolitischen Diskussionen verknüpft. Auf der empirischen Basis eines geringen Anteils von Selbständigen in der deutschen Privatwirtschaft im internationalen Vergleich (Sternberg und Bergmann 2003), und vor dem Hintergrund einer seit langem diagnostizierten Strukturkrise, hat die Unternehmensgründung in den letzten Jahren enorm an Stellenwert gewonnen.

Der Anteil an selbstständiger Erwerbstätigkeit ist im Vergleich zur Privatwirtschaft und zum öffentlichen Dienst eher gering. Ende der 1990er waren vier Jahre nach dem Hochschulabschluss etwa 2 % selbstständig und weitere 5 % freiberuflich (Minks 1998). Nach der Jahrtausendwende wuchs der Anteil der selbstständigen Hochschulabsolventinnen und Hochschulabsolventen an (Kerst und Minks 2005). Ohne daraus einen linearen Trend ableiten zu können, scheint der Anteil an Selbstständigen auch unter Akademiker/innen zuzunehmen. Dafür lassen sich einige Erklärungen finden. Beispielsweise wurde eine Infrastruktur zur Förderung der Selbstständigkeit geschaffen und zumindest teilweise beziehungsweise temporär lassen sich steigende Zahlen vor allem von Gründern aber auch von Gründerinnen belegen (Kerst und Minks 2005: 7ff.). Weiterhin bestehen in der Selbstständigkeit vergleichsweise mehr Möglichkeiten, familienbezogene Aspekte stärker zu berücksichtigen. Mit einem selbstbestimmten Arbeitsplatz können unter anderem notwendige Freiräume geschaffen werden, um private Lebenswelt und berufliche Anforderungen besser auf einander abstimmen zu können (Carr 1996; McManus 2001). Außerdem entzieht sich ein Teil der Hochqualifizierten und insbesondere Frauen, mit einer Selbstständigkeit potentiellen Diskriminierung durch Arbeitgeber/innen (Jungbauer-Gans 1999).

5.1.6 Das Labour-queue-Modell

Das *Labour-queue-Modell* greift ebenfalls die Überlegung strukturierter Arbeitsmärkte auf (Thurow 1978). Grundlegend wird dabei angenommen, dass Arbeitnehmer/innen nach ihrer Ausbildung in einen Wettbewerb um Arbeitsplätze eintreten. Die Arbeitgeber/innen stufen potentielle Arbeitnehmer/innen anhand von Hintergrundcharakteristiken, wie beispielsweise Ausbildungstand und Berufserfahrung ein (Thurow 1975: 75ff.). Diese Bewertung führt zu einem Platz in der „Arbeitskräfteschlange" (*Labour-queue*) (Thurow 1978). Ziel der Arbeitgeber/innen ist es dabei, die Einarbeitungskosten niedrig zu halten. Da den Arbeitgeberinnen und Arbeitgebern keine direkten Informationen zur Verfügung stehen, verwenden sie zur Abschätzung der Eignung Personenmerkmale, die als indirekte Indikatoren für die Einarbeitungs- und Ausbildungskosten genutzt werden. Diese Vorgehensweise kann zu einer Benachteiligung bestimmter Arbeitnehmergruppen mit bestimmten Hintergrundmerkmalen führen, die zusätzlich durch subjektive Präferenzen verstärkt werden kann. In diesem Fall wird auch von *statistischer Diskriminierung* gesprochen (Winkler 1997: 433).

5.2 Ein Überblick der existierenden Modelle zur Erklärung des Berufserfolgs von Hochqualifizierten

5.2.1 Das Kassler Modell

Mit der Frage, wie Berufserfolg von Personen mit Hochschulabschluss erfasst werden kann, wurden auf der Basis empirischer Befunde von Absolventenstudien (Abschnitt 3) zahlreiche Möglichkeiten aufgezeigt. Aufgrund der dargestellten Spezifika des Akademikerarbeitsmarktes erscheint eine Darstellung sowohl objektiver als auch subjektiver Indikatoren unumgänglich (Rostampour und Lembert 2003). Schomburg und Teichler (1998: 161) schlagen eine Operationalisierung des Berufserfolgs von Hochschulabsolventinnen und Hochschulabsolventen anhand von acht Indikatoren vor, die in vier Gruppen unterteilt sind:

(1) Objektive Kriterien:

  a) Bruttoeinkommen

  b) Positionshöhe

(2) Subjektive Kriterien zur Adäquatheit:

  a) Ausmaß der Qualifikationsverwendung

  b) Einschätzung der Angemessenheit der beruflichen Position

(3) Generalisierender subjektiver Indikator:

  a) Allgemeine Berufszufriedenheit

(4) Generalisierender subjektiver Indikator:

  a) Status/Aufstieg

  b) Fachliche Leistungsanforderungen/Sachengagement

  c) Berufliche Autonomie

Diese acht Indikatoren werden unabhängig voneinander anhand spezifischer Determinanten untersucht. Zugleich verwenden sie über ein komplexeres Modell, bei dem vor allem studienrelevante Aspekte zur Erklärung von Unterschieden im Berufserfolg herangezogen werden (vgl. Abbildung 5.1).

Abbildung 5.1: Modell zur Analyse des Zusammenhangs von Studium und Berufserfolg

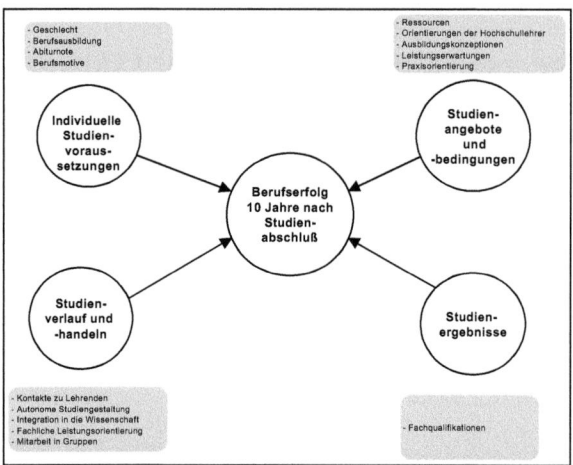

Quelle: Schomburg & Teichler, 1998, S. 167

Die Autoren überprüften das Modell mit Daten der Kasseler Hochschulabsolventenstudie für drei Studiengänge: Maschinenbau, Wirtschaftswissenschaften und Sozialarbeit/-pädagogik. Dabei wurden pro Fachrichtung sieben Hochschulen ausgewählt und alle Examenskandidatinnen und Examenskandidaten dieser Hochschularten und Fachrichtungen der Jahrgänge 1983/84 und 1984/85 viermal schriftlich befragt. Der Berufserfolg ist in diesem Modell zeitlich stark fixiert (zum Zeitpunkt 10 Jahre nach dem Studium). Das Modell ist zugeschnitten auf die Analyse des Zusammenhangs von Studium und Berufserfolg. Aus diesem Grund stellen Aspekte des Studiums den Großteil der Determinanten dar.

5.2.2 Das berufsbiografische Bewältigungsmodell

Das berufsbiografische Bewältigungsmodell entstand im Teilprojekt 4 „Berufliche Verläufe im Transformationsprozeß" des Sonderforschungsbereichs 186 „Statuspassagen und Risikolagen im Lebensverlauf". Struck-Möbbeck et al. (1996)

richteten dabei das Modell am berufsbiografischen Bewältigungshandeln der Individuen aus. Die Gestaltung berufsbiografischer Kontinuität erfolgt auf der Basis von Deutungen und Kenntnissen der Arbeitsmarktlage. Veränderungen in den Rahmenbedingungen des Arbeitsmarktes (siehe dazu Kapitel 2) beeinflussen zugleich den beruflichen Handlungsraum von Individuen. Es sind jedoch die Akteure selbst, die vor dem Hintergrund ihrer Ressourcen und Frames den beruflichen Handlungsraum ausdeuten und dadurch Kontrollkompetenzen erhalten oder modifizieren (Struck-Möbbeck et al. 1996: 11). Das Modell ergab sich aus rekursiven Auswertungsschritten anhand qualitativer Daten.

Lipowsky (2003) hat den Berufserfolg von Lehramtsabsolventinnen und Lehramtsabsolventen untersucht. Dafür hat er auf das berufsbiografische Bewältigungsmodell des Teilprojektes 4 am Sonderforschungsbereich 186 in Bremen zurückgegriffen und es weiterentwickelt (Lipowsky 2003: 121). Es ist auch Anliegen des weiterentwickelten Modells, die individuelle Gestaltung berufsbiografischer Brüche und Zäsuren zu erklären. In einer konsequenten Weiterentwicklung richtet Lipowsky (2003: 120ff.) den Fokus auf die individuellen Deutungen und Kenntnislagen von Hochqualifizierten. Dabei bleiben unter anderem die Arbeitsmarktstrukturen außen vor und finden erst über den Umweg der individuellen Bewertung Eingang in das Modell. Den Kern des Modells bilden persönlichkeitsbezogene Kognitionen, denen zugleich eine hohe Stabilität zugeschrieben wird. Die zentralen Indikatoren beruflichen Erfolgs in dieser Studie waren demzufolge ebenfalls subjektiv geprägt. Es wurde die berufliche Zufriedenheit, die Bindung an den Arbeitgeber sowie Aspekte des Berufsverlaufs verwendet. Auch in dieser Studie wird ein positiver Zusammenhang zwischen Investitionen in Humankapital und Berufserfolg festgestellt. Zusätzlich existieren Persönlichkeitsmerkmale, wie beispielsweise Selbstsicherheit und Optimismus, die einen positiven Einfluss besitzen.

5.2.3 Berufserfolg als dynamische Komponente

Der Berufsverlauf ist eingebunden in komplexe gesellschaftliche Strukturen und wird vor allem von zwei Ebenen geprägt: zum einen die Mikroebene individuellen Handelns und zum anderen die gesellschaftliche Makroebene sozialer Institutionen (Birkelbach 1998: 19). Der Lebenslauf insgesamt stellt als soziale Institution ein Regelsystem dar, das wichtige Bereiche des Lebens ordnet und so zu einem bedeutsamen Faktor sozialer Integration moderner Gesellschaften wird (Kohli 1985, 1988, 1994). Die Institution *Lebenslauf* ist um die Erwerbstätigkeit organisiert und gliedert sich im Sinne eines chronologisch standardisierten Normallebenslaufs (Kohli 1985: 2) in bestimmte Rollen und Positionen, die mit dem Alter verknüpft sind. Der Lebenslauf ist damit Schnittstelle zwischen individuellem Planen und Handeln auf der einen und der Sozialstruktur auf der anderen Seite und eröffnet dem Individuum eine aktiv gestaltende Perspektive auf das eigene Leben. Zugleich determiniert der Lebenslauf als Institution aus der gesellschaftlichen Perspektive heraus regulierend und aus der Sicht der Akteure orientierend, weil dem individuellen Handeln erstens eine Richtung vorgegeben wird und zweitens institutionell definierte Pfade und Regeln das Handeln strukturieren und ordnen (Birkelbach 1998: 22). Das theoretische Konstrukt Berufserfolg sollte demnach eine individuelle zeitliche Veränderung von Berufserfolg erfassen können. Insbesondere in Situationen größerer gesellschaftlicher Veränderungen und individueller biografischer Brüche lassen sich Verschiebungen in der Bedeutung beruflichen Erfolgs vermuten.

5.2.4 Das Modell des „Normalarbeitsverhältnisses"

Trotz und insbesondere aufgrund der mit einer Erklärung angemessener Berufssituationen verbundenen Probleme wurden vermehrt systematische Untersuchungen durchgeführt, um einen differenzierten Einblick in die Bandbreite möglicher Arbeitsverhältnisse zu erhalten. Auf den empirischen Ergebnissen der Untersuchungen zur Angemessenheit von akademischer Erwerbsarbeit wurde auch der Versuch unternommen, verschiedene Berufsverläufe auf der Basis eines *Normalarbeitsverhältnisses* zu kategorisieren. In der Literatur wird das Normalarbeitsverhältnis mit einer Vielzahl von Eigenschaften in Verbindung gebracht. Eine forschungspragmatische Lösung, auf die auch an dieser Stelle zurückgegriffen wird, ist die Verwendung der Abgrenzungskriterien aus der amtlichen Statistik. Als Personen in einem Normalarbeitsverhältnis gelten demnach Arbeiter/innen und Angestellte (ohne Auszubildende, Beamtinnen und Beamte, Soldatinnen und Soldaten, Leiharbeitnehmer/innen, Selbständige und Mithelfende[4]) in einer Vollzeitbeschäftigung (mit einer Wochenarbeitszeit von 36 Stunden und mehr) die über einen unbefristetem Arbeitsvertrag verfügen (Böhlich 1999: 4; Hoffmann und Walwei 1998: 413). Dieses idealtypische Arbeitsverhältnis kennzeichnen allerdings nicht nur formale Regelungen. Es kann auch als Denkkonstrukt verstanden werden, das eine spezifische Organisation der Arbeit charakterisiert:

---

[4] Die Arbeitsverhältnisse von Beamtinnen und Beamten sowie von Soldatinnen und Soldaten können aufgrund spezifischer arbeitsrechtlicher Regelungen (beispielsweise dem Kündigungsschutz von Beamten) innerhalb des Konzeptes nur schlecht abgebildet werden.

- Arbeit basiert auf einem auf Dauerhaftigkeit angelegten Arbeitsvertrag,

- einem festen an Vollzeitbeschäftigung orientierten Arbeitszeitmuster,

- einem tarifvertraglich normierten Lohn oder Gehalt,

- der Sozialversicherungspflicht sowie

- der persönlichen Abhängigkeit und Weisungsgebundenheit des Arbeitnehmers vom Arbeitgeber (Hoffmann und Walwei 1998: 413; Osterland 1990: 351ff.).

Eine mögliche Beurteilung beruflichen Erfolgs könnte anschließend vor dem Zutreffen oder Nichtzutreffen der einzelnen Aspekte einer Erwerbstätigkeit, zumindest abhängig beschäftigter Akademiker/innen erfolgen. Allerdings ist eine Beurteilung beruflichen Erfolgs durch das Erreichen eines „normalen Arbeitsverhältnisses" mit einigen Einschränkungen verbunden. Seit den 1980er Jahren ist eine Auflösung des Normalitätsmusters der abhängigen Arbeit zu beobachten, die als Erosion des Normalarbeitsverhältnisses Eingang in die Diskussion gefunden hat. Primäre Kennzeichen dieser gesellschaftlichen Veränderung sind eine wachsenden Heterogenität von Beschäftigungsformen und einer Entstandardisierung und Destabilisierung der Erwerbsbiografien (Dombois 1999). Auch wenn Ausmaß, Ursachen und Folgen dieser Veränderungen kontrovers diskutiert werden, lässt sich empirisch belegen, dass der Anteil an Teilzeitbeschäftigung – die vor allem von Frauen ausgeübt wird – sowie formal befristeten Verträgen seit den 1980ern deutlich zugenommen hat (Böhlich 1999; Hoffmann und Walwei 2002).

Diese neuen Formen abhängiger Beschäftigung werden aufgrund der arbeitszeitlichen, räumlichen oder vertraglichen Abweichungen vom Normalarbeitsverhältnis als *atypische Beschäftigungen* bezeichnet. Auch unter Hochqualifizierten hat die Verbreitung normaler Arbeitsverhältnisse abgenommen (Schreyer 2000, 2001), was unter anderem mit einer starken Differenzierung abhängiger Beschäftigungsformen einhergeht. Allerdings sind Akademiker/innen im Vergleich mit anderen Bildungsabschlüssen deutlich seltener davon betroffen (Reinberg und Schreyer 2003; Reinberg und Hummel 2005).[5]

---

[5] An dieser Stelle muss erwähnt werden, dass sich die empirischen Befunde mehren die Hinweis darauf geben, dass teilweise atypischen Beschäftigungen bewusst der Vorzug vor „normalen Arbeitsverhältnissen" gegeben wird (Friebe und Lobo 2006). Als Grund dafür wird vor allem eine höhere Flexibilität auf dem Arbeitsmarkt – sowohl aus Sicht der Arbeitgeber/innen als auch der Arbeitnehmer/innen – im Vergleich zu einer überregulierten Normalarbeit angegeben (Hoffmann und Walwei 1998: 409).

5.2.5 Das Komponentenmodell des Berufserfolgs

Dette et al. (2004) haben ein Modell entworfen, welches die Mehrdimensionalität des beruflichen Erfolges berücksichtigen soll. Dabei unterscheiden die Autoren in drei Ordnungsdimensionen:

(1) Die Komponenten des Berufserfolges: unter anderem neutrale Kennzeichen, Bezugsstandards, Zufriedenheit,

(2) Die Bezugskriterien: der Dualismus Arbeit vs. Laufbahn und

(3) Die Erhebungsart: die Datenquellen.

Auf der Ebene des Bezugskriteriums wird eine zentrale Unterscheidung in Arbeit und Laufbahn getroffen. Berufserfolg im Kontext einer spezifischen Arbeit wird hier als Arbeitsleistung und das erfolgreiche Ausführen einer bestimmten Aufgabe definiert (Seibert 2001). Im Gegensatz dazu wird beruflicher Erfolg in Bezug auf die Laufbahn zeit- und arbeitsübergreifend verstanden. Damit wird der Prozesscharakter in den Vordergrund gerückt und Berufserfolg als Konzept verstanden, das den gesamten Berufsverlauf über unterschiedliche Arbeitgeber/innen, Arbeitsplätze, Arbeitsinhalte und Vertragsarten hinweg berücksichtigt (Dette 2005). Die eben erwähnten psychologischen Studien verweisen auf zwei – bereits mehrfach angeführte – soziologisch relevante Aspekte für die Analyse von Berufserfolg:

• Die Bedeutung individueller Kriterien zur Beurteilung der Erwerbstätigkeit.

• Die Verlaufsstruktur der Erwerbstätigkeit und eine potentiell sich daraus ergebende Dynamik im Berufserfolg.

5.2.6 Zur Bedeutung sozialer Kontakte – netzwerktheoretische Modelle zur Erklärung von Unterschieden im Berufserfolg

Die Kontaktnetztheorie (Granovetter 1973, 1974) berücksichtigt insbesondere die Bedeutung von sozialen Netzwerken für die Verbreitung von Arbeitsmarktinformationen, die unter anderem für den Übergang von der Hochschule in die Erwerbstätigkeit genutzt werden können. Konträr zu den Annahmen der Suchtheorie, in der Informationen als knappes Gut betrachtet werden, betonen die Prämissen der Kontaktnetztheorie, dass Informationen häufig nur mit geringen Kosten verbunden sind, weil sie in alltäglicher Interaktionen in sozialen Netzwerken anfallen (Preisendörfer und Voss 1988: 107). Daraus ergibt sich unter anderem, dass Interaktions- und Kontaktnetze im Prozess der beruflichen Platzierung eine zentrale Ressource darstellen. Personen, die in privilegierten Netzwerken eingebunden sind, können daraus Vorteile bei der Stellensuche erwachsen (Noll 1981: 495). Aus einer eher pragmatischen Perspektive können Kontaktnetze aus unterschiedlichen Gründen beim Übergang von der Hochschule in eine Erwerbstätigkeit hilfreich sein. Mit diesen Kontakten kann ein Informationsvorsprung erzielt werden, indem beispielsweise Informationen über nicht offiziell ausgeschriebene Stellen weitergegeben werden. Es besteht zugleich die Option, dass direkt Einfluss auf den Arbeitgeber ausgeübt werden kann beziehungsweise die Kontaktperson der neue Arbeitgeber ist (Noll 1981: 495; Preisendörfer und Voss 1988: 107). Die zentralen Hypothesen Granovetter (1973, 1974) lassen sich anhand der folgenden drei Hypothesen darstellen:

- Der größte Teil aller Arbeitssuchenden findet nicht über formale Suchkanäle wie Anzeigen, Direktbewerbungen und Arbeitsvermittlungen einen Arbeitsplatz, sondern über soziale Kontakte.
- Diese sozialen Netzwerke erleichtern zugleich die Informationssuche über verfügbare Arbeitsplätze und deren Charakteristika.
- Arbeitsmarktrelevante Informationen lassen sich am besten über die so genannten *weak ties* (schwache Beziehungen) finden (Franzen und Hangartner 2005: 443f.).

Auf der Basis der Ergebnisse zum Nutzen von sozialen Beziehungen bei der Beschäftigungssuche wurden zahlreiche Studien unternommen, um den positiven Effekt der Beziehungen auf Einkommen und Aufstieg zu replizieren. Die meisten konnten insbesondere die erste Hypothese bestätigen (u. a. Preisendörfer und Voss 1988) und verfestigten dadurch Granovetters Thesen. Allerdings konnte in jüngerer Zeit insbesondere durch Metaanalysen (Lin 1999) und speziell für den amerikanischen Arbeitsmarkt (Mouw 2003) gezeigt werden, dass die informellen Kanäle sozialer Kontakte ihren Vorteil gegenüber den formalen Suchkanälen vollständig verloren haben.

Haug und Kropp (2002) überprüften für Absolventinnen und Absolventen der sozialwissenschaftlichen Fakultät der Universität Leipzig auf der Basis netzwerktheoretischer Überlegungen die Auswirkungen egozentrierter Netzwerke auf den Berufserfolg. Zu den zentralen Ergebnissen der Studie zählen folgende Aspekte:

- Soziale Ressourcen erleichtern den Berufseinstieg.
- Mit der Größe der Netzwerke gestaltet sich auch der Berufseinstieg erfolgreicher.

Allerdings wurden auch in dieser Studie kaum Hinweise gefunden, die darauf hindeuten, dass *weak ties* einen Berufseinstieg erfolgreicher und schneller gestalten. Franzen und Hangartner (2005, 2006) untersuchten den Arbeitsmarkteintritt von 8.100 Schweizer Hochschulabsolventinnen und Hochschulabsolventen im Jahr 2000 unter Berücksichtigung der Verwendung sozialer Netzwerke. Dabei stellten sie eher heterogene Effekte auf den Berufserfolg fest. Auf der einen Seite konnten in Bezug auf die Adäquanz die Thesen der Netzwerktheorie bestätigt werden. Wurde allerdings die Höhe des Einkommens als Indikator eines erfolgreichen Berufseinstiegs gewählt, wurden keine Unterschiede zwischen Berufseinsteigern mit und ohne Nutzung persönlicher Beziehungen bei der Arbeitsplatzfindung deutlich.

Die empirische Breite und Internationalität der kritischen Befunde gegenüber der Kontaktnetztheorie lassen Zweifel an der Haltbarkeit der Thesen aufkommen. Letztlich hat Granovetter (1995) selbst eingeräumt, dass seine Hypothesen genauso oft bestätigt wie widerlegt wurden.

5.3 Diskussion der Befunde

5.3.1 Reichweite der Modelle

Die sozialwissenschaftliche Forschung zum Thema Berufserfolg kann auf ein knappes Jahrhundert empirische Forschung zurückblicken (Hughes 1958; Parsons 1909) und auf den ersten Blick in die bestehende Literatur scheinen die zentralen Determinanten beruflichen Erfolgs geklärt (Heslin 2003: 263). Eine Voraussetzung dafür wäre allerdings, dass auch die zentrale abhängige Variable – das theoretische Konstrukt *Berufserfolg* – adäquat operationalisiert wurde. Obwohl zahlreiche Ergebnisse und Erklärungen vorliegen, lässt sich ein Forschungsdesiderat sowohl in Bezug auf die Operationalisierung von Berufserfolg als auch für die Determinanten beruflichen Erfolgs feststellen. Empirischen Studien zum beruflichen Erfolg von Personen mit Hochschulabschluss sind oftmals eingebettet in Absolventenstudien und damit an die qualitativen und quantitativen Standards der einzelnen Erhebung gebunden. Studienfachübergreifende und über die deskriptive Ergebnispräsentation univariater Verteilungen und bivariater Zusammenhänge hinausgehende Arbeiten sind nur wenige in der Forschungslandschaft zu finden.

Komplexere Operationalisierungen und Kausalmodelle werden relativ selten zur Erklärung von beruflichem Erfolg herangezogen. In den meisten Fällen gründen sich die Auswertungen nur auf Querschnittsdaten. Werden zeitliche Abhängigkeiten in die Analysen einbezogen, erfolgt das in der Regel über Kohortenbildung. Die Anwendung ereignisanalytischer beziehungsweise verlaufsdatenanalytischer Verfahren sind selten zu finden. Die häufigsten Aspekte in der Operationalisierung beruflichen Erfolgs als abhängige Variable nehmen bislang objektive Kriterien ein. Dabei sind vor allem das Einkommen sowie die berufliche Stellung zu nennen. Die Erfassung und Verwendung objektiver Daten ist nicht unproblematisch. Für die Datensammlung wurden Strategien entwickelt, Messprobleme zu kontrollieren oder zumindest zu erkennen. Die Datenanalyse zur Bearbeitung inhaltlicher Fragestellungen beruht allerdings auf der Prämisse, dass Zuschreibungen durch die Forscher auf der Basis von extern entwickelten Maßstäben geschehen. Dabei ist es im Forschungsprozess irrelevant, ob die untersuchten Personen den gewählten Aspekten Gewicht beimessen oder sich bestimmten Bedeutungsgehalten von Variablen oder Indikatoren überhaupt bewusst sind. Inwieweit ein hohes Einkommen für die befragte Person wirklich beruflichen Erfolg bedeutet, ist nicht in jedem Fall geklärt. Das eine hohe berufliche Position beruflichen Erfolg bedeutet, ist eine voraussetzungsreiche Annahme. Voraussetzungsreich dahingehend, dass den untersuchten Personen die Wahrnehmung der gleichen kausalen Verknüpfung im Alltagshandeln unterstellt wird. Sollten die dem Konstrukt unterstellten Zusammenhänge sich allerdings nicht in der Lebenswelt der Personen wieder finden, existiert eine faktisch objektive Messung und bedeutsame Zuschreibung allerdings ohne alltagsweltliche Relevanz. Zusätzlich verweisen die messtheoretischen Probleme der Variable Einkommen auf eine kritische Verwendung der jeweils gesammelten Ergebnisse. Umso mehr muss in Zeiten komplexer Berufswege und stark ausdifferenzierter Beschäftigungsbereiche mit mannigfaltigen beruflichen Handlungsräumen die subjektive Komponente beruflichen Erfolgs Berücksichtigung finden, wenn man nicht völlig losgelöst von individuellen Gegebenheiten innerhalb gesellschaftlicher Strukturen analytisch arbeiten will.

Das Erfassen von Zufriedenheit als einer der basalen Kategorien menschlicher Bedürfnisstrukturen trägt dazu genauso bei wie das Erfassen anderer plausibler subjektiver Indikatoren einer erfolgreichen Beschäftigung. Die Adäquatheit einer Beschäftigung erscheint vor dem Hintergrund vergleichsweise intensiver Bildungsinvestitionen durch den Erwerb eines Hochschulabschlusses als ein weiterer wichtiger subjektiver Gradmesser beruflichen Erfolgs bei Hochqualifizierten. Für die Operationalisierung adäquater beziehungsweise inadäquater Beschäftigung werden sowohl objektive als auch subjektive Kriterien verwendet (Büchel

1998: 66ff.). Aufgrund der mit dem objektiven Ansatz verbundenen messtheoretischen Probleme – unter anderem intraberufliche Heterogenität und zeitliche Veränderungen im Anforderungsniveau (Fehse und Kerst 2007: 75) – wird in der Literatur insgesamt den subjektiven Indikatoren eine höhere Leistungsfähigkeit zugeschrieben (Büchel 1998).

In Bezug auf die Angemessenheit einer Erwerbstätigkeit hat sich gezeigt, dass die horizontale Dimension nur äußert eingeschränkt verwendet werden kann. Vor allem im Vergleich zwischen Studienfächern und verschiedenen Zeitpunkten des Berufseintritts ist die vertikale Dimension sowohl theoretisch als auch empirisch gehaltvoller.

Der Berufserfolg wird in der Literatur überwiegend als individuelle Konstante diskutiert. Allerdings sind die Berufsverläufe dynamische Prozesse, die sich eingebettet in soziale Situationen vollziehen. Insofern kann es bei sich ändernden Rahmenbedingungen, sowohl ausgehend von der individuellen Ebene als auch durch gesellschaftliche Veränderungen, zu Verschiebungen von Erwartungen, Zielen und Ansprüchen in Bezug auf die Erwerbstätigkeit kommen (Abele 2003). Deshalb muss auch die Analyse beruflichen Erfolgs individuelle Veränderungen berücksichtigen. Die Berufsbiografie ist gestaltbar und steht im Spannungsfeld von gesellschaftlichen Rahmenbedingungen, individueller Lebensgeschichte und persönlicher Merkmale (Lipowsky 2003: 358). Im Laufe dieser Prozesse kann es auch zu Um- und Neudefinitionen von Berufserfolg sowie dem Stellenwert von Berufserfolg kommen.

Vor allem mit Fokus auf den Berufseinstieg von Hochschulabsolventinnen und Hochschulabsolventen herrscht ein Mangel an Theorien und systematischen Befunden. Ein Ziel dieses Buches ist es, dieses Desiderat etwas aufzuhellen. Die mit einer Eintrittsplatzierung einhergehende determinierende und stabilisierende Prägung der sich anschließenden Berufsstrukturen ist in Bezug auf den Akademikerarbeitsmarkt vorerst in Frage zu stellen. Zum einen hat dieser Teilarbeitsmarkt enorm an Flexibilität gewonnen (zum Beispiel in Bezug auf Arbeitsverhältnisse). Insofern bestehen möglicherweise bereits neue Optionen, Schwierigkeiten beim Berufseintritt oder ungleich verteilte Chancen in bestimmten Kohorten im Zeitverlauf doch noch zu kompensieren.[6]

Im Bereich der Erwerbstätigkeit von Hochqualifizierten hat sich in den letzten Jahrzehnten eine wachsende Zahl an Erwerbsformen etabliert, die sich von einem Normalarbeitsverhältnis – im Sinne einer Vollzeitbeschäftigung mit einem unbefristeter Arbeitsvertrag (siehe dazu Abschnitt 5.2.4) – unterscheiden. Aller-

---

[6] Beispielsweise wächst der Weiterbildungssektor auch im tertiären Bildungsbereich stetig.

dings kann man der Gruppe der Erwerbstätigen mit Hochschulabschluss eine vergleichsweise günstige Arbeitsmarktsituation attestieren.

Die Ergebnisse der vorgestellten Studien weisen mit Fokus auf den beruflichen Erfolg auf folgende offenen Forschungsschwerpunkte hin:

(1) Unterschiede in den verwendeten Indikatoren führen zu ambivalenten Ergebnissen. Daran schließt sich eine Reihe offener Fragen an: Was sind relevanten Indikatoren beruflichen Erfolgs? Wie kann man Berufserfolg angemessen operationalisieren? Existieren zwischen den einzelnen Indikatoren möglicherweise Wertigkeiten?

(2) Der Berufseinstieg besitzt eine zentrale Bedeutung. Der Berufseintritt scheint eine determinierende Wirkung für den gesamten restlichen Berufsverlauf zu besitzen. Ob dies auch in diesem Maße für Akademiker/innen gilt, ist anzunehmen aber noch nicht ausreichend untersucht. Die entstehende Übergangsdauer zwischen Verlassen der Hochschule und der Aufnahme der ersten Erwerbstätigkeit nach dem Studium besitzt besonderes analytisches Potential. Dabei muss geklärt werden, inwieweit es sich bei dieser Übergangsfrist um Sucharbeitslosigkeit handelt und welche Aspekte diese spezifische Form von Arbeitslosigkeit beeinflussen.

(3) Berufserfolg ist kein statisches Konstrukt. Berufserfolg ist immer abhängig von individuellen Lebensverläufe und damit eingebettet in dynamische Prozesse.

In der Literatur wurden zugleich einige Einflüsse in Bezug auf den beruflichen Erfolg von Personen mit Hochschulabschluss mit besonderem Stellenwert deutlich. Während theoretische Ansätze wie zum Beispiel die *weak ties* eher weniger Erfolg versprechend für die Analysen erscheinen, wurden einige zentrale Determinanten des beruflichen Erfolgs von Hochqualifizierten sichtbar. Aus der Literatur ergeben sich dabei drei Bereiche mit fundamentalem Einfluss:

- Soziodemografische Merkmale: Insbesondere das Geschlecht, aber auch Alter und Elternschaft, stellen soziodemografische Variablen mit erheblichen Einfluss auf die Erwerbstätigkeit und damit auch auf den Berufserfolg dar.

- Humankapital: In der Literatur wurden vor allem zwei Bereiche des Humankapitals mit weit reichenden Auswirkungen für Akademiker/innen deutlich. Zum einen handelt es sich um Bildungsentscheidungen, die bereits vor dem Studium getroffen werden (beispielsweise Art des Hochschulzugangs, Berufsausbildung). Klärungsbedarf besteht weiterhin in Bezug auf die Wirkrichtung einer Berufsausbildung. Auf der anderen Seite können Bildungsentscheidungen, die erst im Studium getroffen werden (Studienfach und Hochschultyp), fundamentalen Einfluss haben.

• Arbeitsmarktsituation: Der Akademikerarbeitsmarkt ist durch zahlreiche Phänomene gekennzeichnet (vgl. Kapitel 2). Ein Aspekt scheint dabei besonderen Einfluss zu besitzen: die Arbeitsmarktsituation für bestimmte Fächer zu bestimmten Zeitpunkten (zum Beispiel während des Berufseinstiegs). Arbeitsmarktchancen – beispielsweise freie Stellen – sind fundamentale Rahmenbedingungen für die Erwerbsarbeit von Hochqualifizierten.

5.3.2 Zur Bedeutung des Berufseinstiegs

Der Übergang vom Bildungs- in das Beschäftigungssystem stellt eine sensible Phase im Lebenslauf dar (Grotheer 2005), in der die Weichenstellung für den sich anschließenden Berufsverlauf getroffen werden (Blossfeld 1988). Die zentrale Bedeutung dieser Statuspassage ergibt sich aus der Verschränkung mit anderen lebensweltlichen Bereichen. Verwerfungen im Berufsverlauf können sich nachhaltig auf andere Lebensbereiche wie Elternschaft auswirken (u. a. Grotheer 2005: 4). Aufgrund dieser engen Verknüpfung können Weichenstellungen im Berufsleben nicht beliebig getroffen und revidiert werden (Blossfeld 1990). Blossfeld (1985a) konnte die determinierende Wirkung des Berufseintritts bereits für einen Teil der Bevölkerung aufzeigen.[7] Die berufliche Erstplatzierung verfügt über eine außerordentliche berufsstrukturelle Prägung und ist auch Jahrzehnte nach dem Berufseintritt erkennbar. In einer Weiterführung des „Matthäus-Effekts" (Merton 1968) verweist Settersten (1999: 223f.) auf die kumulative Wirkung vergangener Statuspassagen und Lebensabschnitte, indem diese in den Lebenslauf eingeschrieben werden und sich auf den weiteren Lebensverlauf auswirken.

In dieser spezifisch determinierenden Wirkung des Berufseintritts liegt enormes Analysepotential. Die kumulative Wirkung von Entscheidungen, die beim Berufseintritt nach dem erfolgreichen Absolvieren eines Hochschulstudiums getroffen werden, können als Ausgangspunkt der Erklärung heterogener Berufsverläufe

---

[7] Zentrale Datengrundlage war die Lebensverlaufsstudie aus dem Teilprojekt „Lebensverläufe und Wohlfahrtsentwicklung" des DFG-Sonderforschungsbereichs 3 „Mikroanalytische Grundlagen der Gesellschaftspolitik" (siehe dazu Hillmert und Mayer 2004). Es wurden 2.171 deutsche Personen aus den Geburtsjahrgängen 1929-31, 1939-41 und 1949-51 repräsentativ in Bezug auf deren Schichtzugehörigkeit und deren räumliche Verteilung über die Bundesrepublik Deutschland befragt.

verwendet werden. Grotheer (2005) untersuchte in diesem Zusammenhang beispielsweise mit Hilfe einer Sequenzmusteranalyse, wie sich unterschiedliche Ein-
stiegsbedingungen von ostdeutschen Hochschulabsolventinnen und Hochschulabsolventen sowie von Personen mit Berufsausbildung auf die ersten vier Jahre nach dem Übergang vom Bildungs- in das Beschäftigungssystem auswirken.
Aufgrund des spezifischen Transformationsprozesses in den neuen Bundesländern konnte er aufzeigen, wie sich unterschiedliche sozialstrukturelle Bedingungen in den Berufsverläufen manifestieren. Außerdem wurde deutlich, wie stark
sich unterschiedliche Entscheidungen beim Berufseintritt auswirken können. So
konnte innerhalb der einzelnen Abschlusskohorten aufgezeigt werden, dass eine
mit Berufseintritt noch relativ homogene Gruppe sich im Berufsverlauf stark aus-
differenziert.

   Die Einstiegspositionen sind Beginn spezifischer Laufbahnstrukturen. Auch
selbstständige Existenzen ergeben sich meist im Anschluss an eine abhängige Beschäftigung zu Beginn einer akademischen Berufskarriere, da in der Regel erst mit
bestimmten Lebensaltern und einigen Jahren Berufserfahrung ein Wechsel in die
Selbstständigkeit vollzogen wird (Plicht et al. 1994: 180). Vor allem die Berufseinstiegsphase von Hochqualifizierten kann mit fachlich und statusbezogen un-
angemessener atypischer Beschäftigung verbunden sein (Plicht 1994, S. 180f.).
Davon sind insbesondere Fächer mit spezifischen Arbeitsmarktproblemen betroffen, wenn auch keine Dauerhaftigkeit des Phänomens festgestellt werden kann (u.
a. Minks und Filaretow 1993; Schomburg 1992).

   Die Bedeutung der beruflichen Erstplatzierung im Rahmen der gesamten Er-
werbsbiografie ergibt sich aufgrund der determinierenden Wirkung auf die Struktur der individuellen Karrieremobilität (Blossfeld 1985a: 177). Dabei vollzieht
sich der Eintritt in den Akademikerarbeitsmarkt immer vor dem Hintergrund konkreter gesellschaftlicher Konstellationen, die sich im Laufe der Zeit zum Teil
enorm verändert haben. Die veränderte Angebots- und Nachfragestruktur (siehe
dazu Abschnitt 2) ist dabei als ein zentrales Moment zu nennen. Analysen zum
Berufseinstieg und Berufsverlauf können demzufolge nicht global, sondern nur
zeitlich differenziert durchgeführt werden. In Anlehnung an Müller (1978) verweist Blossfeld (1985a) auf die Bedeutung des Kohortenansatzes.[8] Mit der Eta-

---

[8] Aufgrund der statistisch nur schwer zu unterscheidenden Haupteffekte von Lebenszyklus, Kohorte
und Periode (Baur 2005; Glenn 2005; Mayer und Huinink 1990), sind in erster Linie Interaktions-
effekte bei einer Differenzierung nach Kohorten zu erwarten. Die empirische Mobilitätsforschung
reagierte auf die Probleme der unscharfen kausalen Zuschreibung mittels Kohortenanalysen mit
Weiterentwicklungen im statistischen Inventar. Es werden mittlerweile verstärkt Pfadanalysen und
Ereignisdatenanalysen verwendet (zum Überblick Pointer und Hinz 2005).

blierung von Verlaufsdatenerhebungen wurde die Begrenztheit der Querschnittsbetrachtungen überwunden und Entwicklungen in Lebensverläufen sichtbar. Blossfeld (1985a) konnte unter anderem zeigen, dass sich aufeinander folgende Geburtskohorten in Bezug auf die Struktur der beruflichen Erstplatzierung deutlich voneinander unterscheiden. Berufsstrukturelle Prägungen zum Zeitpunkt des Arbeitsmarkteinstieges finden sich innerhalb der Kohorten auch Jahrzehnte später wieder. Zu ganz ähnlichen Befunden kommt Müller (1978). Auch er kann feststellen, dass sich die systematischen Unterschiede beim Berufseintritt unterschiedlicher Geburtskohorten entlang der mit dem Eintritt ins Erwerbsleben verbundenen Differenzen in Berufs- und Karriereperspektiven fortschreiben. Einen wichtigen Effekt des Tertiärisierungsprozesses im Bildungssystem kann Blossfeld (1985a) in den besseren Berufschancen der jeweils jüngeren Geburtskohorten ausmachen. Obwohl im Kontext humankapitaltheoretischen Ansätze die Berufserfahrung in den älteren Kohorten in einen Vorteil bringen sollte, „überholen" die Vorgängerkohorten die älteren bereits in relativ jungen Jahren im Status (Sørensen 1990). Die Ursache für die besseren Chancen, die im berufsstrukturellen Wandel geschaffenen neuen Berufe zu besetzen, liegen in den zugleich veränderten Bildungsmöglichkeiten. Die jeweils jüngere Generation, kann trotz geringerer Berufserfahrung, zu größeren Anteilen und schneller moderne Berufspositionen erlangen (Blossfeld 1990: 129). Die Auswirkungen des Berufseinstiegs auf den sich anschließenden Berufsverlauf kennzeichnen zwei Modelle:

- Das Kompensationsmodell: Schlechte berufliche Chancen beim Eintritt in den Arbeitsmarkt einer Kohorte können später ausgeglichen werden. Deswegen sind die Mobilitätsraten der Personen in dieser Kohorte vergleichsweise höher.
- Das Fixationsmodell: Es ergeben sich keine Nachholeffekte. Benachteiligungen oder Versäumnisse beim Berufseintritt bleiben erhalten (Carlsson und Karlsson 1970 zit. n. Blossfeld 1985a: 180).

Die empirischen Befunde deuten eher auf die Gültigkeit des Fixationsmodells hin, denn im weiteren Berufsleben werden vergleichsweise stabil verlaufende Berufsstrukturen innerhalb der Kohorten sichtbar (Blossfeld 1985a). Allerdings ergeben sich auch an dieser Stelle Unterschiede zwischen den Berufsverläufen von Männern und Frauen. Die Prägung das späteren Berufsverlaufs und insbesondere der beruflichen Position durch Berufswahl- und Berufseinstiegsprozesse ist bei Frauen besonders stark ausgeprägt, da Frauen Benachteiligungen am Arbeitsmarkt weit weniger durch Aufstiegsprozesse kompensieren können (Blossfeld 1987, 1988, 1991; Mayer und Carroll 1987).

5.3.3 Stellensuchdauer Indikator oder Determinante beruflichen Erfolgs

Wie im Kapitel 3 aufgezeigt werden konnte, wird Berufserfolg auch über die Dauer der ersten Stellensuche operationalisiert. Allerdings sind damit zahlreiche Probleme verbunden.

Auf der empirischen Ebene unterscheiden sich Stärke und Richtung von Determinanten der Suchdauer von denen anderer Indikatoren teilweise erheblich (Krempkow und Pastohr 2004). Ein Grund für die heterogene Lage der einzelnen Befunde liegt möglicherweise in den unterschiedlichen Erfassungen der Suchdauer. Es existieren sowohl inhaltliche als auch messtheoretische Probleme bei der Erhebung dieses Zeitraums, die im Teil 2 diskutiert werden. Außerdem werden teilweise inadäquate Analyseverfahren – wie die lineare Regression – verwendet, die zur Analyse von Verlaufsdaten ungeeignet sind.[9]

Die Befunde zum Berufseinstieg von Direkt- und Doppelqualifizierten (Büchel und Helberger 1995; Büchel und Matiaske 1996; Lewin et al. 1996), die unter anderem auf unterschiedlich lange Suchzeiten zurückzuführen sind, verweisen ebenfalls auf die ambivalente Situation in der Stellensuche nach dem Studium. Eine kurze Suchdauer kann nicht ohne weitere Differenzierung als hoher Berufserfolg gewertet werden.

Nicht zuletzt der Hinweis von Birkelbach (1998: 238), dass die Suchdauer von der sozialen Herkunft abhängen kann (vgl. Abschnitt 4.1.3), verweist auf erhebliche Probleme der Variable als Indikator des Berufserfolgs. In diesem Buch wird die Suchdauer getrennt analysiert (Abschnitt 9.2) und später für eine differenzierte Betrachtung von Berufserfolg herangezogen. Mit der Erhebung der Dauer der Stellensuche verbundene Probleme werden im Abschnitt 7.3.3 vorgestellt und diskutiert.

---

[9] Die Suchdauer wird in den meisten Absolventenstudien offen in Wochen oder Monaten abgefragt, und stellt damit ein metrisch skaliertes Datum dar. Trotzdem kann zur Analyse von Einflussvariablen auf die Suchdauer in den überwiegenden Fällen nicht auf die weit verbreitete Kleinste-Quadrat-Methode der linearen Regression (Backhaus et al. 2006: 45) zurückgegriffen werden. Zum einen sind viele Verweildauern nicht normal verteilt. Zum anderen sind nicht von allen Befragten einer Stichprobe die Verweildauer bis zum Eintritt in die erste Erwerbstätigkeit bekannt (beispielsweise wenn die Suche über den Befragungszeitpunkt hinausging). Es handelt sich in diesem Fall um rechtszensierte Daten, die nur mit Verfahren der Ereignis- bzw. Verlaufsdatenanalyse adäquat untersucht werden können (siehe dazu Abschnitt 7.3.3).

5.3.4 Berufserfolg als dynamische Komponente

Im Kapitel 4 konnte gezeigt werden, dass zahlreiche Determinanten des beruflichen Erfolgs existieren. Lebensverläufe sind eingebettet in institutionelle und organisatorische Rahmen, innerhalb derer individuelle Entscheidungen und Aushandlungsprozesse stattfinden. Dabei können sich die Rahmenbedingungen zwischen einzelnen Zeitpunkten erheblich verändern. Die damit verbundene individuelle Variabilität von Berufserfolg innerhalb eines Berufsverlaufs muss bei der Analyse Beachtung finden. Es scheint demnach angebracht, den Berufserfolg zu verschiedenen Zeitpunkten zu erfassen und zu analysieren. Daran anknüpfend stellt sich unter anderem die Frage: Besteht ein Zusammenhang zwischen dem Erfolg des Berufseintritts und den sich anschließenden Berufsverläufen?

Aus den diskutierten Ergebnissen lassen sich Prämissen für die Operationalisierung des theoretischen Konstruktes ableiten. Diese werden im folgenden Abschnitt dargestellt. Die konkretisierten Forschungsfragen werden anschließend im Abschnitt 6.2 präsentiert.

6 Problemstellung und Forschungsfragen

Es existieren in der Literatur bereits Erklärungen und Modellen zum Berufserfolg. Am Ende des Kapitels 5 konnte allerdings gezeigt werden, dass ein Forschungsdesiderat bei zentralen Fragestellungen existiert. Insbesondere die determinierende Wirkung des Berufseintritts sowie die dynamische Komponenten von Berufserfolg aufgrund von Veränderungen im Berufsverlauf fanden bisher wenig Berücksichtigung. Ziel des Buches ist es, diese beiden Aspekte stärker in den Mittelpunkt zu rücken.

Die Daten der vorliegenden Untersuchung stammen aus einer Querschnittserhebung. Die Erfassung der Bildungs- und Berufsverläufe erfolgte deshalb über retrospektive Fragen (siehe dazu Abschnitt 7.3.3). Damit konnten umfangreiche Verlaufsdaten gewonnen werden, mit denen sich individuelle private und berufliche Wege beschreiben und erklären lassen (zum Überblick Brückner 1990; Reimer 2001). Für die Erwerbstätigkeiten nach dem Studium wurden umfassend Daten zu zwei spezifischen Zeitpunkten gesammelt:

- der ersten Tätigkeit nach dem Studium und
- der Tätigkeit zum Zeitpunkt der Befragung.

Bei der Datenerhebung wurden Informationen zu unterschiedlichen Zeitpunkten der bisherigen Bildungs- und Berufsverläufe erfasst. Beispielsweise wurde die berufliche Situation der ersten Erwerbstätigkeit nach dem Studium (Einkommen, berufliche Stellung etc.) erfragt.[1] Weiterhin wurde um Auskunft zu den Rahmenbedingungen der Erwerbstätigkeit gebeten, die zum Zeitpunkt der Befragung ausgeübt wurde. Bei der Erwerbstätigkeit zum Befragungszeitpunkt musste berücksichtigt werden, dass – neben anderen Gründen – Ruhestand und gesundheitliche Verfassung bereits zum Beenden der Erwerbstätigkeit geführt haben können. Deswegen wird diese Erwerbstätigkeit im Folgenden als *aktuelle/letzte Tätigkeit* nach dem Studium bezeichnet.

---

[1] Der gesamte Fragebogen befindet sich in Kühne (2008) und kann beim Autor angefordert werden.

Im nun folgenden Abschnitt wird eingangs das zentrale theoretische Konstrukt vorgestellt und definiert. Im Anschluss werden die forschungsleitenden Fragestellungen und Hypothesen sowie das zugrunde liegende theoretische Modell präsentiert. Abschließend wird die Operationalisierung der zentralen Determinanten vorgestellt.

6.1 Berufserfolg von Hochschulabsolventinnen und Hochschulabsolventen

Grundlegend für den nun folgenden Abschnitt ist die Suche nach einer angemessenen Operationalisierung von Berufserfolg und steht damit für die erste zentrale Fragestellung: *Was kennzeichnet den Berufserfolg von Hochqualifizierten?*

In der Diskussion der Befunde rückte zusätzlich zur aktuellen/letzten Tätigkeit vor allem der Berufseintritt in den Fokus der Aufmerksamkeit. Aus einer verlaufsdatenorientierten Perspektive kommt dem Zeitraum zwischen beiden Zeitpunkten ebenfalls eine große analytische Bedeutung zu, da sich die Erwerbstätigkeit zum Befragungszeitpunkt nicht zwingend aus der ersten Tätigkeit ableiten lässt. Es lassen sich beispielsweise Auf- und Abstiegsprozesse erwarten, die einen Einfluss auf die aktuelle/letzte Tätigkeit haben. Aus diesem Grund wird der Berufserfolg in diesem Buch als ein theoretisches Konstrukt gefasst, das drei zentrale Komponenten beinhaltet:

(1) Berufseintrittserfolg

(2) Berufsverlauf

(3) Berufserfolg der letzten Erwerbstätigkeit

Damit wird den zahlreichen Befunden der Kapitel 4 und 5 Rechnung getragen, die auf eine Variabilität des individuellen Berufserfolgs im Berufsverlauf verwiesen haben.

6.1.1 Berufseintrittserfolg: Indikatoren eines erfolgreichen Berufseinstiegs

Inwieweit Personen erfolgreich in die Erwerbstätigkeit nach einem abgeschlossenen Studium eintreten, hängt von zahlreichen Aspekten ab. Zusätzlich stellt sich die Frage, welche Erfolgskriterien verwendet werden können. Die zahlreichen und oftmals inkonsistenten Ergebnisse zur Messung des Erfolgs beim Übergang von der Hochschule in die Erwerbstätigkeit verweisen auf die Komplexität und die damit verbundenen Probleme der Operationalisierung und anschließende Messung des Phänomens. An dieser Stelle wird der Mehrdimensionalität des Konstruktes Rechnung getragen, indem die einzelnen Dimensionen beruflichen Erfolges nicht separat und unabhängig von einander erklärt werden. Vielmehr wird davon ausgegangen, dass aufgrund der mit dem Studium verbundenen Kosten bestimmte Ansprüche verbunden sind.[2] Auf der Grundlage der diskutierten Ergebnisse der vorgestellten Studien wurden die folgenden Indikatoren zur Operationalisierung ausgewählt:

- Einkommen: Auch wenn mit dem Einkommen zahlreiche messtheoretische, methodische und inhaltliche Probleme verbunden sind (siehe dazu Abschnitt 7.3.1), besitzt dieser Indikator aufgrund der Schlüsselfunktion der Sicherung des individuellen Lebensstandards nach wie vor eine zentrale Bedeutung.[3]

- Berufliche Stellung und berufliche Autonomie des Handelns: Wie in der Diskussion deutlich wurde, besitzt die vertikale Dimension der Adäquanz für die Analyse von Erwerbstätigkeit einige zentrale Vorteile. Deswegen wird dieser Indikator auch hier zur Charakterisierung von beruflichen Situationen Berücksichtigung finden. Dafür wird auf der Basis der Messung der beruflichen Stellung eine neue Skala gebildet, die die Autonomie des beruflichen Handelns repräsentiert.

- Hochschulstudium als Voraussetzung für die Erwerbstätigkeit: Dieses Item wurde bereits in Absolventenstudien verwendet und hat sich bewährt (u. a. Butz et al. 1997; Hörschgen et al. 1993; Minks und Filaretow 1995). In der Literatur zur Ausbildungsadäquanz von Personen mit Hochschulabschluss wurde die zentrale Bedeutung der subjektiven Sichtweise deutlich. Um diesem Anliegen nachzukommen und dem besonderen Status eines Hochschulstudiums als formal höchstem Bildungsgrad bei der Suche nach einer Erwerbstätigkeit gerecht zu werden, wird ein erfolgreicher Berufseintritt ebenfalls an dieses Kriterium geknüpft.

- Zufriedenheit mit der beruflichen Situation: Wie bereits gezeigt werden konnte, ist die Messung von Arbeitszufriedenheit nicht unproblematisch.

---

[2] Man kann durchaus davon ausgehen, dass mit einem Studium beispielsweise ein „Bedürfnisaufschub" verbunden ist, da im Vergleich zu einer Berufsausbildung erst später Einkommen – unter anderem zur Befriedigung bestimmter Ansprüche und Bedürfnisse – erzielt werden. Diese Ansprüche zeigen sich unter anderem in einem deutlich höheren Lebenseinkommen von Hochqualifizierten (OECD 2005).

[3] Ein Beleg dafür ist der gesamte Forschungsbereich „Soziale Indikatoren". Innerhalb dieses Forschungsprogramms wird Einkommen unter anderem zur Untersuchung sozialer Ungleichheit verwendet (u. a. Noll und Weick 2007; Noll 2005).

Trotzdem besitzt die Zufriedenheit als individueller Zustand – indem bestimmte Bedürfnisse ausreichend befriedigt wurden – hohes analytisches Potential. Vor dem Hintergrund der Relevanz der individuellen Perspektive, wird den beiden objektiven Indikatoren (Einkommen und berufliche Stellung) mit der „Zufriedenheit mit der beruflichen Situation" ein zweites subjektives Kriterium gegenübergestellt.[4]

Aus diesen vier Items wird ein additiver Index[5] gebildet, der den Berufseintrittserfolg repräsentiert. Dafür werden die Items wie folgt dichotom kodiert:[6]

- Einkommen: Pro Jahr und Fächergruppe wird der Einkommensdurchschnitt berechnet. Liegt das Einkommen über diesem Mittelwert, erhält die Variable die Ausprägung 1. Messung und Datentransformation sind im Kapitel 7.3 beschrieben.

- Berufliche Stellung: Auf der Basis der beruflichen Stellung wurde ermittelt, ob die Position in der Erwerbstätigkeit einem Hochschulabschluss entspricht.[7] Die Operationalisierung des Indikators sowie die Bildung der Skala Autonomie des beruflichen Handelns wird im Abschnitt 10.1.2 beschrieben und diskutiert.

- Hochschulstudium als Voraussetzung für die Erwerbstätigkeit: Wenn von den Befragten die Aussage gemacht wurde, dass für die erste Erwerbstätigkeit nach Verlassen der Hochschule ein Studium Voraussetzung war, wurde das Kriterium erfüllt.

- Zufriedenheit mit der beruflichen Situation: Dafür wurde immer dann die Ausprägung 1 vergeben, wenn Zufriedenheit angegeben wurde.

Diese vier neu gebildeten Items wurden anschließend additiv zum Index *Berufseintrittserfolg* zusammengefasst. Ein hoher Wert[8] steht demnach für einen hohen

---

[4] Die Probleme bei der Messung dieses Indikators und das Vorgehen in der zugrunde liegenden Studie werden in Abschnitt 7.3.2 präsentiert.

[5] Der Index wurde additiv erstellt, da die Einzelindikatoren weitgehend unabhängig auf die Zieldimension wirken. Außerdem werden damit die Einzelindikatoren substituierbar (Schnell et al. 1999), was ein inhaltliches Kriterium des Index darstellt (dazu weiter unten).

[6] Trifft das Kriterium zu, erhält die Variable eine 1. Trifft die Merkmalsausprägung der Ursprungsvariable nicht zu, wird eine 0 vergeben.

[7] Beispielsweise erfüllt die berufliche Stellung „Beamter im höheren Dienst" das Kriterium, während „Arbeiter" als berufliche Stellung gewertet wird, die das Kriterium nicht erfüllt. Grundlage der Erfassung der beruflichen Stellung waren die Kategorien der *Demografischen Standards* (Statistisches Bundesamt 1999: 50).

[8] Der Index umfasst damit fünf Ausprägungen vom Minimum=0 bis zum Maximum=4.

beruflichen Erfolg beim Übergang von der Hochschule in den Arbeitsmarkt. Die Bildung des Index zielt vor allem darauf ab, die Validität der Messung durch den Einsatz mehrerer Indikatoren zu erhöhen. Zugleich erfolgt dadurch eine Reduktion der in den einzelnen Items enthaltenen Informationen auf einen Skalenwert. Der praktische Nutzen zeigt sich später bei der Analyse der einzelnen Indikatoren (Abschnitt 10.1.5). Nichtzuletzt wurde damit die Komplexität des Gegenstandes reduziert und das theoretische Konstrukt dadurch messbar.

Durch die gleichzeitige Berücksichtigung der unterschiedlichen Aspekte, können auch voneinander abweichende Berufsverläufe und der sich daraus ergebende Berufserfolg analysiert werden. Dadurch erhalten beispielsweise unterdurchschnittlich bezahlte Personen mit einer angemessen beruflichen Stellung den gleichen Indexwert wie Personen mit einer unangemessene beruflichen Stellung und einem Einkommen, das über dem Durchschnitt liegt.

6.1.2 Berufsverlauf

Individuelle beruflichen Verläufe von Hochqualifizierten sind in Folge des Strukturwandels der Arbeit immer stärker von Brüchen und Veränderungen gekennzeichnet. Dieses Phänomen wird insbesondere vor dem Hintergrund der *Diskontinuität* von Berufsverläufen diskutiert. Der sozioökonomische Wandel, der sich unter anderem in zunehmender Individualisierung und den strukturellen Veränderungen von Erwerbstätigkeit zeigt, spiegelt sich auch im Auflösen des Normalarbeitsverhältnisses wider, das lange Zeit idealtypisch für die akademische Erwerbstätigkeit war. Dieser Auflösungsprozess geht mit einer Zunahme an diskontinuierlichen Berufsverläufen einher.

In diesem Buch wird aufgrund der enormen individuellen und zugleich gesellschaftlichen Folgen Arbeitslosigkeit als Indikator diskontinuierlicher Berufsverläufe verwendet (dazu Abschnitt 2.1). Es kann nicht ausgeschlossen werden, dass es sich teilweise um friktionelle Arbeitslosigkeit handelt. Diese Unschärfe lässt sich mit der zur Verfügung stehenden Datengrundlage allerdings nicht beheben. Bei den Angaben zur Arbeitslosigkeit nach erfolgreichen Berufseintritt konnte nicht weiter nach Gründen differenziert werden, ohne den Befragten ein immens hohe Belastung bei der Befragung zuzumuten.[9]

---

[9] Es kann davon ausgegangen werden, dass ein Auftreten von friktioneller Arbeitslosigkeit nicht systematisch mit den ausgewählten Determinanten dieser Untersuchung zusammenhängt. Dadurch steigt zwar das „statistische Rauschen" in den Daten, was die Schätzungen etwas abschwächt. Es sind dadurch aber keine systematischen Verzerrungen in den Analysen zu erwarten. Bestehende Zusammenhänge sind dadurch nur schwerer aufzudecken.

Der Erfolg im Berufsverlauf wird – sicherlich sehr stark vereinfacht – über die Indikatoren Auftreten von Arbeitslosigkeit sowie Häufigkeit von Arbeitslosigkeitsepisoden im Berufsverlauf operationalisiert.[10] Je weniger Phasen von Arbeitslosigkeit in einem Berufsverlauf auftreten, als umso erfolgreicher gilt der Berufsverlauf.[11]

6.1.3 Berufserfolg der letzten Erwerbstätigkeit

Analog zum Berufseintrittserfolg wurde ein Index gebildet. Allerdings bezogen sich die gleichen Indikatoren auf die aktuelle/letzte Tätigkeit.

- Das Einkommen der aktuellen/letzten Erwerbstätigkeit
- Die berufliche Stellung der aktuellen/letzten Erwerbstätigkeit
- War das Hochschulstudium Voraussetzung für die aktuellen/letzten Erwerbstätigkeit?
- Zufriedenheit mit der beruflichen Situation der aktuellen/letzten Erwerbstätigkeit

Die Wahl der Indikatoren für die letzte/aktuelle Tätigkeit ergab sich aus dem Forschungsinteresse, den Berufserfolg zu unterschiedlichen Zeitpunkten der Karriere zu messen und zu vergleichen. Durch die Übereinstimmung der Indikatoren, die in einen Index eingehen, wurde die Vergleichbarkeit des Konstruktes zu beiden Zeitpunkten abgesichert.

6.2 Forschungsfragen und Hypothesen

Im vorangegangenen Abschnitt wurden anhand der vorgestellten Studien Möglichkeiten der Operationalisierung diskutiert. Im Mittelpunkt des folgenden Abschnitts steht die zweite zentrale Fragestellung: *Wie gestaltet sich der Berufseintritt nach dem Verlassen der Hochschule?*

In der Literatur fanden sich Hinweise darauf, dass der Berufseinstieg grundlegende Auswirkungen auf die sich anschließenden Berufsverläufe haben kann. Um diese Überlegung auf eine breitere empirische Basis stellen zu können, werden für

---

[10] Die Dauer der Arbeitslosigkeit wurde nicht exakt erhoben. Aus diesem Grund kann sie nicht berücksichtigt werden.

[11] Es lassen sich zahlreiche weitere Indikatoren wie Auf- und Abstiegsprozesse in Bezug auf die berufliche Position (Carroll und Mayer 1986; Hohner et al. 2003) oder genereller Karrieremobilität (Kappelhoff 1987) finden (zum Überblick Pointer und Hinz 2005).

die drei Bereiche soziodemografische Merkmale, Humankapitalinvestitionen und Arbeitsmarktstrukturen (siehe dazu Abschnitt 5.3) die Forschungsfragen und Hypothesen aufzeigen.

Humankapital

Aufgrund der heterogenen Befunde zur Wirkung einer Berufsausbildung vor dem Studium lassen sich sowohl Hypothesen mit einer verkürzenden als auch einer verlängernden Wirkung auf die Stellensuche formulieren. Deshalb soll auch die Richtung des Effektes untersucht werden.

FORSCHUNGSFRAGE 2.1 Lassen sich Unterschiede im Übergang zwischen Personen mit und Personen ohne Berufsausbildung feststellen?

Es lassen sich in der Literatur Aspekte finden, anhand derer das Fächerspektrum an (deutschen) Universitäten charakterisiert werden kann. Es lassen sich unter anderem Disziplinarität (Heckhausen 1987) sowie Gegenstands- und Problembereich (Stichweh 1994) einzelner Fächer heranziehen, um Unterschiede im Übergangsverhalten zu beschreiben. Empirisch lassen sich spezifische Übergangsmuster (Zeitpunkt und Dauer der Stellensuche) für einzelne Fächergruppen beim Übergang von der Hochschule in die Erwerbstätigkeit belegen. Grundlegend steht dabei die folgende Frage im Mittelpunkt:

FORSCHUNGSFRAGE 2.2 Wie gestaltet sich der Übergang von Hochschulabsolventinnen und Hochschulabsolventen unterschiedlicher Fächer und Hochschultypen in den Arbeitsmarkt?

Die Ergebnisse jüngerer Absolventenstudien (u. a. Briedis und Minks 2004) verweisen vor allem bei den Sozialwissenschaften sowie der Fächergruppe Sprach- und Kulturwissenschaften auf eine längere Übergangsdauer. Insofern lassen sich diese Unterschiede auch in der zugrundeliegenden Untersuchung vermuten.

HYPOTHESE 2.1 Akademiker/innen mit einem Abschluss in den Fächergruppen Sozialwissenschaften sowie Sprach- und Kulturwissenschaften, Kunst haben häufiger eine längere Übergangsphase.

Allerdings überlagern sich bei Verlaufsdaten saisonale, konjunkturelle und historisch gewachsene Unterschiede in den Übergangspassagen.[12] Zugleich könnten Effekte des Hochschultyps wirksam werden, da einige Fächer sowohl an Universitäten als auch an Fachhochschulen studiert werden können. Aufgrund der unterschiedlichen Fächerstruktur[13] lassen sich insbesondere zwischen den Universi-

---

[12] Unterschiede im Übergang zwischen Studienfächern sind unter anderem auch auf zeitlich schwankende Angebots- und Nachfragetendenzen auf dem Arbeitsmarkt zurückzuführen.

täten und den Fachhochschulen Unterschiede in den Übergangsprofilen erwarten (Briedis und Minks 2004: 58).

HYPOTHESE 2.2 Personen, die an einer Fachhochschule studierten, nehmen schneller eine Erwerbstätigkeit auf als Personen mit einem universitären Abschluss.

Aufgrund der geschlechtsspezifischen Fächerwahl sollte dieser Effekt unter statistischer Kontrolle von Geschlecht schwächer werden und unter Einbezug der Arbeitsmarktsituation weiter an Bedeutung verlieren.

Der Zusammenhang von sozialer Herkunft und Bildungsaspiration ist eine zentrale Frage des 21. Jahrhunderts (Becker und Lauterbach 2004b) und eng mit dem Thema ungleich verteilter Bildungschancen verbunden. „Der lange Arm der Familie" (Wolter 2005b) ist – zumindest bis zur Aufnahme eines Studiums – aufgrund der damit verbundenen Ungleichheit, beispielsweise in der Ressourcenausstattung, Studienmotivation und Risikowahrnehmung (zur Übersicht Becker und Lauterbach 2004a) verantwortlich für offensichtliche Differenzen in der Bildungsbeteiligung je nach sozialer Herkunft (u. a. Isserstedt et al. 2006).[14] Während für die Primar- und Sekundarstufe des deutschen Bildungssystems zahlreiche Untersuchungen zur Entstehung und Wirkung von Bildungsungleichheiten vorliegen (zum Überblick Becker und Lauterbach 2004a; Kristen 1999; Müller 1998), existieren nur wenige Studien, die den Einfluss der sozialen Herkunft im tertiären Bildungssektor und daran anschließend auf den Berufserfolg untersuchen (u. a. Hemsing 2001). Den Überlegungen von (Birkelbach 1998: 232) folgend, sollte die soziale Herkunft keine Wirkung zeigen beziehungsweise die Suchdauer sogar verlängern. Daraus ergibt sich die Frage:

FORSCHUNGSFRAGE 2.3 Welchen Einfluss besitzt die soziale Herkunft beim Übergang in den Arbeitsmarkt?

Auch wenn zum Ausmaß herkunftsbedingter Bildungsungleichheiten konträre Befunde vorliegen[15], belegen aktuelle Zahlen, dass nach wie vor (Isserstedt et

---

[13] Beispielsweise sind die in den Sprach- und Kulturwissenschaften beliebten Magisterstudiengänge ausschließlich an Universitäten studierbar.

[14] Eng damit verbunden ist allerdings die Frage nach einer normativen Vorstellung von Leistungsgerechtigkeit und Angemessenheit, da sich daraus Rechtfertigungen für Ungleichheiten in Berufs- und Einkommensunterschieden ergeben. Allerdings ist dabei zu differenzieren in *legitime Ungleichheiten*, die sich auf der Basis individueller Bildungsinvestitionen und beruflicher Anstrengungen ergeben sowie *illegitime Ungleichheiten*, die sich eben nicht aus individuellen Leistungsunterschieden speisen (Berger und Konietzka 2001).

[15] Beispielsweise gehen Blossfeld (1985b), Blossfeld und Shavit (1993), Handl (1985), Meulemann (1985) davon aus, dass eine ausgeprägte Konstanz ungleich verteilter Bildungschancen besteht. Demgegenüber existieren aber auch empirische Befunde, die eher eine Abnahme von Benachteiligungen im Bildungssystem belegen (u. a. Schimpl-Neimanns 2000a, 2000b).

al. 2006: 61ff.) erhebliche Unterschiede der Bildungsbeteiligung je nach sozialer Herkunft an den einzelnen Bildungsschwellen (Übergang Primarbereich-Sekundarbereich I, Übergang Sekundarbereich-Sekundarbereich II, Erwerb einer Studienberechtigung, Realisierung der Studienberechtigung durch Studienaufnahme, Erwerb eines Hochschulabschlusses) bestehen. In Bezug auf den tertiären Bildungssektor existieren sowohl Vermutungen darüber, dass die Wirkung der soziale Herkunft mit im Laufe der Bildungsstufen abnimmt (Birkelbach 1998: 232). Allerdings lassen sich auch Argumente dafür finden, dass bei Abbau sozialer Selektivität in den unteren Stufen des Bildungswesens, durch eine zunehmende Selektivität in den höheren Stufen, dieser Effekt kompensiert wird (Müller 2004: 312). Aufgrund der wenigen Befunde und der heterogenen Datenlage, wird hier der Einfluss sozialer Herkunft untersucht.[16] Zum einen entwickeln Kinder höherer sozialer Schichten in Folge von Erziehung und Ausstattung eher Kompetenzen, die in der Schule vorteilhaft sind (primärer Herkunftseffekt). Zum anderen treffen die Eltern vor dem Hintergrund der finanziellen Ressourcen und der eigenen Positionierung in der sozialen Schichtung Entscheidungen, die die Bildung ihres Kindes betreffen (zum Überblick Becker und Lauterbach 2004b). Im Rahmen dieser Untersuchung kann nicht zwischen primären und sekundären Effekten unterschieden werde. Unter Rückgriff auf das Statuszuweisungsmodell lässt sich allerdings vermuten, dass neben „achievments" (wie beispielsweise Bildung) auch die Vererbung von sozialem Status stattfindet (Blau und Duncan 1967). In diesem Fall sollte eine höhere Bildung auch zu einem höheren Berufserfolg führen.

HYPOTHESE 2.3 Je höher die soziale Herkunft ist, umso höher ist der Berufseintrittserfolg.

Allerdings ist zu erwarten, dass dieser Zusammenhang, insofern er nachgewiesen werden kann, sehr gering ausfällt, da andere Aspekte im Berufsverlauf in den Vordergrund treten (Birkelbach 1998: 232).

Soziodemografische Faktoren: Geschlecht und Elternschaft

Der Übergang von der Hochschule in die erste Erwerbstätigkeit kann vom studierten Fach beeinflusst werden. In Bezug auf die Fächerwahl im Studium unterscheiden sich Männer und Frauen. Frauen bevorzugen sprach- und kulturwissenschaftliche, humanwissenschaftliche sowie sozialwissenschaftliche Studiengän-

---

[16] Bildungssoziologische Ansätze mit dem Schwerpunkt ungleich verteilter Bildungschancen gehen davon aus, dass sowohl primäre aus auch sekundäre Herkunftseffekte zu sozialer Ungleichheit führen (Boudon 1974).

ge. Männer studieren häufiger ingenieurwissenschaftliche und wirtschaftswissenschaftliche Studiengänge. Die bevorzugte Wahl sprach- und literaturwissenschaft-
licher Studiengänge von Frauen lassen sich bereits aus der Leistungskurswahl an
der gymnasialen Oberstufe ableiten (Ramm und Bargel 2005: 32). Daraus abgeleitet lassen sich für Männer und Frauen spezifische Übergänge erwarten. Unter
statistischer Kontrolle der Fächer sollte dieser Zusammenhang schwächer werden oder wegfallen. Beachtlich ist in diesem Zusammenhang, dass ein Studium
„männertypischer" Fächer für Frauen keine Verbesserung der Arbeitsmarktchancen nach sich zieht (Schreyer 1999). Wie (Schreyer 2001: 2226) zeigen kann, ist
eher das Gegenteil der Fall. Insofern müssen andere Ursachen dafür verantwortlich sein und die Hypothese wird vorerst aufrechterhalten.

FORSCHUNGSFRAGE 2.4 Lassen sich geschlechtsspezifische Muster beim
Übergang in den Arbeitsmarkt feststellen?

Die Lebenslaufplanung erfolgt, wenn auch individuell mit unterschiedlicher Gewichtung, entlang verschiedener Lebensbereiche. Neben der Erwerbstätigkeit
konstituiert insbesondere das Familienleben individuelle Lebens- und damit auch
Berufsverläufe. Wie bereits Birkelbach (1998: 273) und (Hemsing 2001: 69) zeigen konnten, spielen dabei private Bindungen im Gegensatz zur Elternschaft eher
eine untergeordnete Rolle. Möglicherweise ist dies auf eine ambivalente Haltung
der Arbeitgeber/innen zurückzuführen. Während eine langfristige Bindung und
Verpflichtung durch Ehe und Elternschaft sowohl bei Männern als auch bei Frauen
eine emotionale und persönliche Stabilität fördert (Hemsing 2001: 19), sehen Ar-
beitgeber/innen bei Frauen vorrangig die materielle Absicherung sowie die Einen-
gung durch die Familie. Für Männer rücken hingegen die Unterstützungsleistung
sowie der Verpflichtungscharakter gegenüber der Familie in den Mittelpunkt (Tölke 1998: 135). Möglicherweise lassen sich deshalb in Bezug auf private Bindungen keine eindeutigen Zusammenhänge ableiten. Trotz der zunehmenden Kinderlosigkeit von Hochqualifizierten und dem Aufschub der ersten Geburt (Wirth und
Dümmler 2004) lässt sich vermuten, dass sich trotzdem Unterschiede zwischen
Akademikerinnen und Akademikern beim Übergang ergeben. Elternschaft sollte,
wenn auch auf einem niedrigen Niveau, zu einem längeren Übergang bei Hochschulabsolventinnen und Hochschulabsolventen führen.

HYPOTHESE 2.4 Frauen weisen öfter einen verzögerten Übergang in die Erwerbstätigkeit nach dem Studium auf.

Über die Auswirkungen von Elternschaft hinweg lassen sich zusätzlich geschlechtsspezifische Unterschiede vermuten. Insbesondere für Frauen bedeutet
die Geburt des ersten Kindes häufig eine längerfristige Erwerbsunterbrechung.
Allerdings erfolgt diese Diskriminierung nicht vor dem Hintergrund biologischer

Determinismen als vielmehr vor dem Hintergrund rationaler Entscheidungen. Für die Erklärung lassen sich sowohl austauschtheoretische Argumentationen als auch Prämissen der Theorie Familienökonomie heranziehen. Ohne an dieser Stelle auf diese theoretischen Grundlagen ausreichend eingehen zu können, lassen sich die wichtigsten Argumente wie folgt zusammenfassen. Es wird sich diejenige Person in der Partnerschaft verstärkt auf die Hausarbeit und die Kinderversorgung konzentrieren, für die ein Verzicht auf die Erwerbstätigkeit den geringeren Lohnausfall bedeutet. Grundlage der Entscheidung ist die Abwägung von Opportunitäts- und Transaktionskosten mit dem individuellen Nutzen (Becker 1981b, 1981a). Dafür existieren ausgereifte Erklärungsmodelle in den Sozialwissenschaften.[17]

Allerdings lassen sich die häufigeren Erwerbsunterbrechungen von Frauen – oder im Fall des Berufseinstiegs, die längeren Übergänge – zumindest auf der Grundlage nutzenmaximierender Handlungsstrategien einfach herleiten: Unabhängig davon, welchen Datensatz man zur Analyse der Erwerbseinkommen von Männern und Frauen im Vergleich heranzieht, das Einkommen von Frauen liegt in Deutschland bei gleicher Arbeitszeit und Qualifikation mindestens 20 % unter dem von Männern (Cornelißen 2005). Sowohl aus dem trivialen empirischen Fakt als auch aus den präsentierten theoretischen Modellen kann man ableiten, dass Männer sich im Falle einer Elternschaft stärker auf die Erwerbstätigkeit konzentrieren und aufgrund der arbeitsteiligen Prämissen schneller in eine Erwerbstätigkeit aufnehmen als Männer ohne Kinder.[18]

HYPOTHESE 2.5 Männer mit Kindern nehmen zum Zeitpunkt des Berufseintritts häufiger eine Erwerbstätigkeit unmittelbar mit dem Verlassen der Hochschule auf als Männer ohne Kinder bei Berufseintritt. Bei Frauen stellt sich dieser Zusammenhang entgegengesetzt dar.

Arbeitsmarktsituation: Zeitpunkt des Übergangs von der Hochschule in den Arbeitsmarkt

Die Arbeitsmarktchancen haben sich für die Absolventinnen und Absolventen von Universitäten und Fachhochschulen in den letzten drei Jahrzehnten verän-

---

[17] Beispielsweise das Modell der Zeitallokation für eine Ökonomie von Privathaushalten (Becker 1981b), das Modell der Gelegenheitskosten für alternative Zeitverwendungen (Gronau 1977), die Überlegungen zum Austausch von Gütern auf der Basis von Transaktionskosten von Pollak (1985), Entscheidungen im Haushalt als kooperatives Spiel (Manser und Brown 1980; McElroy und Horney 1981) und das kollektive Modell von Verhalten im Haushalt von Chiappori (1988), um nur einige zu nennen.

[18] Allerdings ist davon auszugehen, dass dieser Effekt aufgrund der Entwicklungen auf dem Arbeitsmarkt in den letzten 40 Jahren abgenommen hat und deshalb in älteren Geburtskohorten ausgeprägter ist.

dert. Hohe gesamtwirtschaftliche Arbeitslosenquoten verlängern beispielsweise die Stellensuchdauer nach dem erfolgreichen Studienabschluss (Falk und Sackmann 2000). Insofern ist im Vergleich der Berufseinsteiger/innen mit Hochschulabschluss in den 1970er Jahren und den nachfolgenden Jahrzehnten mit einer Zunahme an Suchzeiten sowie mit einer Abnahme an Erwerbstätigkeiten zu rechnen, die bereits im Studium oder direkt nach dem erfolgreichen Studienabschluss aufgenommen werden.

HYPOTHESE 2.6 Hochqualifizierte in jüngeren Einstiegskohorten weisen häufiger längere Übergänge auf.

Der Arbeitsmarkt besitzt determinierende Kräfte auf der Individualebene. Auch unter der Annahme hoher Investitionen in das Humankapital wird eine Arbeitsplatzsuche unter schlechten Arbeitsmarktbedingungen zu einer Verschlechterung der Einstiegchancen führen. Aufgrund der Bedeutung sollten die anderen Einflussfaktoren bei der Erklärung des Übergangs an Gewicht zugunsten der Erklärungskraft der Arbeitsmarktsituation verlieren.

HYPOTHESE 2.7 Je schlechter die Arbeitsmarktsituation, umso langsamer wird der Übergang in den Akademikerarbeitsmarkt verlaufen.

Stellensuchdauer und Stellenfindungsrate

Die Beschäftigungserwartungen, bestehend aus einem komplexen Bündel von Einkommens- und Prestigeanforderungen[19], steuern in starkem Maße das Angebotsverhalten (Kommission für Zukunftsfragen der Freistaaten Bayern und Sachsen 1997: 55ff.). Damit verbunden ist die Frage:

FORSCHUNGSFRAGE 2.5 Wie lang dauert die Phase des Übergangangs?

Die Frage nach der Dauer der Stellensuche ist eng mit der Frage verknüpft, ob der Anteil an Personen, die in eine Erwerbstätigkeit übergehen, immer gleich ist. Geht also von den Hochschulabsolventinnen und Hochschulabsolventen, die nach drei Monaten noch keine Erwerbstätigkeit nach dem Studium aufgenommen haben, der gleiche Anteil in eine Erwerbstätigkeit über wie nach elf oder nach vier Monaten Stellensuche? Diese Rate an Stellenfindungen soll ebenfalls näher analysiert werden.

FORSCHUNGSFRAGE 2.6 Wie verläuft die Stellenfindungsrate bei Personen mit einem Hochschulabschluss?

---

[19] Allerdings kann man davon ausgehen, dass weitere nicht monetäre Aspekte wie zum Beispiel Arbeitsplatzsicherheit und Vereinbarkeit von Beruf und Familie eine Rolle bei der Stellensuche spielen.

Nun folgen Forschungsfragen und Hypothesen zur dritten zentralen Fragestellung: *Wovon hängt der Berufserfolg zu unterschiedlichen Zeitpunkten eines Berufsverlaufs ab und welche Rolle spielt die berufliche Erstplatzierung?*
Auf der Basis der Operationalisierung des theoretischen Konstruktes ergeben sich spezifische Forschungsfragen und Hypothesen zu den einzelnen Aspekten. Zugleich sind die Rahmenbedingungen relevant, die das Setting für die drei Erfolgsmessungen darstellen. In Bezug auf den Berufseintrittserfolg ist von Interesse wie sich die erste Erwerbstätigkeit gestaltet.
FORSCHUNGSFRAGE 3.1 Wie stellt sich die berufliche Situation der ersten Erwerbstätigkeit dar?
Damit verbunden sind die folgenden Forschungsfragen zu den Determinanten des Berufseintrittserfolgs und des potentiellen Einflusses der Suchdauer.
FORSCHUNGSFRAGE 3.2 Welche Aspekte haben einen Einfluss auf den Berufseintrittserfolg?
FORSCHUNGSFRAGE 3.3 Fällt der Berufseintrittserfolg in Abhängigkeit der Suchdauer unterschiedlich aus?
Die Kontinuität im Berufsverlauf wird anhand des zentralen Arbeitsmarktindikators Arbeitslosigkeit charakterisiert. Im Mittelpunkt der Analysen wird dabei nicht die Dauer einzelner Phasen von Arbeitslosigkeit stehen. Vielmehr wird das Auftreten sowie die Häufigkeit von Arbeitslosigkeit in dem Berufsverläufen als Indikatoren kontinuierlicher und diskontinuierlicher Berufsverläufe genutzt. Für die Verwendung diese Indikators muss vorher die Frage beantwortet werden, ob Arbeitslosigkeit eine validen Indikator für Kontinuität und Diskontinuität im Berufsverlauf darstellt.
FORSCHUNGSFRAGE 3.4 Ist Arbeitslosigkeit ein valider Indikator für einen diskontinuierlichen Berufsverlauf?
Im Anschluss daran kann die Kontinuität im Berufsverlauf in das Konzept des Berufserfolgs dieser Untersuchung eingeordnet werden. Aufbauend auf dem zentralen Modell 6.1 wird ein positiver Zusammenhang zwischen Berufseintrittserfolg und der Kontinuität im Berufsverlauf unterstellt. Ausgehend von der diskutierten Literatur lässt sich vermuten, dass eine hoher Berufseintrittserfolg auch zu einem kontinuierlichen und damit letztlich erfolgreichen Berufsverlauf führt. Daraus lässt sich die folgende Hypothese ableiten:
HYPOTHESE 3.1 Je höher der Berufseintrittserfolg ausfällt, umso seltener treten Phasen von Arbeitslosigkeit auf.
Ebenso wie für der Berufseintrittserfolg lassen sich spezifische Determinanten erwarten.

FORSCHUNGSFRAGE 3.5 Wovon hängt der Berufserfolg der letzten Erwerbstätigkeit ab?

In stringenter Weiterführung der vorangegangenen Argumentation, lässt sich ein positiver Effekt des Berufseintrittserfolgs auf den Berufserfolg der letzten Erwerbstätigkeit erwarten.

HYPOTHESE 3.2 Je höher der Berufseintrittserfolg ist, umso höher fällt der Berufserfolg der letzten Erwerbstätigkeit aus.

Den Prämissen der Humankapitaltheorie folgend, sollten Erwerbsunterbrechungen aufgrund von Arbeitslosigkeit zu einem Wertverlust der vorher erworbenen Kompetenzen aus den Bildungsinvestitionen führen. Das sollte sich unter anderem im Berufserfolg niederschlagen. Je kontinuierlicher ein Berufsverlauf ist, umso höher wird der Berufserfolg der letzten Erwerbstätigkeit ausfallen. Im Gegensatz dazu sollte das Auftreten von Arbeitslosigkeit den Erfolg im Berufsverlauf und dadurch auch den Erfolg der letzten Erwerbstätigkeit senken. Dieser Zusammenhang sollte mit wachsender Häufigkeit an Episoden zwischenzeitlicher Arbeitslosigkeit steigen.

HYPOTHESE 3.3 Je häufiger Akademiker/innen von zwischenzeitlicher Arbeitslosigkeit betroffen sind, umso geringer fällt der Berufserfolg am Ende des Berufsverlaufs aus.

Zuletzt soll überprüft werden, wie weit die Auswirkungen des Berufseintritts reichen. Dabei soll untersucht werden, ob die Dauer der Stellensuche einen Einfluss auf den Berufserfolg besitzt.

FORSCHUNGSFRAGE 3.6 Besteht auch am Ende des Berufsverlaufs ein Zusammenhang von Übergang und Berufserfolg?

Kontrollvariablen

In den multivariaten Analysen finden vier weitere Aspekte Berücksichtigung, für die keine Hypothesen explizit formuliert wurden, die aber dennoch erheblichen Einfluss auf die untersuchten abhängigen Variablen haben können. Es handelt sich dabei um: die *Abschlussnote* des ersten abgeschlossenen Studiums, das *Alter* zum Zeitpunkt des Hochschulabschlusses, der Beginn einer *Promotion* sowie die Art des *Hochschulzugangs*. Die Abschlussnote wird in den meisten Absolventenstudien als Indikator der Studienleistung verwendet und wird deswegen auch in diesem Modell eingeführt. Der Zeitpunkt des Studiums weicht in den einzelnen Biografien teilweise erheblich ab. Da sich daraus möglicherweise ein Einfluss auf den Übergang ergibt, wird das Alter der Personen zum Zeitpunkt des Studienabschlusses in das Modell aufgenommen. Von allen Befragten haben 511 angegeben, zum Zeitpunkt der Aufnahme der ersten Erwerbstätigkeit oder davor eine Promotion begonnen zu haben. Es wird an dieser Stelle ausschließlich der Beginn aber nicht das erfolgreiche Beenden einer Promotion kontrolliert. Die untersuchte Population zeichnet sich durch breit gefächerte Zugangswege zur Hochschule aus. Der größte Teil (n = 1.233) hat über einen Schulbesuch direkt das Abitur oder eine andere Hochschulreife (Berufs- und Fachgymnasien) erworben. Die Befragten, die über den Zweiten[20] (n = 1.017) oder Dritten[21] (n = 717) Bildungsweg ein Hochschulstudium aufgenommen haben, sind im Vergleich zu den deutschen Studierenden insgesamt deutlich überrepräsentiert. Aus diesem Grund wird in den Modellen kontrolliert, ob sich aus der Art des Hochschulzugangs Unterschiede im Übergang ergeben.

6.3 Das theoretische Modell

Aus der Diskussion des Forschungsstandes sowie den abgeleiteten Forschungsfragen und Hypothesen ergibt sich ein Modell, das die grundlegende Struktur des Berufserfolgs als dynamische Komponenten von Berufsverläufen widerspiegelt (Abbildung 6.1). Zugleich werden die zentralen Zusammenhänge dargestellt, die untersucht werden. Sowohl für die Bildungs- als auch für die Berufsverläufe bilden Phänomene auf der Mikro- und Makroebene den Analyserahmen. Als makrosoziologisch relevante Aspekte treten dabei vor allem die Arbeitsmarktstrukturen in den Vordergrund. In der diskutierten Literatur konnte exemplarisch die determinierende Wirkung des sektoralen Wandels aufgezeigt werden. Um den Einfluss der Arbeitsmarktstrukturen in den folgenden Analysen berücksichtigen zu können, werden zwei zentrale Indikatoren besondere Beachtung finden. Zum einen das Jahr des Berufseintritts, um Kohorteneffekte kontrollieren zu können. Zum anderen die Arbeitsmarktlage für die Akademiker/innen, gemessen am Verhältnis von freien Stellen zur Anzahl der Bewerber/innen. Beide Indikatoren werden im Abschnitt 9.1.5 näher vorgestellt und diskutiert.

Für die Beantwortung der präsentierten Forschungsfragen aus einer soziologischen Perspektive konnten auf der Individualebene ebenfalls Aspekte mit besonderem Stellenwert herausgearbeitet werden. Aus diesem Grund werden die drei soziodemografischen Merkmale Alter, Geschlecht und Elternschaft in den

---

[20] Der Zweite Bildungsweg repräsentiert vor allem den Erwerb des Abiturs an einem Abendgymnasium, einem Kolleg und teilweise auch an einer Volkshochschule. Diese Möglichkeiten, das Abitur nachzuholen, sind schulrechtlich geregelt.

[21] Dabei handelt es sich um die inzwischen vielfältigen hochschulrechtlich normierten Sonderzugangswege. Dieser Zugang führt in der Regel über spezielle hochschuleigene Zulassungsverfahren (Teichler und Wolter 2004b, 2004a).

sich anschließenden Analysen den Kern der mikrosoziologischen Einflussvariablen bilden.

Abbildung 6.1: Modell des Berufserfolgs von Hochschulabsolventinnen und Hochschulabsolventen

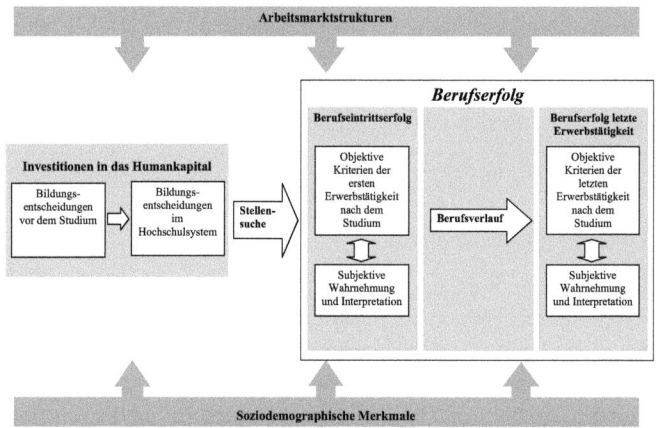

Innerhalb dieser Rahmung repräsentieren die Bildungsentscheidungen vor und im Hochschulsystem als Bestandteile der individuellen Bildungswege den Ausgangspunkt für die sich anschließenden Berufsverläufe. Als Bildungsentscheidung vor dem Studium wird aufgrund der kontroversen Diskussion und Datenlage die Wirkung von Direkt- und Doppelqualifikation berücksichtigt. Neben der Frage der Berufsausbildung vor dem Studium wird weiterhin untersucht, ob sich Unterschiede zwischen den vorgestellten Hochschulzugängen ergeben. In der Forschungsliteratur wurden die Studienfachwahl und der Art der besuchten Hochschule ebenfalls ein besonderer Stellenwert in Bezug auf einzelne Aspekte des beruflichen Erfolgs eingeräumt. Aus diesem Grund werden sowohl das Studienfach als auch der Hochschultyp des ersten abgeschlossenen Studiums in den folgenden Analysen Berücksichtigung finden. Neben den Bildungsentscheidungen wurden weitere Investitionen in das Humankapital mit besonderem Einfluss deutlich. Auch wenn die einzelnen Studien teilweise zu heterogenen Befunden kamen, konnte vor allem die Abschlussnote in zahlreichen empirischen Studien als Determinante beruflichen Erfolgs nachgewiesen werden. Aufgrund der spezifischen Befragtengruppe wird außerdem untersucht, ob der Beginn einer Promotion einen

Einfluss hat. Als letzten Einflussfaktor dieser Dimension wurde die soziale Herkunft ausgewählt, da in Bezug auf den Berufserfolg von Personen mit Hochschulabschluss wenig empirisches Material vorliegt.

Als Statuspassage mit *Weichen stellender* Funktion wurde die Stellensuche und der Berufseintritt in die erste Erwerbstätigkeit nach dem Studium herausgearbeitet. Aus diesem Grund wird dieser Phase besondere Beachtung geschenkt.

Schwerpunkt der Analyse ist der Berufserfolg. Wie bereits gezeigt werden konnte, ist ein statisches Konzept der Analyse nicht ausreichend. Um potentielle Entwicklungen und Veränderungen von Berufserfolg im Berufsverlauf erfassen zu können, wird der Berufserfolg zu zwei Zeitpunkten in den individuellen Berufsverläufen untersucht. Zu beiden Zeitpunkten ist dabei von besonderer Bedeutung, sowohl die objektiven Indikatoren als auch die subjektiven Kriterien beruflichen Erfolgs von Hochqualifizierten einzubeziehen. Zu beiden Zeitpunkten stellen die Arbeitsmarktstrukturen, die soziodemografischen Merkmale sowie das Humankapital die Einflussdimensionen dar. Bei der Analyse des Berufserfolgs der letzten Erwerbstätigkeit findet zusätzlich der Berufsverlauf Berücksichtigung. Dafür wird untersucht, ob Kontinuität oder Diskontinuität im Berufsverlauf Einfluss auf den Berufserfolg haben können.

Dieses Modell wird für die folgenden deskriptiven Analysen und multivariaten Modelle gleichermaßen die Grundlage sein. Die Strukturierung der Ergebnisdarstellung und Diskussion orientiert sich ebenfalls daran.

7 Forschungsdesign, Datenbasis und methodische Aspekte der Erhebung

7.1 Kontext der vorliegenden Untersuchung

Die Motivation zur Realisierung dieser Untersuchung ist eng verbunden mit der Datenlage zum Thema Berufsverlauf und Berufserfolg von Hochqualifizierten. In Deutschland existiert bislang keine institutionelle Regelung für eine standardisierte Erhebung von Informationen zum Verbleib von Studierenden und Personen mit Hochschulabschluss auf der Individualebene im Zeitverlauf, die sich nach Fach, Hochschule und Region differenziert analysieren lassen (Falk et al. 2007: 10). Im Rahmen der Bildungsstatistik wird zwar regelmäßig die Zahl der Hochschulabsolventinnen und Hochschulabsolventen erhoben. Allerdings werden keine Individualdaten zum Studienverlauf und Berufseintritt erfasst. Es existieren einige alternative Datenquellen (siehe dazu Kapitel 3), die allerdings selten bundesweite Daten über die Bandbreite an Studienfächern hinweg bieten. Insbesondere Daten zu ausgedehnte Berufsverläufe existieren sehr selten.

Zugleich stellt sich vor dem Hintergrund der Debatte um das „Ende der Arbeitsgesellschaft" (Bonß 2000; Beck 2000, 1999; Kocka und Offe 2000; Rifkin 1995) die Frage, inwieweit empirische Studien mit einem Fokus auf akademische Erwerbstätigkeit überhaupt noch relevant sind. Allerdings lassen sich neben den inhaltlichen auch strukturelle Gründe für die Notwendigkeit für Analysen zum Thema Berufsverlauf und Berufserfolg von Hochqualifizierten finden. Speziell die berufliche Entwicklung ist Gegenstand systematischer Forschung. In Deutschland ergab sich ein besonderes Interesse an der Analyse und Prognose der Entwicklung von akademischen Bildungs- und Berufswegen aufgrund der bereits in den 1960er Jahren etablierten Mechanismen quantitativ-struktureller Planung des Hochschulwesens (Tessaring 1985). Aufgrund des Urteils des Verfassungsgerichts in den 1970er Jahren zur bedarfsorientierten quantitativ-strukturellen Steuerung der Hochschulkapazitäten sowie den ernüchternden Erfahrungen in Bezug auf die Zuverlässigkeit der Prognosen aufgrund mangelnder methodischer Präzision und der hohen Flexibilität in der Abstimmung von Hochschule und Beschäftigung nahm das Interesse zumindest an der Erstellung von Prognosen ab (Burkhardt et al. 2000: 9). Trotzdem blieb das Interesse am Thema insgesamt von großer Bedeutung. Insbesondere vor dem Hintergrund heterogener Befunde zur Ausbildungsadäquanz von Hochqualifizierten in der Erwerbstätigkeit nach dem Hochschulabschluss wurden vermehrt Bemühungen unternommen, der Komplexität in den Beziehungen von Hochschule und Erwerbstätigkeit mit differenzierten Informationen gerecht zu werden.

Während im ersten Teil die theoretischen Grundlagen der Untersuchung dargestellt wurden, werden nun das Forschungsdesign und die Datenbasis präsentiert. Außerdem werden ausgewählte methodische Aspekte diskutiert, die einen besonderen Stellenwert bei der Konstruktion des Instrumentes oder der Datenerhebung gespielt haben. In der zugrundeliegenden Studie wurde eine Subgruppe der Akademiker/innen befragt. Es handelt sich dabei um ehemalige Stipendiatinnen und Stipendiaten der Hans-Böckler-Stiftung (HBS).[1] Die Schwerpunkte in der Studienförderung der HBS liegen auf der Überwindung sozialer Ungleichheiten im Hochschulzugang sowie der sozialen Öffnung des Hochschulzugangs durch die Förderung von Personen die vor dem Hochschulstudium bereits eine berufliche Qualifikation und Berufserfahrung erworben haben. Um die befragten Personen in der Gruppe der Akademiker/innen insgesamt zu verorten, werden beide Aspekte kurz vorgestellt.

7.1.1 Überwindung sozialer Ungleichheiten im Hochschulzugang

Die HBS hat es sich zur Aufgabe gemacht, mit ihrer Förderpolitik zur Überwindung sozial diskriminierender Mechanismen des Hochschulzugangs beizutragen und die Teilhabe an Hochschulbildung zu erhöhen. Sie verfolgt das Ziel, eine größere, zumindest individuelle Chancen- und Leistungsgerechtigkeit beim Hochschulzugang zu realisieren, da die kollektive Chancenstruktur angesichts verfestigter sozialer Ungleichheiten auf den regulären schulischen Zugangswegen offenbar nur schwer veränderbar ist. Allerdings ergibt sich aus der Kenntnis der sozialen Mechanismen beim Hochschulzugang die Möglichkeit, Sozialtechnologien abzuleiten. Aus ihrer gewerkschaftlichen Tradition heraus hatte die Stiftung in erster Linie den Abbau solcher Benachteiligungen beim Hochschulzugang im Auge, die mit der sozialen Herkunft (im Sinne des sozioökonomischen Status der Herkunftsfamilie und ihres kulturellen und sozialen Kapitals) verbunden waren. Später kam der geschlechtsspezifische Aspekt der besonderen Förderung von

---

[1] Ich möchte mich hiermit bei der Hans-Böckler-Stiftung für die Bereitstellung der Daten bedanken.

Frauen hinzu, die sehr erfolgreich etabliert wurde. Während im Blick auf die Beteiligung von Frauen an der Hochschulbildung in der letzten Dekade in Deutschland wesentliche Mechanismen der Diskriminierung beim Hochschulzugang abgebaut wurden, lässt sich dies für die Merkmale sozialer Herkunft nicht in gleicher Weise sagen.

7.1.2 Personen mit vorakademischen Berufserfahrungen

Die Hans-Böckler-Stiftung ist die einzige Einrichtung unter den Begabtenförderungswerken, die ihren Auftrag neben der sozialen Öffnung des Hochschulzugangs auch darin sieht, Personen zu fördern, die vor dem Hochschulstudium eine berufliche Qualifikation und Berufserfahrung erworben haben. Dabei sind verschiedene Wege zu unterscheiden. So kann die Studienberechtigung *vor* oder auch *nach* einer Berufsausbildung beziehungsweise Berufstätigkeit erworben werden, was meist mit sehr unterschiedlichen Lebensverläufen verbunden ist.

Tabelle 7.1 informiert über den Anteil an Studienanfänger/innen mit einer Berufsausbildung insgesamt sowie speziell mit einer Berufsausbildung, die erst nach dem Erwerb der Hochschulreife abgeschlossen wurde. Dieser Anteil ist an den Fachhochschulen größer als an den Universitäten.[2]

Tabelle 7.1: Anteil deutscher Studienanfänger/innen mit Berufsausbildung vor dem Studium 2002 (in %)

	Gesamt	Universitäten	Fachhochschulen
mit Berufsausbildung insgesamt	28,0	16,0	54,0
mit Berufsausbildung nach Erwerb der Hochschulreife	15,0	11,0	21,0

Quelle: HIS-Studienanfängerpanel

Beide Absolventengruppen zählen zur Zielgruppe der Stiftung. Die Gruppe von Personen mit „nachgeholter" Studienberechtigung kann wiederum in zwei Hauptwege unterschieden werden.[3]

---

[2] In den Universitäten lassen sich dabei große Unterschiede zwischen den Studienfachrichtungen beobachten.

[3] Abgesehen von den zahlreichen Sonderwegen, die es häufig nur in einzelnen Bundesländern gibt.

- Zweiter Bildungsweg: Der Erwerb des Abiturs an einem Abendgymnasium oder einem Kolleg, teilweise auch an einer Volkshochschule. Diese Möglichkeiten, das Abitur nachzuholen, sind schulrechtlich geregelt.

- Dritter Bildungsweg: Diese inzwischen vielfältigen hochschulrechtlich normierten Sonderzugangswege führen in der Regel über spezielle hochschuleigene Zulassungsverfahren (Teichler und Wolter 2004b, 2004a).

Tabelle 7.2 gibt für das Studienjahr 2002 einen Überblick über die Häufigkeit der wichtigsten Zugangswege zu den Hochschulen in der Bundesrepublik. Sie verdeutlicht die Dominanz der formellen schulischen Abschlüsse für den Hochschulzugang.

Tabelle 7.2: Zusammensetzung der deutschen Studienanfänger/innen nach Art der Studienberechtigung 2002 (in %)

	Gesamt	Universitäten	Fachhochschulen
Abitur (Normaltyp)	80,0	93,0	52,0
Abitur (Zweiter Bildungsweg)	3,0	2,0	5,0
Fachoberschule	10,0	1,0	30,0
Dritter Bildungsweg	1,0	0,5	1,5
Sonstige Wege	6,0	3,0	13,0

Quelle: Statistisches Bundesamt

Studierende ohne herkömmliche Studienberechtigung (Dritter Bildungsweg) sind insbesondere im Bereich der Universitäten immer noch eine Ausnahme. Aufgrund von Unschärfen in der statistischen Erfassung kann ein Teil dieser Studierenden noch in der Kategorie „Sonstige Wege" enthalten sein. Das würde am Gesamtbild allerdings wenig ändern.

Ohne an dieser Stelle näher auf die Diskussionen um „non-traditional students" sowie „prior learning" eingehen zu können (Frohwieser et al. 2006: 16ff.), wird deutlich, dass in beiden Gruppen Potential für eine Steigerung der Akademikerquote durch eine stärkere Förderung von Berufspraktikerinnen und Berufspraktikern besteht.

Im Vergleich mit der Gruppe der Studierenden in Deutschland ergeben sich insbesondere entlang der folgenden drei Aspekte einige Unterschiede:

(1) im Hochschulzugang,

(2) in einer Berufsausbildung beziehungsweise Berufstätigkeit vor dem Studium und

(3) in der sozialen Herkunft.

Die befragten Personen stellen eine selektive Stichprobe der Akademiker/innen dar. Um die Ergebnisse und Befunde dieser Untersuchung trotzdem möglichst breit verallgemeinern zu können, werden diese drei Aspekte in den zentralen Modellen berücksichtigt. Damit können sich die Befunde dieser Studie – zumindest unter Kontrolle dieser drei Variablen – auch auf andere Gruppen von Hochqualifizierten übertragen lassen.

7.2 Methodische Anlage und Durchführung der Untersuchung

Die Studie wurde im Auftrag der Hans-Böckler-Stiftung an der Technischen Universität Dresden unter der Leitung von Herrn Prof. Dr. Lenz und Herrn Prof. Dr. Wolter durchgeführt. Die Mitarbeit an diesem Projekt ermöglichte es dem Autor, das Forschungsdesign mitzuentwickeln. Das nun folgende Kapitel gibt einen Einblick in die Durchführung der Studie.

7.2.1 Chronologie des Projektes

Die Bestimmung der Grundgesamtheit für die Erhebung erwies sich als erheblich aufwändiger als ursprünglich geplant. Die zweite Aufgabe bestand in der Entwicklung des Fragebogens. Zwischen Januar und Oktober 2003 wurde der Fragebogen ausgearbeitet und in mehreren Pretests erprobt. Die Datenerhebung begann im November 2003 und endete im Oktober 2004. In diesem Zeitraum fanden – je nach Stand der Adressenklärung – drei Erhebungswellen statt. Im Anschluss an die Datenerhebung wurden die ausgefüllten Fragebögen in ein digitales Format gebracht. Die Datenedition begann parallel zur Datenerhebung bereits im Juni 2004 und wurde im Januar 2005 abgeschlossen. Daran schlossen sich die Auswertung der Befragungsergebnisse und die Erstellung des Berichts (Frohwieser et al. 2006) an.

7.2.2 Auswahlrahmen

Die Untersuchung wurde als Vollerhebung aller geförderten Personen innerhalb eines bestimmten Zeitraums durchgeführt. Die Grundgesamtheit bildeten alle Stipendiatinnen und Stipendiaten, deren Förderung zwischen 1970 und Ende 1999 auslief.[4] Dieser Zeitraum wurde aus zwei Gründen gewählt. Zum einen sollte eine Überschneidung mit dem Personenkreis, der in der Vorgängerstudie befragt wurde, hergestellt werden, um Vergleichsmöglichkeiten zu eröffnen.

Zum anderen sollten die Befragten bereits den Berufseintritt nach dem Verlassen der Hochschule vollzogen haben, und damit über ein Mindestmaß an beruflichen Erfahrungen nach dem Studium verfügen, da ein Schwerpunkt der Studie in den nachuniversitären Berufswegen bestand. Als Obergrenze wurde daher das Ende der Förderung im Dezember 1999 festgelegt. Damit wurde ein langfristiger Vergleichzeitraum eröffnet, innerhalb dessen die Bildungs- und Berufsverläufe der befragten Personen über einen Zeitraum von 30 Jahren erfasst und untersucht werden können.

7.2.3 Feldphase und Rücklauf

Die Erhebung wurde in drei aufeinander folgenden Wellen durchgeführt. Die erste Befragunswelle erfolgte von November 2003 bis Januar 2004. Die zweite Erhebung wurde von Juni 2004 bis August 2004 durchgeführt. Die letzte Befragung wurde zwischen August 2004 und Oktober 2004 realisiert. Die drei Wellen orientierten sich am jeweiligen Stand der Adressenverifizierung und dienten der zeitlichen Entzerrung sowohl der Erhebung als auch der nachfolgenden Dateneingabe. In jeder Befragungswelle wurden drei Erinnerungsaktionen durchgeführt. Diese drei Nachfassmaßnahmen dienten der Steigerung des Rücklaufs und der Verringerung potentieller Verzerrungen durch Nicht-Beantwortung des Fragebogens (Dillman 1991: 228). Die erste Erinnerung erfolgte anhand einer Postkarte, die alle Personen erhielten und in der allen Befragten für die Rücksendung des Fragebogens gedankt und zugleich die Nicht-Teilnehmer/innen gebeten wurden, den Fragebogen noch auszufüllen und zurückzusenden. Die zweite Nachfassaktion bestand aus einem Brief mit einer ausdrücklichen Bitte zur Teilnahme an der Befragung. Bei der dritten und letzten Nachfassaktion wurde erneut ein Fragebogen versandt. Die beiden letzten Erinnerungen wurden nur noch den Nicht-Teilnehmer/innen zugestellt. Von den 7.141 zur Verfügung stehenden aktualisierten Adressen erwiesen sich nach dem ersten Versand des Fragebogens trotz der aufwändigen Recherche immer noch nicht alle Fälle als erreichbar (Tabelle 7.3). Nicht mehr nachvollziehbare zwischenzeitliche Umzüge und Todesfälle waren die wichtigsten Gründe dafür. Dazu kamen einige Adressfehler. Von den 6.633

---

[4] In der Regel aufgrund des Studienabschlusses, zum Teil auch wegen Überschreitens der Höchstförderungsdauer oder durch Abbruch des Studiums.

Personen, die den Fragebogen schließlich erhalten hatten, nahmen 4.241 an der Befragung teil, was einer Rücklaufquote von 64 % entspricht. Aus dem Datensatz wurden nachträglich 51 Personen entfernt, die ausschließlich über den Zweiten Bildungsweg – also ohne Studienförderung – gefördert wurden und deshalb nicht in die Grundgesamtheit gehören. Weiterhin wurden 15 Fälle entfernt, die den Fragebogen nur unzureichend ausgefüllt hatten. Außerdem sind aufgrund der Adressporblematik 773 Personen befragt worden, die außerhalb des anvisierten Auswahlrahmens (Ende der Förderung zwischen 1970 und Ende 1999) lagen. Diese wurden vor den Analysen ebenfalls ausgeschlossen, um die Problematik des *coverage errors* zu vermeiden (u. a. Dillman 2000; Groves 1989). Es besteht durchaus die Möglichkeit, dass es während der Erhebung bei einigen Befragten zu einem so genannten „sponsorship effect" (Häder 2006: 224) gekommen ist, und es aufgrund des Auftraggebers (HBS) zu einer Beeinflussung im Antwortverhalten kam, da auch ein Anschreiben der HBS beigelegt wurde. Aufgrund der enormen Länge des Fragebogens wurde allerdings explizit dieses Schreiben verwendet, um die Relevanz des Themas zu erhöhen und damit letztlich die Motivation an der Teilnahme zu schaffen (dazu u. a. Dillman 2000; Tourangeau et al. 2005). Aus diesem Grund wurde ein Kompromiss zwischen Förderung der Teilnahmemotivation und dem möglichen Auftreten des *sponsorship effects* geschlossen.

Tabelle 7.3: Adressenpool und Teilnahme

Befragte	*7141*	
davon Adressfehler	463	6,4
davon verstorben	45	0,6
davon Fragebogen erhalten	6633	93,0
Bruttostichprobe	*6633*	
davon geantwortet	**4241**	**64,0**
davon nur Zweiter Bildungsweg gefördert	51	0,8
davon nicht auswertbare Fragebögen	15	0,2
Außerhalb 1970 - Dezember 1999	773	18,2
Datensatz	**3402**	

7.2.4 Datenqualität

In der vorliegenden Studie lassen sich zwei Fehlerquellen identifizeren, die einen Einfluss auf die Teilnahme an der Befragung hatten. Zum einen konnten trotz des enormen Aufwandes nicht alle Personen recherchiert und angeschrieben werden. Zu diesem *coverage error* kommen Ausfälle aufgrund von Nichtteilnahme an der Befragung hinzu. Dieses Phänomen wird in der Umfrageforschung als *nonresponse error* bezeichnet (u. a. Schnell 1997). Beide Aspekte müssen allerdings nicht zwangsläufig zu Verzerrungen in den Daten führen. Erst wenn bestimmte Gruppen systematisch nicht an der Befragung teilnehmen und diese Gruppen sich im Antwortverhalten von den Teilnehmerinnen und Teilnehmern unterscheiden, kann man von verzerrenden Effekten sprechen. Allerdings sind die Ausmaße beider Fehlerquellen nur bedingt messbar. Um zumindest einen Einblick in die Problematik zu erhalten, können Verteilungen von Parametern der Grundgesamtheit, soweit sie bekannt sind, mit denen im Datensatz verglichen werden. In der vorliegenden Studie wurden dafür die Verteilungen des Eintritts in die Studienförderung 1970, 1980 und 1990 ausgewählt. Weiterhin wurden die Geschlechterverteilungen für die Jahrgänge 1998 und 1999 herangezogen. In den zur Verfügung stehenden Daten zur Grundgesamtheit waren nicht alle Variablen zu jedem Zeitpunkt erfasst, weswegen nur eine spezifische Auswahl verwendet werden konnte (vgl. Tabelle 7.4). Die Verteilungen der beiden Variablen sind sich zu den gewählten Zeitpunkten überaus ähnlich. Die mit 4,1 % größte Abweichung besteht in der Anzahl von Personen, die 1970 in die Studienförderung eingetreten sind. Diese Gruppe ist im Datensatz etwas unterrepräsentiert. Die Verteilung zu den anderen Zeitpunkten lässt keine größeren Verzerrungen erkennen.

Ein zentraler Einwand, dem sich Absolventen- und Verbleibsstudien oftmals gegenübersehen, ist der so genannte *Erfolgsbias*. Dahinter steht die Vermutung, dass es bei Umfragen zu einer systematischen Überrepräsentanz erfolgreicher Personen kommt. Das wäre für Absolventen- und Berufsverlaufsstudien problematisch. Wenn ein zentrales Konstrukt und zentrale Indikatoren, hier Berufserfolg, zugleich einen systematischen Ausfallgrund darstellen, könnten systematische Verzerrungen die Folge sein. Für Querschnittserhebungen ist die Erfassung eines solchen Effekts äußerst schwierig, da generell das Problem besteht, keine Daten – oder nur wenige Hintergrundinformationen – der Nichtteilnehmer/innen zur Verfügung zu haben.[5] Der kausale Zusammenhang von Erfolg im Lebenslauf

---

[5] Obwohl in der Umfrageforschung ehrgeizige Projekte existieren, die sich zum Ziel gesetzt haben, zumindest einige Informationen von wenigstens einem Teil der Verweigerer zu erhalten. Beispielsweise werden Konvertierungsversuche unternommen, um Verweigerer doch noch zu einer Teilnahme an der Befragung zu bewegen (Schnell 1997; Reuband und Blasius 2000; Lynn et al. 2002).

auf die Teilnahmebereitschaft wurde bereits an einigen Panelstudien überprüft. Es lassen sich allerdings nur sehr wenige empirische Fakten finden, die die Existenz dieser Verzerrung belegen. Windzio und Grotheer (2002) konnten beispielsweise

Tabelle 7.4: Verteilung von einzelnen Merkmalen zwischen ausgewählten Jahrgängen der Grundgesamtheit und Datensatz (in %)

Merkmal	Grundgesamtheit	Datensatz
Eintritt Studienförderung 1970		
Zweiter Bildungsweg	3,6	1,9
Studium	77,2	81,3
Promotion	19,2	16,8
Eintritt Studienförderung 1980		
Zweiter Bildungsweg	10,7	9,6
Studium	78,9	78,5
Promotion	10,4	11,9
Eintritt Studienförderung 1990		
Zweiter Bildungsweg	7,5	6,6
Studium	79,1	82,1
Promotion	13,4	11,3
Geschlechterverteilung Förderjahr 1998		
Männer	53,9	52,8
Frauen	46,1	47,2
Geschlechterverteilung Förderjahr 1999		
Männer	52,7	51,1
Frauen	47,3	48,9

Quelle: Geschäftsberichte der Stiftung Mitbestimmung und Jahresberichte der HBS

bei der Analyse von Paneldaten keinen Zusammenhang von Panelmortalität und Erfolg im Berufsverlauf feststellen. Birkelbach (2005: 41) konnte auf der Basis von Paneldaten einen äußerst schwachen Zusammenhang zwischen Studienabschluss und Panelmortalität feststellen. Er konnte zeigen, dass Misserfolge im Ausbildungs- und Berufsverlauf, gemessen am üblichen Verlauf dieser Gymnasiastenkohorte, die Teilnahmebereitschaft minimal senken. Kuhnke (2005) untersuchte ebenfalls den vermuteten Zusammenhang von Erfolg im Lebenslauf und

---

Allerdings konnte gleichzeitig gezeigt werden, dass diese Strategie auch kontraproduktive Effekte erzeugen kann (Neller 2005).

Befragungsteilnahme. Dabei verwendete er die Daten des Panels mit dem Forschungsschwerpunkt „Übergänge in Arbeit" vom Deutschen Jugendinstitut (DJI). Erfolg wurde dabei über Noten und Selbstbewertungen (zum Beispiel Zufriedenheit und Depressivität) operationalisiert. (Kuhnke 2005: 32) konnte ebenfalls einen positiven Zusammenhang von Erfolg und der Teilnahmebereitschaft in den folgenden Panelerhebungen feststellen. Allerdings waren auch diese Korrelationen sehr gering. Letztlich lässt sich nur vermuten, dass es auch in dieser Studie zu einer geringfügigen Verzerrung gekommen ist, bei der vermutlich Personen mit hohem Berufserfolg geringfügig überrepräsentiert sind.

7.3 Diskussion messtheoretischer Probleme

Auch wenn in der Literatur bereits lebhaft über das Ende der Arbeitsgesellschaft diskutiert wird (u. a. Bonß 2001; König 1990; Rifkin 1995; Schmidt 1999), bleibt anhand der aktuellen Beschäftigungszahlen für Akademiker/innen die zentrale Bedeutung der Erwerbstätigkeit bestehen. Daraus lässt sich unter anderem die Pragmatik der objektiven Indikatoren, beruflicher Status, Berufsprestige und Einkommen ableiten. Insbesondere das Einkommen hat sich als objektiver Indikator zur Messung und zum Vergleich beruflichen Erfolgs etabliert. Im folgenden Abschnitt werden die mit der Messung verbundenen Probleme diskutiert. Außerdem wird aufgezeigt, wie in der zugrunde liegenden Studie das Einkommen erfasst wurde. Bereits in der ersten Hälfte des letzten Jahrhunderts wurden Überlegungen darüber angestellt, ob eine externe Zuschreibung zur Erklärung von Berufserfolg ausreichend ist oder ob ebenfalls individuelle Interpretationen des persönlichen Berufsverlaufs herangezogen werden müssen (Hughes 1937). Grundlegend für die Berücksichtigung einer subjektiven Dimension ist die Überlegung, dass Interpretationen von Berufsverläufen – trotz gleicher Rahmenbedingungen – sich zwischen Individuen unterscheiden können. Hinzu kommt, dass sich die Bedeutung von Berufserfolg individuell über einen Zeitraum hinweg verändern kann (Gunz und Heslin 2005: 105). Folgt man Crites (1969), kann eine Analyse von Erfolg ohnehin nur subjektiv stattfinden. Aufgrund der individuellen Unterschiede von Zielen und Wünschen kann es keinen interindividuellen Standard zur Messung von beruflichem Erfolg geben. Am Beispiel des Indikators Zufriedenheit wird veranschaulicht, wie in dieser Studie subjektive Kriterien beruflichen Erfolgs erhoben wurden. Wie bereits im ersten Teil des Buches gezeigt werden konnte, stellt die Suchdauer beim Berufseinstieg nach dem erfolgreichen Hochschulabschluss ein besonders Datum dar. Zum einen, weil die Verwendung der Suchdauer als abhängige Variable spezifische Analyseverfahren verlangt, und zum anderen, weil bereits bei der Datenerhebung besondere Anforderungen an das Instrument gestellt werden. Am Ende des folgenden Abschnitts wird deshalb auf die Besonderheit dieses Datums bei der Erhebung eingegangen.

7.3.1 Operationalisierung und Messung von Einkommen

Zur Deskription und Erklärung einzelner sozialwissenschaftlicher Phänomene wird oftmals auf objektivierbare Sachverhalte zurückgegriffen. Die Verwendung objektiver Kriterien beruflichen Erfolgs – im Sinne direkt beobachtbarer, messbarer und prüfbarer Eigenschaften – zur Analyse von Berufserfolg hat eine lange Tradition (Thorndike 1934). Für einige Forscher besteht ausschließlich anhand von Kriterien, die für externe Beobachter zugänglich sind – wie beispielsweise dem Einkommen – die Möglichkeit, Berufserfolg zu erfassen (Stückmann 1968). Damit ist das wissenschaftstheoretische Ziel verbunden, das Ausmaß individueller Unterschiede in Bezug auf einen Indikator standardisiert zu messen und Divergenzen im Erhebungs- und Auswertungsprozess auszuschließen oder zumindest zu kontrollieren. Das dahinter stehende Konzept der Objektivität versucht damit intersubjektiv übertragbare Beobachtungen durchzuführen, die sich nicht auf individuelle Interpretationen bezieht.[6] Das gilt sowohl für die Teilnehmer/innen sozialwissenschaftlicher Forschung als auch für die forschenden Subjekte selbst.

Allerdings sind diese „harten Fakten" nicht uneingeschränkt verwendbar. Beispielsweise lassen sich Statusunterschiede zum Vergleich von Aufstiegschancen für Selbstständige nur sehr eingeschränkt verwenden. Ein weiteres Problem kann sich bei der Verwendung von Modellen zur Erklärung von Einkommensunterschieden für Beschäftige im öffentlichen Dienst ergeben, da in diesem Bereiche größtenteils erfolgsunabhängige Gehälter bezogen werden (Dette 2005: 12).

In der sozialwissenschaftlichen Literatur wird aus unterschiedlichen Gründen trotzdem, wie bereits gezeigt werden konnte (vgl. Abschnitte 3.1), auf das Einkommen als zentralen objektiven Indikator des beruflichen Erfolgs zurückgegriffen. Vergleicht man die Ergebnisse einzelner Absolventenstudien, stellt man fest, dass kaum Parameter existieren, die eine konsistente Wirkung auf das Einkommen über Fächergruppen hinweg haben. Geschlecht zeigt als eine der wenigen Variablen – über unterschiedliche Studien hinweg – einen relativ stabile Effekt: Männer verdienen mehr als Frauen.

---

[6] Innerhalb einer kritisch-rationalen Wissenschaftstheorie ist dieses Postulat als Gütekriterium von Messvorgängen zugleich Anspruch und Voraussetzung für ein erfolgreiches Forschungsdesign. Dem sei gegenübergestellt, ohne an dieser Stelle näher darauf eingehen zu können, dass Forschungstraditionen mit alternativen erkenntnis- und wissenschaftstheoretischen Ursprüngen diese Forscher-Objekt-Distanz oft überwinden möchten.

Ein Grund besteht darin, dass innerhalb der einzelnen Erhebungen sehr unterschiedliche Konzepte zur Erfassung des Einkommens verwendet wurden. Beispielsweise kann das Einkommen nicht immer mit der Arbeitszeit kontrolliert werden. Weiterhin werden oft keine Unterscheidungen dahingehend getroffen, wie lange eine Person sich bereits am Arbeitsmarkt befindet. Es existieren durchaus plausible Gründe für sehr unterschiedliche Einkommenseffekte für Berufseinsteiger/innen und akademiker/innen, die bereits einige Jahre erwerbstätig sind (u. a. Blossfeld 1988: 408). Weiterhin ist darauf hinzuweisen, dass die zur Analyse herangezogenen Aspekte des Studiums nur einen sehr geringen Teil der Varianz des Einkommens aufklären können (Schomburg und Teichler 1998: 168). Auch Minks (1992: 60) weist auf konkurrierende Einflüsse wie beispielsweise alternative Berufseinstiegskonzepte hin. Eine weitere Erklärung für das inkonsistente Bild ergibt sich aus den Analysen von Weißhuhn und Clement (1982) sowie Blossfeld (1987). Demnach sind die Bildungsrenditen in der Folge der Bildungsexpansion gesunken. Vor allem bei Berufsanfängern sinken die Effekte der in Humankapital investierten Bildung auf das Einkommen über die Zeit deutlich (Blossfeld 1985b). Mit dieser Tendenz sinkt auch die Aussagekraft des Einkommens als eine Dimension beruflichen Erfolges. Schließlich ergeben sich bei der Messung von Einkommen zwei weitere erhebungstechnische Probleme. Zum einen sind Fragen zum Einkommen stark von *item nonresponse* betroffen. Zum anderen scheint das Einkommen größtenteils unterschätzt zu werden:

> „Die Variable „Einkommen" müsste zwar einen idealen Indikator für Lebensstile darstellen, sofern man hierüber einigermaßen verlässlich Auskunft über verfügbare Ressourcen erhalten würde. „Einkommen" aber, so wie es in der Umfrageforschung generell erhoben wird, stellt keinen Indikator für verfügbare Ressourcen dar, mißt es doch nicht das, was es messen soll: einerseits liegen die in den Umfragen generierten Werte deutlich unter denen, die die Einkommens und Verbraucherstichproben des Statistischen Bundesamtes über Einnahmen- Ausgaben-Buchführung ermitteln, andererseits sind Einkommensfragen in unseren Umfragen mit einer hohen Anzahl an Verweigerungen belastet, die von manchen Erhebungsinstituten nur noch durch Interviewereinschätzungen reduziert werden können. Die Variable „Einkommen" ist, genau betrachtet, die wohl einzige, wirklich heikle Frage in einem normalen Survey." (Hoffmeyer-Zlotnik und Krebs 1993: 136).

Insofern sollte Einkommen als Indikator beruflichen Erfolgs sowohl aus einer theoretischen als auch aus einer methodisch-technischen Perspektive kritisch betrachtet werden. Vor diesem Hintergrund erscheint es angebracht, aufzuzeigen, wie in dieser Studie Einkommen erhoben wurde. Das Einkommen wurde in der zugrunde liegenden Studie kategorial erfasst. Ziel war es, den ohnehin zu erwartenden *item nonresponse* zu senken (Hoffmeyer-Zlotnik und Warner 1998). Um trotzdem eine ausreichende Detailtiefe zu erreichen, wurden 20 Stufen in je 250 Euro-Schritten als Skala verwendet. Grundsätzlich stehen drei Berechnungseinheiten zur Verfügung:

- das Bruttoeinkommen (vor Abzug von Steuern und Sozialabgaben),
- das Nettoeinkommen (nach Abzug von Steuern und Sozialabgaben) und
- das verfügbare Einkommen (ausgehend vom Nettoeinkommen, der nach dem Abzug der Beiträge zur Kranken- und Altersversorgung, der Kosten für Bildung und Ausbildung, der Kosten für Wohnen, regelmäßiger Kosten für Transport, Kommunikation und für Arbeitsmittel verbleibt und damit die Konsummöglichkeiten beschreibt) (Hoffmeyer-Zlotnik und Warner 1998: 32).

Grundsätzlich lassen sich für alle drei Optionen Argumente finden. Wird

„[...] eine rationale, freie Wahlhandlung bei der Ausbildungs- und Berufswahl unterstellt, dann kann nur das Nettoeinkommen die angemessene Proxivariable für den Verdienst sein, das diesem Optimierungskalkül zugrunde liegt. Dies gilt nicht nur wegen der Einkommenssteuerprogression, sondern – zumindest für den Bereich der Bundesrepublik Deutschland – auch wegen der Unvergleichbarkeit der Bruttolöhne und -gehälter im öffentlichen Dienst und der freien Wirtschaft" (Blossfeld 1984b: 300).

Aus diesem Grund wurde auch in dieser Studie das monatliche Nettoeinkommen[7] abgefragt. Dadurch wurde der Item-Nonresponse gesenkt. Außerdem konnte aufgrund der detaillierten Auflistung diese Variable und der damit verbundenen äquidistanten Darstellung dieser Variable ein metrisches Skalenniveau unterstellt werden (dazu Westermann 1985).

7.3.2 Messung subjektiver Indikatoren am Beispiel von Zufriedenheit

Obwohl die Bedeutung subjektiver Kriterien für das mehrdimensionale Konstrukt Berufserfolg empirisch und theoretisch evident sind, blieben die objektiven Kriterien, und dabei vor allem Einkommen, lange Zeit die dominierenden Indika-

---

[7] Als Alternative stand die Erfassung der Nettostundenlöhne zur Wahl. Dadurch wäre eine Gewichtung des Arbeitszeitvolumens möglich gewesen. Aufgrund der Länge der Berufsverläufe hätte dem allerdings ein erheblicher kognitiver Aufwand bei der Erinnerung gegenübergestanden. Aus diesem Grund wurde das Nettoeinkommen ausgewählt.

toren zur Bestimmung beruflichen Erfolgs (Nicholson 2000). Mittlerweile fand der duale Charakter bei einer Reihe von Studien zur Untersuchung von Berufserfolg Beachtung (Schomburg und Teichler 1998; Dette 2005; Hohner et al. 2003; Heidemann 2005; Struck-Möbbeck et al. 1996). Die theoretische Fundierung von Berufserfolg kann vor dem Hintergrund dieses Dualismus objektiviert von außen an Personen herangetragen oder auf der subjektiven Ebene aus der Perspektive der Individuen erfasst werden (Birkelbach 1998: 213). Auf der Basis der bisher aufgezeigten Ergebnisse handelt sich dabei um zwei Seiten einer Medaille.

Individuelle Erwartungen, Beurteilungen und Relevanzsetzungen bestimmen soziale Situationen. Im Rückgriff auf das *Thomas-Theorem* sollte die Basis der Handlungsanalysen von Individuen deren Situationsdefinitionen sein. Die damit verbundenen Probleme, wie beispielsweise Operationalisierung und Messbarkeit individueller Sinnsetzungen, führten zu unterschiedlichen Strategien. Eine Möglichkeit besteht in der Beschränkung auf objektivierbare Sachverhalte wie Einkommen und Verhaltenshäufigkeiten. Ein weiterer Weg wurde verstärkt in der sozialwissenschaftlichen Umfrageforschung gegangen. Dabei wurden mit speziell entwickelten Itembatterien Einstellungen und Überzeugungen hinsichtlich bestimmter Gegenstände und Sachverhalte erfasst. Die methodologische Basis dieser Art der Datenerfassung ist die Voraussetzung einer relativ einheitlichen Interpretation der Fragestellung durch die Probanden und weitestgehend kongruente kognitive Effekte der Skala über die teilnehmenden Individuen hinweg. Abgesichert wird diese Annahme vor allem über Pretests im Vorfeld einer Umfrage (u. a. Prüfer und Rexroth 1996, 2000; Prüfer et al. 2004) und spezifische Skalierungsverfahren (Diekmann 1995: 209). Dabei können die gewonnen individuellen Daten unter anderem als *Proxy-Variablen* potentieller Handlungen dienen.[8]

In den sozialwissenschaftlichen Studien werden grundsätzlich zwei Verfahren verwendet, um Zufriedenheit mit der beruflichen Situation zu messen. Zum einen werden mehr oder weniger willkürlich Aspekte des beruflichen Lebens selektiert und den Befragten zur Bewertung und Einschätzung vorgelegt (Westermann et al. 1996; Borg 2000: 3). Teilweise wird zusätzlich die Bedeutung der einzelnen Items für den Befragten erfasst, um im Anschluss eine Gewichtung zwischen den Aspekten vornehmen zu können. Dieser eher pragmatische Ansatz hat sich empirisch durchaus bewährt (u. a. Schaeper 1995). Das zweite Verfahren versucht die impliziten Kriterien beziehungsweise die Spezifik der Selektionskriterien bei der Skalenkonstruktion zu vermeiden, indem eine allgemeine globale Zufriedenheit mit der beruflichen Situation erfasst wird. Damit wird ein komplexes Kon-

---

[8] Die Annahme, dass unter bestimmten Umständen eine hohe Korrelation zwischen Einstellung und späterem Verhalten besteht, geht insbesondere auf die Arbeiten von Fishbein (1975) zurück.

strukt auf eine einfache Skala reduziert und unterschiedliche Einflüsse in einer Nennung zusammengefasst. Wie Wanous et al. (1991) in einer Metaanalyse zeigen konnten, korrelieren Ein-Item-Skalen zur Erfassung von Arbeitszufriedenheit relativ hoch mit den komplexen Skalen zur Erfassung des gleichen Konstrukts. Diese Simplifikation erscheint unter bestimmten Umständen durchaus funktional. Rammstedt et al. (2004) zeigen, dass die Erfassung globaler Konstrukte mittels Ein-Item-Skalen nicht nur anwenderfreundliche und ökonomische Verfahren darstellen, sondern auch die notwendige Validität und Reliabilität aufweisen können. Trotzdem ist Vorsicht bei der Interpretation solcher globalen Indikatoren aufgrund des enormen Bedeutungshorizontes seitens der Befragten geboten. Aufgrund der guten Erfahrungen mit so genannten Ein-Item-Skalen, wurde die Zufriedenheit als Globalabfrage mit nur einer Frage erhoben.

7.3.3 Messung von Verlaufsdaten – Die Suchdauer bis zur ersten Erwerbstätigkeit nach dem erfolgreichen Hochschulabschluss

Die Dauer der Stellensuche von Hochschulabsolventinnen und Hochschulabsolventen wurde bereits mehrfach untersucht. Die Ergebnisse der einzelnen Studien ergeben allerdings ein heterogenes Bild an Ursachen. Krempkow und Pastohr (2004: 81) weisen beispielsweise den Einfluss bestimmter Aspekte der Stellensuche, der Anzahl der Hochschulsemester sowie von Zusatzqualifikationen (Internetnutzung) nach. Demgegenüber können Brüderl et al. (1996) das Geschlecht, Studienrichtung sowie ein erfolgreich abgeschlossenes Zweitstudium als Prädiktoren der Suchdauer aufdecken. Die Differenzen in den Befunden lassen sich allerdings nur zu einem Teil auf Differenzen im Forschungsdesign und Unterschiede in den Instrumenten zurückführen, da in beiden Studien ähnliche Frageformulierungen existieren. Die Unterschiede in diesen und auch zahlreichen anderen empirischen Studien zur Suchdauer von Hochschulabsolventinnen und Hochschulabsolventen lassen sich insbesondere auf zwei Aspekte zurückführen:

- Die Suchdauer von Hochschulabsolventinnen und Hochschulabsolventen nach dem erfolgreichen Abschluss eines Studiums wird nicht durchgehend als Sucharbeitslosigkeit definiert, die den Prämissen einer friktionellen Arbeitslosigkeit unterliegt.
- Die Verwendung inadäquater statistischer Analyseverfahren. Die Dauer einer Stellensuche stellt ein spezifisches sozialwissenschaftliches Datum dar. Die Struktur der Daten unterscheidet sich erheblich von anderen intervallskalierten Daten (insbesondere aufgrund von Zensierungen). Insofern müs-

sen dafür auch geeignete Analyseverfahren verwendet werden. Multiple lineare Regressionsverfahren eigenen sich zur Erklärung von Suchdauern nicht (zum Beispiel in Krempkow und Pastohr 2004), da keine Zensierungen der Daten Berücksichtigung finden. Das führt zu verzerrten Schätzern. Werden geeignete Verfahren zur Analyse herangezogen (Ziegler et al. 1988; Brüderl et al. 1995), scheinen die Ergebnisse stabiler zu sein (Brüderl und Reimer 2002).

Die Analyse des Übergangs vom Hochschulsystem in die Erwerbstätigkeit nach dem Studium ist unter anderem an eine exakte Erhebung der Suchdauer gebunden. Daraus ergeben sich sowohl messtheoretische als auch inhaltliche Probleme:

(1) Die Suchdauer wird in der Regel über den Zeitraum zwischen Studienende und Aufnahme der ersten Berufstätigkeit definiert (Keller und Klein 1994: 154). Mit dieser Operationalisierung sind auf der pragmatische Ebene der Messung einige Problemen verbunden. Der Studienabschluss kann individuell sehr unterschiedlich gesetzt werden (zum Beispiel die Übergabe des Zeugnisses, die letzte Prüfung, Ende des letzten Semesters). Daraus können sich Unterschiede in der Dauer von bis zu sechs Monaten ergeben. Zugleich stellt sich die Frage, wie ausgeprägt die individuelle Suchintensität in dieser Phase gewesen ist. Zwischenzeiten können sich auch aus Urlaubsreisen, Praktika oder einem sozialen Jahr ergeben. Insofern erscheint die exakte Bestimmung des Zeitpunktes sowie der Definition Arbeitssuche bei der Analyse von Berufseintritten als unumgänglich.[9] Die Festlegung einer exakten Spanne der Suche wird weiterhin dadurch erschwert, dass Akademiker traditionell längere Suchzeiten nach einem passenden Beschäftigungsverhältnis vorweisen als Personen mit niedrigerer Qualifikation (Brüderl et al. 1996: 622).

(2) Auf der semantischen Ebene gilt es, die relevante erste Erwerbstätigkeit nach dem Hochschulstudium von obligatorischen zweiten Ausbildungsphasen (zum Beispiel Referendariat, Vikariat und in Abhängigkeit der historisch jeweils gültigen Approbationsordnung der Ärzte auch der Arzt im Praktikum) und Weiterbildungsmaßnahmen abzugrenzen. Die ansonsten entstehende Unschärfe würde zu enormen Verzerrungen zwischen den unterschiedlich langen Einstiegsphasen der einzelnen Fächergruppen führen.[10]

---

[9] In der zugrunde liegenden Studie wurde diesem eher forschungspragmatischen Problem Rechnung getragen, im dem eine explizite ausformulierte Kennzeichnung des relevanten Zeitpunkts vorgenommen wurde.

[10] In den Fragbogenteilen Bildungsverlauf und Erwerbstätigkeit wurden die Informationen zu den zweiten Ausbildungsphasen sowie der Weiterbildung deshalb getrennt erfasst.

Aus den potentiell möglichen Zeitpunkten des Beginns einer Stellensuche nach einer Erwerbstätigkeit als Akademiker/in lassen sich vier exklusive Übergangsprofile voneinander abgrenzen:[11]

(1) Aufnahme der Erwerbstätigkeit bereits während des Studiums oder der zweiten Ausbildungsphase,

(2) Aufnahme der Erwerbstätigkeit unmittelbar nach dem Verlassen der Hochschule oder Ende der zweiten Ausbildungsphase,

(3) Eine Übergangsphase ohne Aufnahme einer Erwerbstätigkeit spätestens mit erfolgreichem Abschluss des Studiums beziehungsweise der zweiten Ausbildungsphase und

(4) Zum Befragungszeitpunkt noch keine Erwerbstätigkeit aufgenommen.

Die Personen im letzten Übergangsprofil befinden sich ebenfalls in einem Übergang, der durch eine längere Phase gekennzeichnet ist. Allerdings wird hier die Dauer des Übergangs durch den Befragungszeitpunkt begrenzt. Aus der Perspektive einer Verlaufsdatenanalyse (zum Überblick Andreß 1992; Singer und Willett 2003) sind diese Fälle rechtszensiert.[12] Befragte, die bereits im Studium eine Erwerbstätigkeit aufgenommen haben und Akademiker/innen, die ihre Erwerbstätigkeit direkt mit Ende des Studiums aufgenommen haben, stellen inhaltlich für die meisten Fragestellungen keine divergierenden Gruppen dar und werden für die meisten Analysen zusammengefasst. Der Grund für eine längere Übergangsdauer kann Auskunft darüber geben, ob es sich um friktionelle Arbeitslosigkeit handelt. Es lassen sich auch andere Gründe, wie zum Beispiel Elternschaft, zur Erklärung dieser Verzögerung heranziehen. Diese vier Profile wurden bereits im Fragebogen detailliert erfasst. Außerdem wurde um eine exakte Setzung des Verlassens der Hochschule gebeten und mit einer spezifischen Frageformulierung unterstützt.

7.3.4 Nutzen und Sinn inferenzstatistischer Verfahren bei Vollerhebungen

Die Anwendung von Signifikanztests bei Vollerhebungen ist in der wissenschaftlichen Forschungsgemeinde umstritten. Die Kontroverse zur Anwendung inferenzstatistischer Methoden bei Daten, die aus einer Vollerhebung stammen, kristallisiert sich aus der Frage, ob diese Verfahren dafür überhaupt zulässig sind (Kunz

---

[11] Sollten obligatorische 2. Ausbildungsphasen absolviert worden sein (beispielsweise Vikariat, Referendariat), wurde das Ende dieser Ausbildungsphase als Ende gesetzt.

[12] Einen Überblick zur Entstehung, der Auswirkung und dem Umgang mit der Zensierung von Daten wird im Kapitel 3 Abschnitt 9.2 gegeben.

2000, 2001; Obinger 2001). Die Diskussion zum Umgang mit Daten aus Vollerhebungen führte zu zwei Strategien, die beide in der Forschungspraxis zu finden
sind. Die erste Strategie lässt sich in Anlehnung an das in Deutschland momentan
am weitesten verbreitete Statistikprogramm als „SPSS-Strategie" (Broscheid und
Gschwend 2003: 5f.) bezeichnen. Dabei werden unabhängig von der Besonderheit von Vollerhebungsdaten die automatisch erzeugten Outputs des Programms
inklusive der Ergebnisse der Signifikanztests wiedergegeben. Im anderen Fall
kann man von einer Determinismus-Strategie sprechen (Broscheid und Gschwend
2003: 5). In diesem Fall verweisen die Anwender auf die Annahme, dass in der
Vollerhebung keine Fehler auf der Basis der Stichprobenziehung entstanden sein
können, und damit Fehlervarianzen und Signifikanztests nicht zweckdienlich sind.
Die Anwendung eines Signifikanztests bedarf einer Teststatistik, auf deren Basis
eine Wahrscheinlichkeitsverteilung berechnet werden kann. Einzelne Werte dieser
Verteilung können dann Auskunft darüber geben, ob unter anderem in Abhängigkeit der gewählten Vertrauensbereiche ein angewandter Test als signifikant einzu-
stufen ist. Im Gegensatz zur Stichprobe wird bei einer Signifikanzuntersuchung
von Vollerhebungsparametern ein anderes Ziel verfolgt.

Beispielsweise kann man mithilfe der Modellierung des Ausfallprozesses, Aussagen über die Zufälligkeit der Nichtteilnahme bestimmter Gruppen machen. Voraussetzung dafür wäre allerdings der Zugang zu Informationen, auf deren Basis ein Ausfallprozess modelliert werden kann. Dafür bedarf es einer expliziten
Theorie, beziehungsweise einer genauen Kenntnis des Zufallsprozesses (Behnke 2005). Es dürfte aber schwer fallen, den Ausfallprozess exakt zu bestimmen.
Broscheid und Gschwend (2005) empfehlen die Verwendung inferenzstatistischer
Verfahren sogar, wenn Vollerhebungsdaten fehlerfrei gemessen wurden, wenn allgemeine Erklärungen damit empirisch überprüft werden sollen. Wie eindrucksvoll
gezeigt werden konnte (Broscheid und Gschwend 2003), unterliegen Daten selbst
im Idealfall exakter Messungen stochastischen Prozessen. Aus diesem Grunde
werden in diesem Buch für Analysen, die über deskriptive Darstellungen hinausgehen, Auskünfte über die inferenzstatistisch relevanten Größen gegeben.

8 Berufseintritt und Berufsverlauf: Was macht erfolgreich?

Die Diskussionen der letzten Jahre zum Thema Arbeitsmarktchancen und Beschäftigung von Hochqualifizierten war von einem zentralen Thema bestimmt: Die Entwicklung von Bedarf und Nachfrage an Akademikerinnen und Akademikern. Es erweist sich als schwierig, den Bedarf an Personen mit Hochschulabschluss in bestimmten Berufsfeldern oder Fächern verlässlich für längere Zeiträume zu prognostizieren. Allerdings werden vermehrt Studien durchgeführt, um die zukünftige Nachfrage und das Angebot an Hochqualifizierten besser bestimmen zu können (u. a. Killisch et al. 2007). Zugleich wurde häufig die Expansion der Studierendenzahlen für die Zunahme an Akademikerarbeitslosigkeit und *unterwertiger* Beschäftigung verantwortlich gemacht. Die bereits in den 1970er Jahren aufkommende These eines „akademischen Proletariats" (Burkhardt et al. 2000: 9) konnte bereits frühzeitig widerlegt werden (dazu Abschnitt 1). Allerdings wurde auf der Basis reichhaltiger Befunde zahlreicher Absolventenstudien sichtbar, dass die Prozesse des Übergangs vom Studium in den Beruf und die ersten Jahre der Berufstätigkeit im Laufe der Zeit aufwändiger, komplizierter und oft weniger geradlinig verlaufen (Burkhardt et al. 2000: 10). Die zahlreichen Analysen des Akademikerarbeitsmarktes der letzten Jahre kommen diesbezüglich zu unterschiedlichen Ergebnissen. Auf der einen Seite werden Personen mit Hochschulabschluss gute Beschäftigungschancen und unterdurchschnittliche Beschäftigungsrisiken vorausgesagt (Reinberg und Schreyer 2003; Reinberg und Hummel 2005). Andererseits erscheinen auch Akademiker/innen in den Arbeitslosigkeitsstatistiken. Zugleich werden Phänomene unsicherer Beschäftigung – vor allem die Zunahme befristeter Beschäftigungsverhältnisse bei Berufsbeginn – über viele Studiengänge hinweg immer offensichtlicher.

Die spezifische Arbeitslosenquote für Akademiker/innen lag in den vergangenen Jahren im Jahresdurchschnitt konstant zwischen 3 und 4 % und betrug damit nicht einmal die Hälfte des Wertes für die Gesamtbevölkerung (Bundesagentur für Arbeit 2007). Die Arbeitslosigkeit unter Hochqualifizierten weist im Vergleich zu allen anderen Ausbildungen die geringste qualifikationsspezifische Quote auf (Reinberg und Hummel 2005). Davon haben vor allem Fachhochschulabsolventinnen und Fachhochschulabsolventen profitiert. Die Zahl arbeitslos gemeldeter Personen mit Fachhochschulabschluss sank im Vergleich zur Gruppe von Personen mit Universitätsabschluss überdurchschnittlich (Hohn 2006). Trotzdem haben sich in den letzten drei Jahrzehnten in zahlreichen Studienfächern zum Teil prekäre Beschäftigungsbedingungen für die Absolventinnen und Absolventen aller Hochschularten ergeben (Burkhardt et al. 2000: 16f.; Schlegelmilch 1987). Deutlich werden diese Probleme vor allem bei der Einmündung in eine reguläre Erwerbstätigkeit nach dem Verlassen der Hochschule. Auch wenn sich die häufig diskutierte These von der „Erosion des Normalarbeitsverhältnisses" in der Arbeitswelt von Hochqualifizierten empirisch in größerem Umfang nicht bestätigen lässt (Holtkamp et al. 2000), sind inzwischen erfolgreiche Stellensuche, Beschäftigungssicherheit und berufliche Entwicklungsmöglichkeiten auch für Hochschulabsolventinnen und Hochschulabsolventen keine Selbstläufer mehr. Gerade Hochqualifizierte sind beim Übergang von der Hochschule in den Beruf vermehrt mit längerer Suchdauer, Teilzeitbeschäftigungen, zeitlich befristeten Arbeitsverträgen, Werkverträgen und Scheinselbstständigkeit konfrontiert (Burkhardt et al. 2000). Eine steigende Wahrscheinlichkeit von Arbeitslosigkeit betroffen zu sein, stellen auch Briedis und Minks (2004: 76) für diese Gruppe fest.

Parallel zu dieser Entwicklung ist eine wachsende Vielfalt an Existenzformen zu verzeichnen. Hochqualifizierte gehen in den ersten Monaten und teilweise Jahren verstärkt atypischen Beschäftigungen wie beispielsweise Werk- und Honorararbeit sowie Übergangsjobs nach (Walwei 1998). Außerdem werden vermehrt weitere akademische Qualifizierung, berufliche Fort- und Weiterbildung angestrebt oder eine Familientätigkeit aufgenommen, um – und so die These von Briedis und Minks (2004: V) – den nicht sofort gelungenen Übergang in eine Erwerbstätigkeit zu kompensieren. Die folgenden Kapitel geben einen Einblick in den Übergang von der Hochschule in die erste Erwerbstätigkeit der untersuchten Personen und die sich daran anschließenden Erwerbstätigkeiten. Im Mittelpunkt der Analysen wird dabei der berufliche Erfolg der einzelnen Statuspassagen stehen. Wie bereits im ersten Teil des Buches ersichtlich wurde, besitzt der Einstieg in den Arbeitsmarkt eine determinierende Wirkung für den sich anschließenden Berufsverlauf. Aus diesem Grund wird der Übergang in die Erwerbstätigkeit nach dem Studium einen Schwerpunkt der Analysen bilden und anschließend zur Erklärung von Berufserfolg herangezogen.

9 Von der Hochschule in die erste Erwerbstätigkeit

9.1 Der Übergang

Wie im Abschnitt 7.3.3 bereits gezeigt werden konnte, ist die vermeintlich einfache Messung der Suchdauer sowohl auf forschungspragmatischer als auch auf inhaltlicher Ebene an zahlreiche Prämissen gebunden. In dieser Studie wurde die Suchdauer definiert als Zeitraum zwischen dem Verlassen der Hochschule beziehungsweise dem Ende einer obligatorischen zweiten Ausbildungsphase und dem Beginn der ersten Erwerbstätigkeit nach dem Studium. Das Verlassen der Hochschule wurde mit dem individuellen Zeitpunkt des Studienabschlusses gleichgesetzt. Folgte nach erfolgreichem Abschluss des ersten Studiums ein weiteres, wurde der Zeitpunkt des folgenden Studienabschlusses als Beginn der Suche ausgewählt. Der Eintritt in die erste reguläre Erwerbstätigkeit nach dem Studium ist eine zentrale Statuspassage im Lebenslauf. Untersuchungen zeigen, dass dabei enge Zusammenhänge zwischen der ersten Erwerbstätigkeit nach dem Studium und dem folgenden Berufsleben existieren (Grotheer 2005; Blossfeld 1985a). Auch wenn die späteren Berufsverläufe von einer Vielzahl weiterer Einflüsse abhängig sind, werden mit dem Übergang von der Hochschule in den Arbeitsmarkt wesentliche Grundsteine der zukünftigen Berufsbiografie gelegt (Blossfeld 1990). Im Folgenden werden der Übergang sowie der Prozess der Stellensuche für die untersuchte Gruppe dargestellt. Die Forschungsfragen und Hypothesen zum Übergang werden nach zwei Gesichtspunkten untersucht. Zu Beginn des Kapitels steht die Frage im Mittelpunkt, ob es zu einem verzögerten Übergang beim Einstieg in den Akademikerarbeitsmarkt kam oder ob die Personen direkt (als spätestens mit dem Verlassen der Hochschule) in eine erste Erwerbstätigkeit wechselten. Daran anschließend wird für alle Personen mit einem verzögertem Übergang aufgrund einer erfolglosen Stellensuche analysiert, was dafür ausschlaggebende Gründe sind.

9.1.1 Übergangsprofile

Der Zeitpunkt des Übergangs aus der Hochschule in die erste Erwerbstätigkeit wird von den einzelnen Absolventinnen und Absolventen sehr unterschiedlich erlebt.[1] Aus diesem Grund wurde dieser Passage schon während der Befragung besondere Beachtung geschenkt. Dabei wurden die vier theoretisch abgeleiteten Übergangsprofile anschließend operationalisert (siehe dazu Abschnitt 7.3.3). Es wurde erhoben, ob die befragten Personen bereits im Studium eine Erwerbstätigkeit aufgenommen hatten, die im Anschluss daran weitergeführt wurde. Außerdem wurde die Möglichkeit erfasst, dass Befragte spätestens mit dem endgültigem Verlassen der Hochschule eine Erwerbstätigkeit aufnahmen. Im Falle einer längeren Übergangsdauer wurden dieser Zeitraum und die Gründe dafür erfasst. Als letzte Möglichkeit wurden alle Personen zusammengefasst, die nach dem Verlassen der Hochschule bis zum Zeitpunkt der Erhebung noch nicht in den Arbeitsmarkt eingetreten waren.

Tabelle 9.1: Übergangsprofile - Zeitpunkt Aufnahme der ersten Erwerbstätigkeit nach dem Studium (in %)

	Gesamt (n = 3.309)
Während des Studiums	13,3
Ende Studium	46,3
Verzögerter Übergang	37,3
Noch nicht aufgenommen	3,1

Betrachtet man die Verteilungen der einzelnen Übergangsprofile, zeichnet sich insgesamt ein zügiger Übergang ab (vgl. Tabelle 9.1). 13,3 % führten eine Tätigkeit weiter, die bereits im Studium aufgenommen wurde. Zudem hatte fast die Hälfte aller Teilnehmer/innen der Befragung (46,3 %) bereits unmittelbar nach dem Ende des Studiums eine Erwerbstätigkeit aufgenommen. Etwas mehr als ein Drittel (37,3 %) gab eine längere Übergangsdauer an. Ein sehr geringer Teil von 3,1 % hatte zum Zeitpunkt der Erhebung noch keine Erwerbstätigkeit aufgenommen. Dabei handelt es sich ausschließlich um Personen mit einem Berufseintritt nahe dem Befragungszeitpunkt (dazu Tabelle 9.2).

---

[1] Als Zeitpunkt des Studienendes kommen unter anderem die letzte Prüfung, die Zeugnisübergabe sowie die Exmatrikulation in Frage.

Die Verteilung zwischen den einzelnen Profilen hat sich im Laufe der Zeit verschoben. Um das deutlich zumachen, werden die Befragten, in Abhängigkeit vom Jahr des Berufseintritts (Jahr der ersten Erwerbstätigkeit nach dem Verlassen der Hochschule beziehungsweise des Abschlusses der 2. Ausbildungsphase) in vier Gruppen[2] aggregiert (Tabelle 9.2). Am auffälligsten ist der Schwund innerhalb der Gruppe mit Aufnahme einer Erwerbstätigkeit mit Verlassen der Hochschule. Der Anteil an Hochqualifizierten ohne längere Suchdauer hat sich verringert. Von 57,7 % in der Gruppe von Personen mit Berufseintritt vor 1980 auf 36,1 % in der Gruppe mit Berufseintritt nach 1995. Der Zusammenhang (*Cramers V = 0,20; p < 0,001*) bestätigt zumindest vorerst die *HYPOTHESE 2.6*, dass jüngere Einstiegskohorten häufiger längere Übergangsphasen aufweisen. Für diese Veränderung lassen sich insbesondere zwei Aspekte anführen: die veränderte Geschlechterstruktur unter den Studierenden (dazu Seite 128) sowie eine geschlechtsspezifische Fächerwahl (dazu Seite 131).

Tabelle 9.2: Übergangsprofile, verteilt nach Jahr des Berufseintritts (gruppiert) (in %)

	vor 1980	zwischen 1980 und 1990	zwischen 1990 und 1995	nach 1995
	(n = 820)	(n = 932)	(n = 611)	(n = 746)
Während des Studiums	11,0	10,4	14,4	12,3
Ende Studium	57,7	47,6	47,3	36,1
Verzögerter Übergang	31,3	42,0	38,3	37,7
Noch nicht aufgenommen	0,0	0,0	0,0	13,9

9.1.2 Gründe für einen verzögerten Übergang

Die Gründe für die verzögerte Aufnahme einer Erwerbstätigkeit sind unterschiedlicher Natur.[3] Die erfolglose Stellensuche wird sowohl von Frauen als auch von Männern am häufigsten als Grund für längere Übergangszeiten genannt (Tabelle

---

[2] Die Bildung der Gruppen orientierte sich zum einen an zeithistorisch relevanten Aspekten. Zum anderen sollten sich die befragten Personen für die folgenden Analysen möglichst gleich auf die einzelnen Subgruppen aufteilen.

[3] Um die Ursachen für den verzögerten Übergang in den sich anschließenden Analysen berücksichtigen zu können, wurden alle Personen, die nicht spätestens mit dem Verlassen einer Hochschule/Ende der zweiten Ausbildungsphase eine Erwerbstätigkeit aufgenommen hatten, um die Angabe

9.3). Die befragten Personen führten aber eine Reihe weitere Gründe für die Verzögerung an. Bei 21,4 % der befragten Stipendiatinnen sind persönliche Gründe, wie beispielsweise Betreuung und Erziehung, ausschlaggebend für den verspäteten Eintritt. Von Männern werden diese Gründe nur selten angeführt. Dafür verzögert eine Promotion bei Männern häufiger als bei Frauen den Übergang. Es wurden weitere Gründe für einen verzögerten Übergang angeführt (u. a. Praktikum, weitere Aus- und Weiterbildung, gesundheitliche Gründe), die nur eine untergeordnete Rolle spielen.

Tabelle 9.3: Gründe für einen verzögerten Übergang (Mehrfachnennung), verteilt nach Geschlecht (in %)

	n	Gesamt	Frauen	Männer
Erfolglose Stellensuche	723	66,5	62,6	68,9
Promotion	137	12,6	9,6	14,5
Private Gründe	129	11,9	21,4	5,7
Pause machen	109	10,0	8,2	11,2
Keine Vorstellung zum weiteren Berufsweg	93	8,5	9,4	8,0
Praktikum	67	8,0	5,0	6,2
Weitere Aus- Weiterbildung	52	4,8	5,2	4,5
Längere Reise	50	4,6	4,8	3,2
Gesundheitliche Gründe	23	3,3	1,4	2,1
Wehr- oder Zivildienst, soziales Jahr	18	1,7	0,0	2,7

9.1.3 Soziodemografische Merkmale

Geschlecht

Die befragten Frauen sind über alle Kohorten hinweg häufiger als die Männer in der Gruppe mit einem verzögerten Berufseintritt zu finden (Tabelle 9.4). Da der Anteil geförderter Frauen in der Stiftung kontinuierlich gestiegen ist, handelt es sich bei dem Zuwachs in der Gruppe derjenigen, die keine Erwerbstätigkeit unmittelbar nach dem Studium aufgenommen hat, zumindest teilweise um einen Geschlechtseffekt. Das Geschlecht weist einen Zusammenhang (*Cramers V = 0,10;*

---

des Grundes gebeten. Dadurch können unter anderem Personen mit einer aktiven Stellensuche im Anschluss gesondert analysiert werden.

$p < 0,001$) mit den einzelnen Übergangsprofilen auf. Dieser Befund bestätigt die *HYPOTHESE 2.4*, dass Frauen öfter einen verzögerten Übergang aufweisen.

In Anbetracht dieser Differenzen zwischen den männlichen und weiblichen Befragten treten in Bezug auf die diskutierte Literatur zwei weitere Aspekte in den Vordergrund:

* Kann zur Erklärung der Unterschiede zwischen den Geschlechtern eine Elternschaft herangezogen werden?
* Inwieweit könnte dabei die geschlechtsspezifische Fächerwahl eine Rolle spielen?

Beide Aspekte werden im Anschluss untersucht.

Tabelle 9.4: Übergangsprofile - Zeitpunkt Aufnahme der ersten Erwerbstätigkeit nach dem Studium, verteilt nach Geschlecht (in %)

	Frauen (n = 1.121)	Männer (n = 2.144)
Während des Studiums	13,6	13,2
Ende Studium	40,5	49,2
Verzögerter Übergang	41,4	35,2
Noch nicht aufgenommen	4,6	2,4

Die Effekte sowohl von Geschlecht als auch von Berufseintrittsjahr bleiben unter Kontrolle des jeweils anderen als Drittvariable erhalten. Deswegen müssen auch vom Geschlecht unabhängige Ursachen eine Rolle spielen. An erster Stelle dürften größere Einstiegsprobleme aufgrund einer problematischen Arbeitsmarktlage dafür verantwortlich sein (dazu Abschnitt 9.1.5). Im Rahmen der nun folgenden Analysen ist eine differenzierte Unterscheidung in die oben genannten Profile nicht weiter notwendig. Aufgrund der inhaltlichen Nähe werden die Profile 1 und 2 sowie Profil 3 und 4 für die kommenden deskriptiven Darstellungen und multivariaten Analysen zusammengefasst. Dadurch entsteht eine dichotome Variable mit den Ausprägungen: spätestens mit dem erfolgreichen Verlassen der Hochschule beziehungsweise einer zweiten Ausbildungsphase eine Erwerbstätigkeit aufgenommen (*direkter Übergang*) oder nicht (*verzögerter Übergang*).

Elternschaft

Angesichts der bereits aufgezeigten Unterschiede zwischen Männern und Frauen stellt sich auch die Frage, in welcher Weise eine Elternschaft den Übergang beeinflusst. Von den befragten Personen haben etwas mehr als ein Drittel der Frauen (37,2 %, n = 304) und Männer (39,1 %, n = 603) mit Studienende und damit in der sich anschließenden Phase des Übergangs mindestens ein Kind. Wird der Zusammenhang von Elternschaft und Zeitpunkt des Übergangs unter Berücksichtigung von Geschlecht untersucht, werden weitere Unterschiede sichtbar (Tabelle 9.5).

Tabelle 9.5: Zeitpunkt des Übergangs, verteilt nach Geschlecht und Elternschaft zum Zeitpunkt des Übergangs (in %)

	Frauen		Männer	
	Kein Kind	Mindestens ein Kind	Kein Kind	Mindestens ein Kind
	(n = 817)	(n = 304)	(n = 1.540)	(n = 603)
Verzögerter Übergang	46,6	44,1	40,0	31,6
Direkter Übergang	53,4	55,9	60,0	68,4

In der Tendenz scheint bei beiden Geschlechtern eine Elternschaft in dieser Statuspassage den Übergang zu beschleunigen. Allerdings ist er im Gegensatz zu den Akademikerinnen (*Cramers V = 0,02; n.s.*) bei den männlichen Befragten etwas stärker ausgeprägt (*Cramers V = 0,08; p < 0,001*). In der Tendenz lässt sich *HYPOTHESE 2.5*, der zufolge Männer mit Kindern zum Zeitpunkt des Berufseintritts häufiger eine Erwerbstätigkeit unmittelbar mit dem Verlassen der Hochschule aufnehmen als Männer ohne Kind beim Berufseintritt, bestätigen, auch wenn der Zusammenhang als sehr gering eingestuft werden muss. Für Frauen muss die Hypothese zumindest vorerst abgelehnt werden. Es kann an dieser Stelle nicht untersucht werden, ob Elternschaft als Reaktion auf problematische Berufseintritte stattfindet. Es lässt sich lediglich die Aussage treffen, dass Personen mit mindestens einem Kind beim Verlassen der Hochschule häufiger direkt in eine Erwerbstätigkeit übergehen.

9.1.4 Humankapital

Berufsausbildung

Im Vergleich mit allen Studierenden in Deutschland besitzt ein großer Teil aufgrund der spezifischen vorakademischen Bildungs- und Berufswege der befragten Personen eine Berufsausbildung. Die Wirkung einer Berufsausbildung auf den Berufseinstieg wird in der Literatur bisher kontrovers diskutiert. Ohne Berücksichtigung anderer Einflüsse lassen sich anhand dieser Daten keine Tendenzen für oder gegen einen verzögerten Übergang von Personen mit einer Berufsausbildung erkennen (Tabelle 9.6).[4] In Bezug auf *FORSCHUNGSFRAGE 2.1*, zu Unterschieden im Übergang zwischen Personen mit und Personen ohne Berufsausbildung, lassen sich vorerst keine Unterschiede finden.

Tabelle 9.6: Zeitpunkt des Übergangs, verteilt nach abgeschlossener Berufsausbildung vor dem Studium (in %)

	ohne Berufsausbildung (n = 814)	mit Berufsausbildung (n = 2.495)
Verzögerter Übergang	41,6	40,0
Direkter Übergang	58,4	60,0

Unterschiede zwischen Fächergruppen und Hochschultypen

Die Studienfächer wurden in Anlehnung an die deutsche Hochschulstatistik abgefragt und für die Analysen zu Studienfachgruppen[5] zusammengefasst. Am häufigsten wurden von den befragten Personen Fächer in den Sozialwissenschaften,

---

[4] Wenn man davon ausgeht, dass Personen mit einer abgeschlossenen Berufsausbildung vor dem Studium tendenziell aufgrund der damit verbundenen Zeit beim Studienanfang und damit auch beim Verlassen der Hochschule älter sind, könnte der Einfluss des Alters den Effekt überdecken. Aber auch unter Kontrolle des Alters ergeben sich keine Unterschiede zwischen Personen mit und ohne Berufsausbildung vor dem Studium beim Zeitpunkt des Übergangs.

[5] Bei den Fächergruppen ist zu beachten, dass die hier unterschiedenen Hochschultypen teilweise mit spezifischen Fächergruppen einhergehen. Studiengänge aus der Medizin werden beispielsweise fast ausschließlich (Ausnahme sind zum Beispiel gesundheitswissenschaftliche Studiengänge), Rechtswissenschaften (Ausnahme beispielsweise das Fach Wirtschaftsrecht) sowie Sprach- und Kulturwissenschaften bevorzugt an Universitäten angeboten. Die Ingenieurwissenschaften sind eher als ein typischer Fachhochschulstudiengang einzuordnen, gut zwei Drittel aller Ingenieure in der Bundesrepublik verfügen über einen Fachhochschulabschluss.

an der Hochschule für Wirtschaft und Politik (HWP)[6] sowie in den Sprach- und Kulturwissenschaften studiert.

Bei dem Übergang überlagern sich einige Effekte. Zum einen weisen Studierende bestimmter Fächergruppen häufiger schnelle Übergänge in eine Erwerbstätigkeit auf (vgl. Tabelle 9.7). Auf der anderen Seite kommen Geschlechtereffekte zum Tragen, die sich unter anderem in einer männer- und frauentypischen Fächerwahl niederschlagen. Dabei lässt sich der allgemeine Trend – Männer studieren eher Natur- und Ingenieurwissenschaften, Frauen hingegen eher Geisteswissenschaften sowie Kultur- und Sprachwissenschaften (u. a. Ramm und Bargel 2005) – auch in dieser Befragtengruppe nachweisen.

Tabelle 9.7: Anteil an Personen mit einem direkten Übergang, verteilt nach Geschlecht (in Zeilenprozenten)

	n	Gesamt	Frauen	Männer
Wirtschaftswissenschaften	187	65,4	52,9	68,8
Mathematik, Naturwissenschaften	134	61,6	58,0	63,4
Ingenieurwissenschaften	175	61,2	46,3	62,9
HWP Studium	297	59,8	48,1	65,3
Humanwissenschaften (mit Sport)	184	58,6	57,1	61,2
Sozialwissenschaften	350	57,0	56,3	57,3
Medizin	45	57,0	51,6	61,7
Sprach- und Kulturwissenschaften	176	54,8	52,3	57,2
Rechtswissenschaften	111	54,1	50,7	55,5

Insgesamt weisen die Fächergruppen der Wirtschaftswissenschaften, Mathematik und Naturwissenschaften sowie die Ingenieurwissenschaften am häufigsten einen direkten Übergang auf. Demgegenüber gaben die Absolventinnen und Absolventen in den Fächergruppen die Rechtswissenschaften, Sprach- und Kulturwissenschaften[7] und Medizin häufiger einen verzögerten Übergang an. Es wurde bereits bei der Datenedition sichtbar, dass die Mediziner/innen die Fragen zur zweiten Ausbildungsphase sehr unterschiedlich beantwortet haben. Der Zeitpunkt

---

[6] Die Hochschule für Wirtschaft und Politik (HWP) nimmt eine Sonderstellung. Deshalb werden die Absolventinnen und Absolventen dieser Bildungseinrichtung extra ausgewiesen. Weitere Informationen zur HWP findet man u.a. in (Kühne 2008: 311).

[7] In dieser Gruppe befinden sich auch die Absolventinnen und Absolventen von Kunststudiengängen. Diese werden aus Gründen der Übersicht nicht mit aufgeführt.

Abschluss des ersten Studiums wurde sowohl auf das Ende der ersten als auch der zweiten Ausbildungsphase bezogen. In dieser Fächergruppe wird der Anteil an Personen mit verzögertem Übergang dadurch möglicherweise überschätzt. Im Vergleich aller Fächergruppen lässt sich nur die Tendenz der *HYPOTHESE 2.1* bestätigen, dass Akademiker/innen mit einem Abschluss in den Fächergruppen Sozialwissenschaften sowie Sprach- und Kulturwissenschaften, Kunst eine längere Übergangsphase aufweisen. Allerdings ist der Zusammenhang von Fach und Übergang nicht signifikant (*Cramers V = 0,48; n. s.*).

Vergleicht man den Anteil an Personen mit einem direkten Übergang zwischen den Fächern unter Beachtung des Geschlechts, werden sowohl Fächer- als auch Geschlechtereffekte deutlich. Es wird ersichtlich, dass die Geistes- und Sozialwissenschaften gegenüber den Wirtschafts-, Natur- und Ingenieurwissenschaften seltener einen direkten Übergang aufweisen. Auffällig ist, dass Frauen in allen Fächern einen geringeren Anteil aufweisen und insbesondere in den „Männerfächern" (Schreyer et al. 2005) auffällig häufiger einen verzögerten Übergang vorweisen. Es lassen sich ganz offensichtlich Unterschiede im Übergang zwischen Männern und Frauen finden – die, wenn auch aufgrund eines parallelen Fächereffektes – in den Fächergruppen auf unterschiedlichem Niveau Bestand haben.[8] Vor allem in den Fächergruppen der Ingenieurwissenschaften und der HWP nahmen die männlichen Befragten im Gegensatz zu den Frauen deutlich häufiger unmittelbar nach dem Studium eine Beschäftigung auf. Die unterschiedlichen Anteile der Fächergruppen Geistes- und Sozialwissenschaften, Wirtschaftswissenschaften, Mathematik- und Naturwissenschaften sowie Ingenieurwissenschaften beim direkten Übergang verweisen auf einen Zusammenhang von Hochschultyp und Übergang.[9] Wie auf der Basis der Befunde zu den Fächergruppen zu erwarten, sind vor allem Hochschulabsolventinnen und Hochschulabsolventen mit einem Abschluss an einer Universität[10] seltener in der Gruppe mit direktem Übergang anzutreffen. Demgegenüber weisen vor allem Absolventinnen und Absolventen an Gesamthochschulen (65,7 %) und Fachhochschulen (63,7 %) einen direkten Übergang vor (Tabelle 9.8). Für die *HYPOTHESE 2.2* (Personen, die an einer Fachhochschule studierten, nehmen schneller eine Erwerbstätigkeit auf als Personen mit einem universitären Abschluss.) wird nur der Unterschied im Übergang

---

[8] Diese Effekte bleiben trotz der Veränderungen in der Zusammensetzung der geförderten Personen im Zeitverlauf unter statistischer Kontrolle des Studienzeitpunktes bestehen.

[9] Aufgrund der Sonderstellung der Hochschule für Wirtschaft und Politik wird diese auch bei Vergleichen der Hochschule ausgewiesen.

[10] In diesem Hochschultyp sind ebenfalls die Personen mit einem Abschluss an einer Pädagogischen Hochschulen oder Kunsthochschulen subsumiert. Aus Gründen der Übersichtlichkeit wird im Folgenden nur noch von Universitäten gesprochen.

Tabelle 9.8: Zeitpunkt des Übergangs, verteilt nach Hochschultyp des ersten
abgeschlossenen Studiums (in %)

	Universität (n = 1.367)	Fachhoch- schule (n = 666)	Gesamt- hoch- schule (n = 137)	HWP (n = 497)
Verzögerter Übergang	44,3	36,3	34,3	40,2
Direkter Übergang	55,7	63,7	65,7	59,8

zwischen den beiden Hochschultypen Universität und Fachhochschule untersucht.
Aufgrund des schwachen aber signifikanten Unterschieds (*Cramers V = 0,08; p
< 0,01*) kann die Hypothese zumindest in der Tendenz vorerst bestätigt werden.

Soziale Herkunft

Für die nachfolgenden Analysen, bei denen die soziale Herkunft Berücksichtigung finden wird, werden vier soziale Herkunftsgruppen unterschieden:

• niedrig,
• mittel,
• gehoben und
• hoch.

Für die Erstellung der Herkunftsgruppen wird sowohl die berufliche Stellung
der Eltern als auch der Bildungshintergrund des Elternhauses berücksichtigt. Die
Operationalisierung geht auf die Sozialerhebungen des Deutschen Studentenwer-
kes zurück und ist von der HIS entwickelt worden. In der Verteilung der Stipendiatinnen und Stipendiaten nach sozialen Herkunftsgruppen setzen sich die bereits
beschriebenen Muster in der sozialstrukturellen Zusammensetzung der Befragten
fort (Tabelle 9.9). Der Zusammenhang von Herkunftsgruppe und Zeitpunkt des
Übergangs ist zwar signifikant (*Cramers V = 0,06; p < 0,05*). Allerdings ist die
bestehende Korrelation so gering und zwischen den Herkunftsgruppen nicht kontinuierlich, dass die *HYPOTHESE 2.3* zum kausalen Zusammenhang von Herkunft und Übergang vorerst nur eingeschränkt bestätigt werden kann.

45,6 % der Altstipendiatinnen und Altstipendiaten stammen aus der niedrigen
sozialen Herkunftsgruppe, die als „hochschulfern" charakterisiert werden kann.

Weitere 33,8 % kommen aus der mittleren Schicht. Einen gehobenen oder höheren familiären Hintergrund haben insgesamt nur 19,6 %. Die Zusammensetzung der Altstipendiatinnen und Altstipendiaten ist, bezogen auf die der deutschen Studierenden insgesamt, durch eine deutliche Verschiebung von „oben" nach „unten" gekennzeichnet. [11]

Vergleicht man nun den Zeitpunkt des Übergangs zwischen den vier Gruppen, ergibt sich ein systematischer Zusammenhang, der nur von der *gehobenen* Herkunftsgruppe unterbrochen wird (Tabelle 9.9). Von allen Herkunftsgruppen hat die *Gehobene* den höchsten und die Gruppe *Hohe* den niedrigsten Anteil an direkten Übergängen. Berücksichtigt man die *gehobene* Herkunftsgruppe in der Analyse des Zusammenhangs nicht, wird der von Birkelbach (1998: 232) vermutete Zusammenhang sichtbar. Mit einem Anstieg der sozialen Herkunft scheinen Hochqualifizierte länger auf die gewünschte Erwerbstätigkeit warten zu können. Die Ausreißer in der *gehobenen* Herkunftsgruppe können an dieser Stelle nicht endgültig geklärt werden.

Tabelle 9.9: Zeitpunkt des Übergangs, verteilt nach sozialen Herkunftsgruppen (in %)

	Niedrige (n = 1.559)	Mittlere (n = 1.002)	Gehobene (n = 465)	Hohe (n = 254)
Verzögertem Übergang	39,1	42,6	36,8	47,6
Direkter Übergang	60,9	57,4	63,2	52,4

9.1.5 Arbeitsmarktsituation

Arbeitsmarktquotient

Zahlreiche empirische Befunden haben gezeigt, welchen Stellenwert die Arbeitsmarktsituation für die Stellensuche sowie die Beschäftigungschancen besitzt. Dabei rückt das Verhältnis von freien Stellen zu Bewerberinnen und Bewerbern in den Vordergrund. In der Arbeitsmarktforschung wird vor allem die konjunkturel-

---

[11] Stellt man dieser Verteilung nach Herkunftsgruppen die Studierenden in Deutschland insgesamt gegenüber, zeigen sich größere Unterschiede in der sozialen Herkunft (Isserstedt et al. 2006: 132). Im Vergleich zu den Studierenden insgesamt stammen die befragten Akademiker/innen häufiger aus niedrigen sozialen Herkunftsgruppen. Diese Unterschiede werden zwischen den Gruppen im Zeitverlauf aufgrund des Prozesses verstärkter sozialer Reproduktion (Isserstedt et al. 2006: 13) noch größer.

le Entwicklung der Wirtschaft als zentraler Einfluss auf das Verhältnis von Angebot und Nachfrage an hoch qualifizierten Arbeitskräften herangezogen (Kaiser 1988; Schüssler und Funke 2002; Teichler 1992). Auf der Angebotsseite ist
zumindest kurzfristig die Zahl der Neuabsolventinnen und Neuabsolventen einer
Fachrichtung der Maßstab für die Belastung des Arbeitsmarktes (Schmidlin 2007:
110). Längerfristig bestimmen die Entwicklung der Studierendenzahl sowie das
Entscheidungsverhalten der Studierenden – Aspekte wie Fachwechsel, Studienab-
bruch und Studiendauer – die Menge der Berufseinsteiger/innen (Schmidlin 2003:
16). Schmidlin (2007: 110) zeigt auf, dass die Konjunkturlage zum Zeitpunkt des
Hochschulabschlusses darüber entscheiden kann, wie problematisch der Einstieg
in den Arbeitsmarkt verläuft. Insofern könnte beispielsweise das Verhältnis von
freien Stellen zur Anzahl der Bewerber/innen als Proxyvariable für die Arbeitsmarktsituation herangezogen werden. Um das Verhältnis individuell präzise nutzen zu können, muss sowohl der Zeitpunkt als auch die Studienrichtung Berücksichtigung finden. Nur dann können die Effekte zeitlicher Veränderungen auf der
Ebene der Studienfächer adäquat abgebildet werden.

In dieser Untersuchung wird ein Arbeitsmarktquotient verwendet, der auf Hemsing (2001) zurückgeht.[12] Grundlage dieses Indikators der Arbeitsmarktlage sind
die Arbeitsmarktdaten der Bundesanstalt für Arbeit. An den Datensatz wurden
Sekundärdaten zur Arbeitsmarktsituation von Hochqualifizierten angefügt. Dadurch existiert für jedes Jahr des Beobachtungszeitraums ein studienfachspezifi-
scher Arbeitsmarktindikator, der die Beschäftigungschancen der Bewerber/innen
widerspiegelt.[13]

Es wurde ein Quotient aus der Anzahl aller Bewerber/innen und der Anzahl der
offenen Stellen für insgesamt 77 akademische Berufe gebildet und den einzelnen
Studienfächern und Abschlussjahren zugewiesen (Hemsing 2001: 67). Werte des
Arbeitsmarktquotienten kleiner 0 signalisieren, dass mehr offene Stellen als arbeitslose Berufsanfänger/innen beziehungsweise Bewerber/innen vorhanden sind
und damit eine günstige Arbeitsmarktsituation für einen Einstieg herrscht. Werte
über 0 stehen für den entgegengesetzten Effekt und repräsentieren ein Überge-
wicht der arbeitslosen Berufsanfänger/innen und Bewerber/innen eines Faches in
einem Jahr auf dem Arbeitsmarkt gegenüber offenen Stellen. Ein Wert gleich 0
beschreibt demnach ein ausgewogenes Verhältnis von Angebot und Nachfrage

---

[12] Ein Dank geht hiermit an Herrn Dr. Werner Hemsing, der seine Daten dem ehemaligen Zentralarchiv in Köln (GESIS) zur Verfügung gestellt hat und damit die Nutzung des von ihm konstruierten
Indikators möglich machte.

[13] Hemsing berechnete den Quotienten für den Zeitraum 1974-1996. Für die fehlenden Jahre wurde
der Arbeitsmarktquotient mit einer Trendregression fortgeschrieben, da entweder die Daten für
bestimmte Zeitpunkte oder bestimmte Fächer nicht erhältlich waren.

Tabelle 9.10: Zeitpunkt des Übergangs, verteilt nach Arbeitsmarktquotient (dichotomisiert) (in %)

	mehr freie Stellen als Bewerber (n = 408)	weniger freie Stellen als Bewerber (n = 2.571)
Verzögerter Übergang	33,1	39,2
Direkter Übergang	66,9	60,8

zu einem spezifischen Zeitpunkt.[14] Insgesamt überwiegen für 13,7 % (n = 408) der Befragten die angebotenen Stellen die Anzahl der arbeitslosen Berufsanfänger/innen und Bewerber/innen. Betrachtet man den Zusammenhang mit dem Zeitpunkt des Übergangs, wird eine schwache Korrelation sichtbar (Tabelle 9.10). Die Daten weisen darauf hin, dass ein direkter Übergang durch eine günstigere Arbeitsmarktsituation (*mehr freie Stellen als Bewerber/innen*) wahrscheinlicher wird (*HYPOTHESE 2.7*). Auch dieser Zusammenhang ist äußerst schwach, und die Hypothese kann vorerst nur in der Tendenz bestätigt werden (*Cramers V = 0,04; p < 0,05*).

Jahr des Berufseintritts

Wie zu Beginn des Abschnitts bereits gezeigt werden konnte, verändert sich der Anteil an Personen mit einem verzögerten Übergang im Laufe der Zeit erheblich (vgl. Tabelle 9.2). Auch wenn zur Erklärung dieser Verschiebung zwischen den Kohorten unterschiedlicher Jahre bisher vor allem die veränderte Zusammensetzung der Studierenden sowie der Absolventinnen und Absolventen herangezogen wurde, sind sicherlich auch Veränderungen unabhängig von soziodemografischen Merkmalen zu erwarten. Beispielhaft könnte das Phänomen Akademikerarbeitslosigkeit angeführt werden. Im Vergleich zu den vorangegangenen Zusammenhangsanalysen fällt die Korrelation von Jahr des Berufseintritts und Zeitpunkt des Übergangs etwas stärker aus (*Cramers V = 0,15; p < 0,001*). Deshalb kann *HYPOTHESE 2.6* (Hochschulabsolventinnen und Hochschulabsolventen in jüngeren Einstiegskohorten weisen häufiger längere Übergänge auf.) vorerst bestätigt werden.

---

[14] Damit werden bei Einbezug des Indikators zugleich Veränderungen im Zeitverlauf kontrolliert.

Überblick der Ergebnisse

Über alle untersuchten Zusammenhänge hinweg ergibt sich ein differenziertes Bild. Allerdings lässt sich festhalten, dass die untersuchten Zusammenhänge in ihrer Intensität insgesamt eher als mittelmäßig bis schwach einzuordnen sind. Auffällige Korrelationen mit dem Zeitpunkt des Übergangs haben sich vor allem bei dem Jahr des Berufseintritts, der studierten Fächergruppe, der Hochschulart und der Arbeitsmarktsituation ergeben. Es konnten geschlechterspezifische Zusammenhänge festgestellt werden, die auch unter Kontrolle relevanter Drittvariablen erhalten blieben. Der vermutete moderierende Einfluss einer Elternschaft konnte zumindest in der Tendenz bestätigt werden. Um den Einfluss der Determinanten unter Kontrolle der relevanten anderen feststellen zu können, sind allerdings multivariate Verfahren notwendig.

9.1.6 Determinanten eines verzögerten Übergangs: multivariate Analysen

Im nun folgenden Abschnitt soll mit Hilfe eines multivariaten Verfahrens überprüft werden, inwieweit die eingangs formulierten Zusammenhänge Bestand haben. Mit einer binär logistischen Regression kann – jeweils unter Kontrolle der anderen Einflüsse – der unterstellte kausale Zusammenhang der unabhängigen Variablen mit der dichotomen abhängigen Variable (*Zeitpunkt des Übergangs*) überprüft werden. Dabei werden drei Modelle vorgestellt. Im ersten findet ausschließlich das *Humankapital* Berücksichtigung. Um den Einfluss der *soziodemografischen Merkmale* zu überprüfen, werden diese hypothesenkonform in Modell 2 eingebunden. Im letzten Modell wird die Arbeitsmarktsituation in das Modell aufgenommen. Nominal- und ordinalskalierte Variablen (wie beispielsweise Berufsabschluss und Hochschultyp) gehen als kategoriale Variablen in diese Modelle ein. Dafür werden Dummy-Variablen gebildet. Eine Ausprägung der kategorialen Variable wird als Referenzkategorie (*Ref.-kat.*) gekennzeichnet und bleibt bei der Schätzung außen vor.[15]

Zur Interpretation der in Tabelle 9.11 angegeben Werte wird eine kurze Hilfe zum Verständnis gegeben. Ziel einer binär logistischen Regression ist es die Koeffizienten β so zu schätzen, dass eine optimale Trennung zwischen den beiden Ausprägungen (verzögerter oder direkter Übergang) der abhängigen Variable erzielt wird. Zur Schätzung wird die *Maximum-Likelihood-Methode* verwendet. Die Optimierung der Likelihood-Funktion erfolgt über die Maximierung der Koeffizienten. Letztlich wird mit diesem Schätzverfahren die β-Kombination gesucht,

---

[15] Andernfalls würde perfekte Multikollinerarität zwischen den Kategorien bestehen und eine grundlegende Annahme des statistischen Modells verletzt.

bei der die Likelihood-Funktion maximal ist und damit die beste Trennung erreicht wurde (Backhaus et al. 2006: 425ff.). Um die Interpretation der Koeffizienten zu erleichtern (also den Einfluss einer unabhängigen Variable auf die Abhängige unter Kontrolle aller anderen Variablen im Modell), wurden nicht die β-Koeffizienten selbst, sondern die exponierten Koeffizienten (e^β) angegeben. Diese so genannten *odds ratios* sind das Verhältnis der Wahrscheinlichkeit, dass ein Ereignis (hier: *direkter Übergang*) eintritt, zur Wahrscheinlichkeit, dass es nicht eintritt. In diesem Fall bedeutet ein *odds ratio* $e^\beta > 1$, dass eine Erhöhung der Variable die Wahrscheinlichkeit für einen direkten Übergang erhöht. Werte $e^\beta < 1$ verweisen darauf, dass mit dem Ansteigen der Werte in der Variable[16] ein verzögerter Übergang wahrscheinlicher wird. Ein Wert nahe 1 verweist darauf, dass die jeweilige Variable für die Zuordnung zu einer der beiden Gruppen – und damit zur Erklärung des Sachverhalts – keinen Beitrag leistet.

Ergebnisse

Die nun vorgestellten Ergebnisse beziehen sich auf die untersuchte akademische Subgruppe.[17] Im ersten Modell, das nur Variablen der Dimension Humankapital enthält, weisen die Kontrollvariablen (Art des Hochschulzugangs und Promotion begonnen) keinen signifikanten Effekt auf. In der Tendenz scheinen Personen, die ein Studium über den Zweiten und etwas stärker über den Dritten Bildungsweg begonnen haben, öfter einen verzögerten Übergang zu erleben. Ähnliches gilt für die Promotion. Auch dort ist eine Tendenz von Personen mit einer Promotion zu einem verspäteten Übergang zu erkennen. Diese ist aber nicht signifikant. Diese Tendenz gewinnt an Plausibilität, wenn man berücksichtigt, dass etwa ein Fünftel aller Personen, die eine Promotion begonnen haben, während der Promotion nicht erwerbstätig waren.

Ein Teil dieser Gruppe könnte die Promotion direkt nach dem Studium – beispielsweise über ein Promotionsstipendium – begonnen haben. Das wiederum könnte zu einem verzögerten Übergang in die erste Erwerbstätigkeit nach dem Verlassen der Hochschule geführt haben. Auch unter Kontrolle der anderen Deter-

---

[16] Bei Dummy-Variablen entspricht ein Anstieg dem Wechsel von der Referenzkategorie zur Kategorie im Modell. Die Referenzkategorie kennzeichnet einen Effekt von $e^\beta = 1$. Ein $e^\beta > 1$ erhöht die Wahrscheinlichkeit eines direkten Übergangs, wenn die angegebene Ausprägung im Vergleich zur Referenzkategorie zutrifft.

[17] Lesebeispiel: Im Modell 1 ist die Wahrscheinlichkeit eines direkten Übergangs von Absolventinnen und Absolventen einer Fachhochschule deutlich höher als von Universitätsabsolventinnen und Universitätsabsolventen ($e^\beta = 1{,}70$).

Tabelle 9.11: Determinanten des Zeitpunkts des Übergangs (e^{β})

	Modell 1	Modell 2	Modell 3
Humankapital			
Berufsabschluss (Ref.-kat.: kein Abschluss)	0,90	0,87	0,81
Hochschulzugang (Ref.-kat.: Abitur/Hochschulreife)			
Zweiter Bildungsweg	1,05	0,99	1,16
Dritter Bildungsweg	1,30	1,16	1,35
Studienfach (Ref.-kat.: Sprach- und Kulturwiss.)			
Humanwissenschaften	1,20	1,21	1,40
Sozialwissenschaften	1,06	1,09	1,21
Wirtschaftswissenschaften	1,34	1,34	1,52
Mathematik, Naturwissenschaften	1,43	1,30	1,34
Medizin	0,94	1,04	0,81
Ingenieurwissenschaften	1,03	0,95	0,92
HWP	1,22	1,27	1,37
Hochschultyp (Ref.-kat.: Universitäten)			
Fachhochschule	**1,70** **	**1,75** *	1,45
Gesamthochschule	**1,60** *	1,53	1,56
Abschlussnote	1,02	0,99	1,01
Promotion begonnen (Ref.-kat.: nicht begonnen)	1,27	1,27	**1,69** **
Soziale Herkunft (Ref.-kat.: niedrige Gruppe)			
Mittlere Gruppe	0,97	0,98	1,02
Gehobene Gruppe	1,17	1,18	1,25
Hohe Gruppe	0,91	0,88	0,77
Soziodemografische Merkmale			
Alter beim Verlassen der Hochschule		1,01	1,02
Geschlecht (Ref.-kat.: weiblich)		**1,28** *	1,12
Elternschaft beim Übergang (Ref.-kat.: kein Kind)		0,55	**0,34** *
Geschlecht*Elternschaft		**1,63** *	**1,92** **
Arbeitsmarktsituation			
Arbeitsmarktquotient			**0,90** *
Jahr des Berufseintritts			0,99
Konstante	0,95	0,49	13997,22
n	1.849	1.762	1.526
Nagelkerkes R^2	0,02	0,03	0,04

*Signifikanzniveaus: * p < 0,05; ** p < 0,01*

minanten lassen sich keine Unterschiede zwischen Hochqualifizierten mit und ohne Berufsausbildung finden und parallel zu den deskriptiven Befunden die *FORSCHUNGSFRAGE 2.1* dazu ablehnen.

Die Ergebnisse zum Einfluss der Fächerwahl decken sich mit den deskriptiven Befunden (vgl. Tabelle 9.7). Alle Fächergruppen – bis auf die Medizin aus den bereits diskutierten Gründen (vgl. Seite 9.1.4) – steigern im Vergleich zu Sprach- und Kulturwissenschaften (die Referenzkategorie im Modell) die Wahrscheinlichkeit eines direkten Übergangs. Allerdings sind die Effekte nicht signifikant. Ein wichtiger Grund dafür liegt sicher darin, dass die Fächereffekte vom Einfluss des Hochschultyps überlagert werden.[18] Der Abschluss eines Studiums an einer Fachhochschule erhöht die Wahrscheinlichkeit für einen direkten Übergang im Vergleich zu Absolventinnen und Absolventen von Universitäten signifikant. Auch Absolventinnen und Absolventen von Gesamthochschulen haben im Vergleich zur Universität eine signifikant höhere Wahrscheinlichkeit eine erste Erwerbstätigkeit spätestens mit Verlassen der Hochschule aufzunehmen. Insofern muss *HYPOTHESE 2.1* (Das Fach bedingt den Übergang.) auf der Basis diese Modells abgelehnt werden, während die *HYPOTHESE 2.2* (Der Hochschultyp bedingt den Übergang.) nun auch auf der Basis eines multivariaten Modells bestätigt werden kann. Das muss allerdings kein Hinweis auf bessere oder schlechtere Einstiegschancen sein, sondern kann unter anderem auf die höhere Promotionswahrscheinlichkeit von Universitätsabsolventinnen und Universitätsabsolventen zurückgeführt werden. Die Abschlussnote hat ebenso wie die soziale Herkunft keinen Einfluss. Der ohnehin schwache bivariate Zusammenhang von sozialer Herkunft und Zeitpunkt des Übergangs löst sich unter Kontrolle der anderen Variablen auf. In Bezug auf die *FORSCHUNGSFRAGE 2.3* (Welchen Einfluss besitzt die soziale Herkunft beim Übergang in den Arbeitsmarkt?), lässt sich vorerst kein Zusammenhang zwischen der sozialen Herkunft sowie dem Übergang erkennen.

Im zweiten Modell verweisen die nun zusätzlich berücksichtigten soziodemografischen Merkmale auf die Bedeutung von Geschlecht und Elternschaft während des Übergangs. Während das Alter keine Wirkung auf die beiden Übergangsmöglichkeiten (direkt oder verzögert) hat, haben Männer häufiger als Frauen einen direkten Übergang.[19] Auch wenn Elternschaft allein keinen Effekt zu besit-

---

[18] Um perfekte Multikollinearität zu vermeiden (Urban und Mayerl 2006: 225ff.) wurde die Kategorie HWP nur im Studienfach und nicht zusätzlich im Hochschultyp ausgewiesen. Es hatte sich bei der Datenedition herausgestellt, dass Absolventinnen und Absolventen der Rechtswissenschaften das spezifische Notensystem dieses Fachs nicht wie vorgesehen den abgefragten Kategorien angepasst haben. Um Verzerrungen dadurch zu vermeiden, wurden die Absolventinnen und Absolventen dieser Fächergruppe nicht mit in die Analysen einbezogen.

zen scheint, steigert insbesondere bei Männern eine Elternschaft im Übergang im Vergleich zu Frauen mit mindestens einem Kind die Wahrscheinlichkeit eines direkten Übergangs deutlich (Interaktionsterm Geschlecht*Elternschaft beim Übergang). Sowohl *HYPOTHESE 2.4* (Frauen weisen öfter einen verzögerten Übergang in die Erwerbstätigkeit nach dem Studium auf.) als auch *HYPOTHESE 2.5* (Männer mit Kindern nehmen zum Zeitpunkt des Berufseintritts häufiger eine Erwerbstätigkeit unmittelbar mit dem Verlassen der Hochschule auf als Männer ohne Kinder bei Berufseintritt. Bei Frauen stellt sich dieser Zusammenhang entgegengesetzt dar.) werden auf der Basis des zweiten Modells bestätigt.

Im letzten Modell wird dieser Effekt sogar noch deutlicher. Unter Berücksichtigung der Arbeitsmarktsituation haben Männer mit Kindern eine fast doppelt so hohe Chance, direkt in eine Erwerbstätigkeit überzugehen, wie Frauen mit Kindern. Unter Kontrolle der Arbeitsmarktbedingungen kann nur noch *HYPOTHESE 2.5* beibehalten werden.

Zugleich verweist der signifikante Arbeitsmarktquotient auf die immense Bedeutung des Verhältnisses von Bewerberinnen und Bewerbern zur Anzahl freier Stellen beim Eintritt in den Akademikerarbeitsmarkt. Da ein steigender Arbeitsmarktquotient einen steigenden Mangel freier Stellen repräsentiert, verweist das $e^\beta = 0,9$ auf eine steigende Wahrscheinlichkeit eines verzögerten Übergangs. Unter Einbezug der Arbeitsmarktsituation verändern sich auch die Effekte des Humankapitals. Im dritten Modell hat der Hochschultyp an signifikantem Einfluss verloren und die Promotion einen positiven Einfluss auf die Wahrscheinlichkeit eines direkten Übergangs. Dieser Effekt ist schwer zu erklären. Eine mögliche Interpretation könnte darin liegen, dass in schwierigen Arbeitsmarktsituationen die Promotion als *Lückenfüller* verwendet wird und sich damit der Übergang verzögert, während in günstigen Arbeitsmarktsituationen ebenfalls promoviert wird, allerdings parallel zu einer Erwerbstätigkeit. Dass im dritten Modell weder Hochschultyp noch das studierte Fach parallel zur Arbeitsmarktsituation einen Effekt haben, verweist auf die determinierende Kraft der Arbeitsmarktsituation im Übergang von der Hochschule in den Beruf. Während *HYPOTHESE 2.7* (Einfluss Arbeitsmarktsituation auf Übergang) durch das multivariate Modell endgültig bestätigt wird, muss *HYPOTHESE 2.6* (Einfluss von Kohorte auf Übergang) abgelehnt werden.

Die Güte der Modellanpassung ist an der Höhe des ausgewiesenen Pseudo-R^2 abzulesen. Allerdings kann die Höhe des Pseudo-R^2 nicht unabhängig von Kontexteffekten (u. a. Stichprobengröße und Operationalisierung der unabhängigen

---

[19] Da der Interaktionsterm Geschlecht*Elternschaft signifikant ist, ist die Interpretation der beiden Haupteffekte (Geschlecht und Elternschaft) nicht weiter von Interesse.

Variablen) als Maß der Varianzaufklärung der abhängigen Variable wie zum Beispiel in der linearen Regression (Backhaus et al. 2006: 45ff.) verwendet werden. Backhaus et al. (2006: 133) verweist zwar explizit darauf, dass die Interpretation des Pseudo-R^2 nach Nagelkerkes der Bedeutung des Bestimmtheitsmaßes der linearen Regression entspricht.[20] Allerdings ist das Pseudo-R^2 von zahlreichen anderen Aspekten abhängig und deshalb insbesondere zum Vergleich der Modellgüte einzelner Modelle sinnvoll (Long 1997). Vergleicht man die Werte des Pseudo-R^2 der einzelnen Modelle, besitzt das Modell 3 die höchste Vorhersagekraft für die abhängige Variable. Insofern scheinen die soziodemografischen Merkmale sowie die Arbeitsmarktstrukturen die wichtigsten Dimensionen für die Erklärung beruflichen Erfolgs von Hochqualifizierten darzustellen.

9.2 Stellensuche nach dem Verlassen der Hochschule

Für Personen mit einer Übergangsdauer zwischen Hochschule und Erwerbstätigkeit kann sich diese Statuspassage erheblich in ihrer Dauer unterscheiden. Dieser Zeitraum wurde in Monaten erfasst, um die Zeitspanne zwischen Verlassen der Hochschule und dem Berufseintritt untersuchen zu können. Ingesamt haben 1.220 Personen Angaben zu einer Suchdauer nach dem Studium gemacht. Damit hat sich für etwa einem Drittel aller Befragten eine längere Statuspassage zwischen Hochschule und Erwerbstätigkeit ergeben. Es wurden Übergänge zwischen einem Monat und bis zu 8 Jahren berichtet.

Betrachtet man die Gruppe der Stipendiat/innen näher, die eine längere Übergangsdauer angaben, kann man von einem schnellen Übergang sprechen (Tabelle 9.12). Knapp drei Viertel aller Befragten insgesamt hatten innerhalb von neun Monaten den Weg in die erste Erwerbstätigkeit nach dem Studium gefunden. Nur 16,9 % gaben eine Übergangsdauer mit mehr als einem Jahr an. Der größte Teil der befragten Personen (60,6 %) ist unmittelbar nach dem erfolgreichen Abschluss in eine Erwerbstätigkeit übergegangen oder hatte bereits vorher eine ausgeübt (Tabelle 9.1). Für die weiteren Analysen werden diese beiden Gruppen ausgeschlossen. Es finden in den folgenden Abschnitten demnach nur Personen Berücksichtigung, die eine Suchdauer angaben. Aufgrund der besonderen Struktur der Daten müssen einige Aspekte berücksichtigt werden.

---

[20] Das Bestimmtheitsmaß R^2 repräsentiert die aufgeklärte Varianz der abhängigen Variable.

Tabelle 9.12: Dauer des Übergangs (gruppiert), verteilt nach Geschlecht (in %)

	Gesamt (n = 1.220)	Frauen (n = 455)	Männer (n = 751)
1 bis 3 Monate	35,7	31,4	37,8
4 bis 6 Monate	27,1	24,6	29,0
7 bis 9 Monate	9,4	11,0	8,5
10 bis 12 Monate	10,8	10,8	11,1
Länger als 12 Monate	16,9	22,2	13,6

Zensierung der Daten

Eine Zensierung von Verlaufsdaten liegt vor, wenn Informationen zum Start (*linkszensiert*) oder zum Ende (*rechtszensiert*) einer Episode[21] fehlen. Da der Beobachtungszeitraum vorgegeben ist (unter anderem durch den Zeitpunkt der Erhebung), ist die letzte Episode unter Umständen noch nicht abgeschlossen (Blossfeld et al. 1986: 29). In dieser Studie ergibt sich das Problem, dass ein – wenn auch geringer – Teil der Befragten zum Zeitpunkt der Erhebung (noch) keine Erwerbstätigkeit aufgenommen hat (Tabelle 9.1). Für diese Befragten ist nur die Dauer der Stellensuche bis zum Befragungszeitpunkt, aber nicht die tatsächliche Länge des Intervalls bekannt. Diese Daten sind *rechtszensiert* (Singer und Willett 2003: 316f.). Es ist für diese Personen nicht bekannt, ob die Stellensuche noch andauert und wie lang im Falle einer erfolgreichen Stellensuche diese Episode gedauert hat.

Zugleich besteht das Problem, dass nicht genau bekannt ist, wann die einzelnen Befragten mit der Stellensuche begonnen haben. Es wurde zwar erhoben, ob die Personen bereits während des Studiums oder der zweiten Ausbildungsphase begonnen haben, nach einer Erwerbstätigkeit nach dem Studium zu suchen. Allerdings wurde nicht der exakte Zeitpunkt des Beginns der Stellensuche erfragt. In diesem Fall fehlender Informationen zum Beginn eines Intervalls spricht man von *linkszensierten* Daten (Singer und Willett 2003: 319). Diese Art der Zensierung ist wesentlich problematischer, da es im Allgemeinen nicht möglich ist, die Auswirkung einer nicht bekannten Vorgeschichte auf zukünftige Ereignisse einzuschätzen (Blossfeld et al. 1986: 29). Für die folgenden Analysen wird dieses Problem behoben, indem nur die Dauer der Stellensuche nach dem Studium unter-

---

[21] Der Terminus *Episode* kennzeichnet die Zeitdauer zwischen zwei aufeinander folgenden Ereignissen (Blossfeld et al. 1986: 28).

sucht wird, für die genaue Angaben zu allen Befragten vorliegen (siehe Abschnitt 9.1.1). Für die Analyse des Berufseintritts erscheint dieses Vorgehen plausibel, da auf diese Weise der erfolgreiche Abschluss eines Hochschulstudiums für die Aufnahme einer Erwerbstätigkeit Berücksichtigung findet. Ziegler et al. (1988: 253) verweisen ebenfalls darauf, dass die tatsächliche Stellensuche erst mit dem Verlassen der Hochschule beginnt.

Sucharbeitslosigkeit

Die Gründe für einen verzögerten Übergang können unterschiedlicher Natur sein (siehe dazu Tabelle 9.3). Aus diesem Grund wird nur die Gruppe von Befragten berücksichtigt, die eine *erfolglose Stellensuche* als Grund angegeben haben. Damit wird ausschließlich das Phänomen Sucharbeitslosigkeit untersucht und andere Gründe wie beispielsweise längere Reisen oder Weiterbildung ausgeblendet.

Begrenzung des Intervalls

Die Suchdauer ist stark linkssteil (rechtschief) verteilt. Es existieren zahlreiche Ausreißer, durch die eine Schätzung von Parametern erschwert wird. Aus diesem Grund werden die Analysen der Suchdauer auf die ersten 24 Monate beschränkt. Die Schätzungen für diesen Zeitraum werden dadurch nicht beeinträchtigt.

Art der Beschäftigung

Der Berufsweg führte erfolgreiche Absolventinnen und Absolventen einer akademische Ausbildung lange Zeit direkt in den Staatsdienst (Becker 1993). Im Zuge des sektoralen Wandels und der Bildungsexpansion (dazu Kapitel 2) kam es vermehrt zu Anstellungen von Hochqualifizierten in der privaten Wirtschaft. Die abhängige Beschäftigung dominiert nach wie vor den Akademikerarbeitsmarkt. Allerdings existieren mittlerweile zahlreiche Formen beruflicher Selbstständigkeit.

Aufgrund der mit einer selbstständigen Tätigkeit verbundenen Besonderheiten (dazu Abschnitt 5.1.5) und dem vergleichsweise geringen Anteil an allen Hochqualifizierten insgesamt, wird der Fokus der kommenden Analysen auf die abhängig Beschäftigten gerichtet.[22]

---

[22] Unterschiede in den Fallzahlen, die sich zwischen Fächern mit unterschiedlichen Anteilen in der Selbstständigkeit ergeben können, werden nicht weiter berücksichtigt.

Werden zensierte Daten in Analysen vernachlässigt, kommt es zu Verzerrungen in den Schätzern. Um das zu verhindern, wird für die Analyse der vorliegenden Verlaufsdaten auf Verfahren der Verlaufsdaten- bzw. Ereignisanalyse zurückgegriffen (Andreß 1992; Blossfeld und Rohwer 1996; Singer und Willett 2003). Mit diesen Verfahren ist es möglich, auch die Informationen der zensierten Daten in die statistischen Analysen einzubeziehen.

Einleitend soll die Verteilung der Suchdauer anhand der Überlebensfunktion $S(t)$ grafisch dargestellt werden. In diesem einfachen Modell wird der Anteil an Personen zwischen Eintritt in einen Anfangszustand (hier: *noch keine Erwerbstätigkeit aufgenommen*) bis zum Erreichen eines bestimmten Zielzustands (hier: *erste Erwerbstätigkeit nach dem Studium aufgenommen*) wiedergegeben (Singer und Willett 2003: 334). In den folgenden Darstellungen repräsentiert die Überlebensfunktion also immer die Wahrscheinlichkeit zu bestimmten Zeitpunkten, noch keine Erwerbstätigkeit aufgenommen zu haben (Delgaard 2002: 212). Für die Berechnung und Darstellung der Überlebensfunktion $S(t)$ für Daten mit Rechtszensierung kann auf den Kaplan-Meier-Schätzer (*product-limit-estimator*)[23] zurückgegriffen werden. Es ergibt sich eine Treppenfunktion, bei der das geschätzte „Überleben" um den Faktor $(1 - 1/R_t)$ reduziert wird.[24]

Abbildung 9.1 gibt Auskunft zur *FORSCHUNGSFRAGE 2.5*, wie lang die Phase des Übergangs andauert. Nach drei Monaten sind etwa 30 % und nach 6 Monaten wiederum etwa 30 % der der explizit suchenden Absolventinnen und Absolventen in eine Erwerbstätigkeit übergegangen. Das bedeutet wiederum, das bereits nach einem halben Jahr nur noch 40 % der insgesamt 1.220 Personen ohne erste Erwerbstätigkeit nach dem Verlassen der Hochschule sind.

Bereits bei den Übergangsprofilen haben sich Unterschiede zwischen einzelnen Subgruppen herauskristallisiert. Es besteht auch die Möglichkeit, Unterschiede in der Suchdauer aufzuzeigen. Im Folgenden werden Unterschiede zwischen Subgruppen grafisch dargestellt. Zugleich besteht die Möglichkeit, diese Unterschiede auf Zufälligkeit zu überprüfen. Für die Analyse der Subgruppen sei auf die folgenden Punkte hingewiesen:

---

[23] Der englische Begriff leitet sich aus einer Beschreibung des Verfahrens ab: Es werden die bedingten Überlebenskurven für Intervalle – ohne Zensierungen und ohne Übergänge in den Zielzustand – miteinander multipliziert (Singer und Willett 2003: 483).

[24] Voraussetzung dafür ist, dass ein Ereignis – mindestens eine Person hat eine Erwerbstätigkeit aufgenommen – im Intervall t aufgetreten ist und die Population von R_t – also alle Personen, die zu diesem Zeitpunkt noch keine Erwerbstätigkeit aufgenommen haben – nicht gleich Null ist (Delgaard 2002: 213).

Abbildung 9.1: Überlebensfunktion: Anteil an Personen ohne Erwerbstätigkeit bis 24 Monate nach Studienabschluss

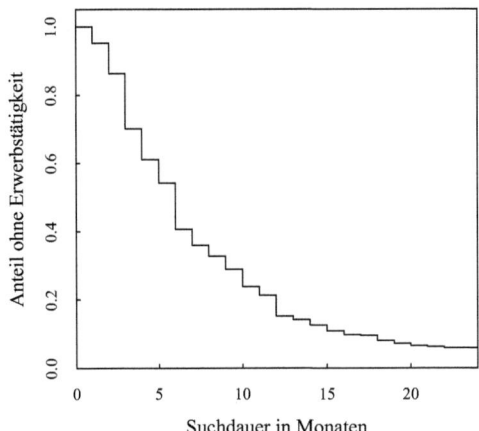

(1) Ergeben sich bei der grafischen Analyse Unterschiede, können diese anschließend auf Zufälligkeit überprüft werden.[25] Dafür stehen spezifische Signifikanztests zur Verfügung (u. a. Blossfeld und Rohwer 1996). In diesen Analysen werden zwei Signifikanztests (*Log-Rank-Test* und *Wilcoxon Test*) durchgeführt. Der Log-Rank Test mit einem rho = 0 (siehe dazu Fleming und Harrington 1981) reagiert sensitiv auf Unterschiede zum Ende der Überlebensfunktion, während der Wilcoxon-Test mit einem rho = 1 (siehe dazu Peto und Peto 1972) sensibler auf den Anfang reagiert.[26] Im Folgenden werden Überlebensfunktionen relevanter Subgruppen diesen beiden Signifikanztests unterzogen. Die Ergebnisse werden unter den entsprechenden Grafiken angegeben.

(2) Die einzelnen Gruppen sollten in Bezug auf den zentralen Forschungsgegenstand homogen sein. Ein Problem der Analyse könnte in einer Verzerrung der Daten bestehen, die sich aus einer „unbeobachteten Heterogenität" ergibt (Heckman und Singer 1984). Ziegler et al. (1988: 253) illustrieren das an einem Beispiel: Setzt sich die untersuchte Gruppe aus Personen mit verschiedenen Qualifikationsniveaus zusammen und variieren die Beschäftigungschan-

---

[25] Zur Verwendung von Signifikanztests in diesem Buch siehe Abschnitt 7.3.4.

[26] Allerdings wird die Aussagekraft beider Tests eingeschränkt, wenn sich die Überlebensfunktionen der Subgruppen überschneiden (Andreß 1992: 166). In diesem Fall erweist sich der Log-Rank Test als robuster.

cen mit den Qualifikationsniveaus, wird man insgesamt eine fallende Beschäftigungsrate erhalten, auch wenn innerhalb der Gruppen die Chancen gleich verteilt sind. Geht zuerst die Gruppe mit den höheren Qualifikationen in eine Erwerbstätigkeit über, fällt die Rate, wenn die Gruppe mit niedrigerem Qualifikationsniveau später in die Erwerbstätigkeit übergeht. Allerdings wurden die relevanten Gruppen, wie im Abschnitt 9.2 dargestellt, auf der Basis zahlreicher empirischer und theoretischer Überlegungen ausgewählt. Letztlich kann „unbeobachtete Heterogenität" jedoch nicht endgültig ausgeschlossen werden.

(3) In den folgenden grafischen Darstellungen wird neben der Überlebensfunktion die *median lifetime* (mlt) ausgewiesen. Während die Überlebensfunktion Auskunft über die Verteilung bestimmter relevanter Ereignisse – wie in diesem Fall der Wechsel von der Stellensuche in die erste Erwerbstätigkeit – gibt, handelt es sich bei der *median lifetime* um einen Lageparameter. Die geschätzte *median lifetime* kennzeichnet den Wert der Zeit T, für den der Wert der geschätzten Überlebensfunktion 0,5 ist (Singer und Willett 2003: 337). An diesem Punkt hat die Hälfte der untersuchten Gruppe den Zielzustand (hier: *erste Erwerbstätigkeit*) erreicht. Damit ist dieses Lagemaß in der Interpretation vergleichbar mit dem Median für nicht zensierte metrische oder ordinale Daten.

9.2.1 Suchdauer und Humankapital

Abschluss einer Berufsausbildung vor dem Studium

Im Gegensatz zu den untersuchten soziodemografischen Aspekten ergeben sich Unterschiede zwischen Hochqualifizierten mit und ohne Berufsausbildung. Personen mit Berufsausbildung gehen signifikant schneller in die erste Erwerbstätigkeit über. Erst mit einem deutlichen Sprung in der Überlebensfunktion der Befragten ohne Berufsausbildung nach einem Jahr, nähern sich beide Gruppen wieder an. Die vergleichsweise niedrige Stellenfindungsrate[27] zeigt sich auch in der hohen *median lifetime* von 7 Monaten (Abbildung 9.2).

Studienfach des ersten abgeschlossenen Studiums

Die teilweise erheblichen Unterschiede, die zwischen einzelnen Fächergruppen bereits bei dem Vergleich von verzögertem und direktem Übergang deutlich wur-

---

[27] Das Konzept der Stellenfindungsrate wird im Abschnitt 9.2.4 weiter vertieft.

Abbildung 9.2: Überlebensfunktion: Anteil an Personen ohne Erwerbstätigkeit, verteilt nach Berufsausbildung

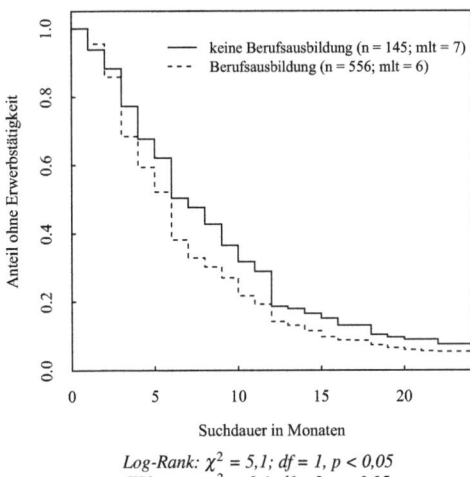

Log-Rank: $\chi^2 = 5,1$; $df = 1$, $p < 0,05$
Wilcoxon: $\chi^2 = 6,4$; $df = 2$, $p < 0,05$

den, setzen sich auch bei der Differenzierung des Verlaufs der Stellensuche nach dem studierten Fach fort. Aus Gründen der Übersicht wurden Überlebensfunktionen ausgewählter Fächer gegenübergestellt (Abbildung 9.3). Akademiker/innen mit einem ingenieurwissenschaftlichen oder rechtswissenschaftlichen Abschluss weisen im Vergleich zu Absolventinnen und Absolventen der Sprach- und Kulturwissenschaften eine viel kürzere Stellensuche auf. Besonders deutlich werden diese Fächerunterschiede nach einem Jahr Stellensuche. Zu diesem Zeitpunkt suchen nur noch etwa 10 % der Hochschulabsolventinnen und Hochschulabsolventen in den Ingenieurwissenschaften und Rechtswissenschaften erfolglos eine Stelle. In der Gruppe der Sprach- und Kulturwissenschaften betrifft das immer noch fast ein Drittel der Personen. Für die Fächergruppe Rechtswissenschaften ist dieser Befund dahingehend von Interesse, dass diese Fächergruppe zugleich den höchsten Anteil an Personen mit einem verzögertem Übergang innerhalb der untersuchten Gruppe stellt (Tabelle 9.7). Allerdings scheinen Akademiker/innen mit einem Abschluss in Rechtswissenschaften dies mit einer kurzen Suchdauer kompensieren zu können. Allerdings muss an dieser Stelle darauf hingewiesen werden, dass die Fallzahlen in den Subgruppen zum Teil sehr gering sind und die Aussagekraft damit etwas einschränken.

Abbildung 9.3: Überlebensfunktion: Anteil an Personen ohne Erwerbstätigkeit, verteilt nach ausgewählten Fächergruppen

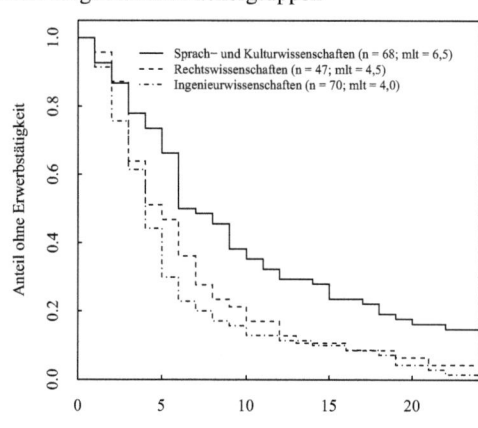

Suchdauer in Monaten

Log-Rank: $\chi^2 = 24,7;\ df = 8;\ p < 0,01$
Wilcoxon: $\chi^2 = 26,8;\ df = 8;\ p < 0,001$

Hochschultyp des ersten abgeschlossenen Studiums

Vergleicht man den Verlauf der Überlebensfunktionen zwischen den Absolventinnen und Absolventen von Universitäten und Fachhochschulen[28] werden einige Unterschiede sichtbar (Abbildung 9.4). Während der Verlauf der Suche von Personen mit universitärem Abschluss und einem Abschluss an einer Fachhochschule bis zu einer Suchdauer von 4 Monaten parallel verläuft, verzeichnen die Absolventinnen und Absolventen einer Fachhochschule ab diesem Zeitpunkt einen schnelleren Übergang. Bereits nach 4 Monaten haben 50 % der Fachhochschulabsolventinnen und Fachhochschulabsolventen die erste Erwerbstätigkeit nach dem Verlassen der Hochschule aufgenommen. Die Absolventinnen und Absolventen der Universitäten benötigen dafür 6 Monate. Aber auch hier erfolgt eine Annäherung nach etwa einem Jahr.

---

[28] Von den Personen, die einen verzögerten Übergang aufgrund erfolgloser Stellensuche angaben, haben nur noch 23 an einer Gesamthochschule den Studienabschluss erworben. Aufgrund der geringen Gruppengröße wurden hier nur die Universitäten und Fachhochschulen berücksichtigt.

Abbildung 9.4: Überlebensfunktion: Anteil an Personen ohne Erwerbstätigkeit, verteilt nach Hochschultyp

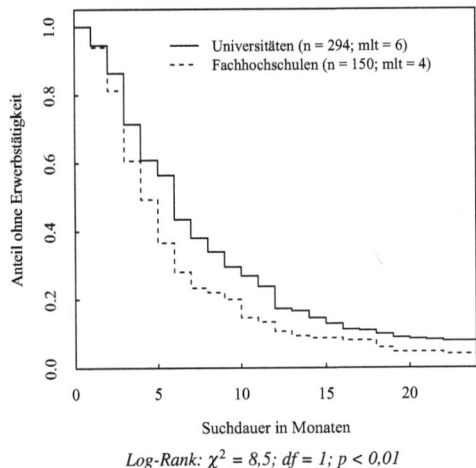

Suchdauer in Monaten

Log-Rank: $\chi^2 = 8,5; df = 1; p < 0,01$
Wilcoxon: $\chi^2 = 10,5; df = 1; p < 0,01$

Soziale Herkunft

Eine Differenzierung in die sozialen Herkunftsgruppen erbringt keinen statistisch signifikanten Unterschied (Abbildung 9.5). Auch die grafische Analyse verweist eher auf einen relativ kongruenten Verlauf der Überlebensfunktion.

9.2.2 Suchdauer und soziodemografische Merkmale

Die nun folgenden Ergebnisse dienen der Beantwortung der *FORSCHUNGS-FRAGE 2.6*: Wie verläuft die Stellenfindungsrate von Personen mit Hochschulabschluss?

Geschlecht

Stellt man die Suchdauer von Männern und Frauen gegenüber, werden keine Unterschiede in der grafischen Analyse sichtbar (Abbildung 9.6). Diesen Befund unterstützen beide Signifikanztests sowie die gleiche *median lifetime* von 6 Monaten.

Abbildung 9.5: Überlebensfunktion: Anteil an Personen ohne Erwerbstätigkeit, verteilt nach sozialer Herkunft

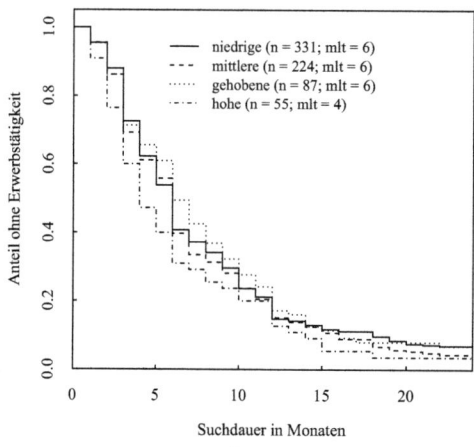

Log-Rank: $\chi^2 = 3,3;\ df = 3;\ n.\ s.$
Wilcoxon: $\chi^2 = 5,6;\ df = 3;\ n.\ s.$

Abbildung 9.6: Überlebensfunktion: Anteil an Personen ohne Erwerbstätigkeit, verteilt nach Geschlecht

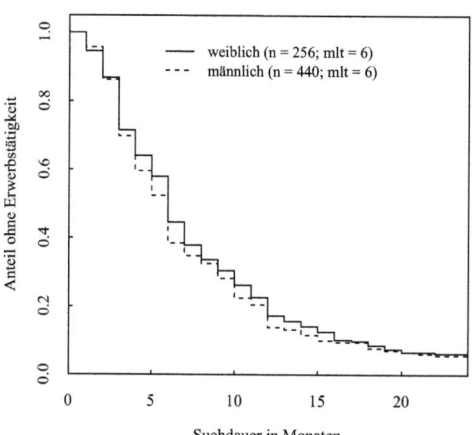

Log-Rank: $\chi^2 = 0,9;\ df = 1;\ n.\ s.$
Wilcoxon: $\chi^2 = 1,2;\ df = 1;\ n.\ s.$

Elternschaft bei Berufseintritt

Im Verlauf vergleichbar mit der Stellensuche von Männern und Frauen lassen sich auch in der Elternschaft keine größeren Unterschiede erkennen (Abbildung 9.7). Sowohl Personen mit mindestens einem Kind zum Zeitpunkt der Stellensuche als auch Kinderlose haben einen relativ ähnlichen Verlauf. Nach einem halben Jahr haben etwa 50 % der Akademiker/innen sowohl mit als auch ohne Kindern eine erste Erwerbstätigkeit aufgenommen.

Abbildung 9.7: Überlebensfunktion: Anteil an Personen ohne Erwerbstätigkeit, verteilt nach Elternschaft

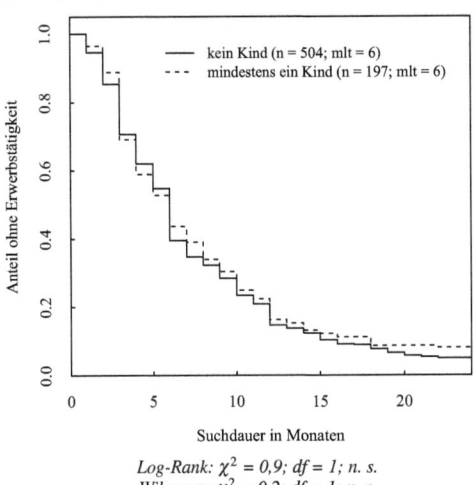

Log-Rank: $\chi^2 = 0,9$; $df = 1$; n. s.
Wilcoxon: $\chi^2 = 0,2$; $df = 1$; n. s.

9.2.3 Arbeitsmarktsituation

Arbeitsmarktquotient (dichotomisiert)

Beide Überlebensfunktionen verlaufen relativ parallel bis zum 6. Monat der Stellensuche (Abbildung 9.8). Allerdings finden im gesamten Verlauf Personen, die zu einer günstigen Arbeitsmarktsituation suchen (Anzahl der freien Stellen ist größer als die Anzahl der Bewerber) etwas häufiger eine Erwerbstätigkeit. Der grafische Befund wird durch die *median lifetime*, die in dieser Gruppe kleiner ist, gestützt.

Abbildung 9.8: Überlebensfunktion: Anteil an Personen ohne Erwerbstätigkeit, verteilt nach Arbeitsmarktquotient

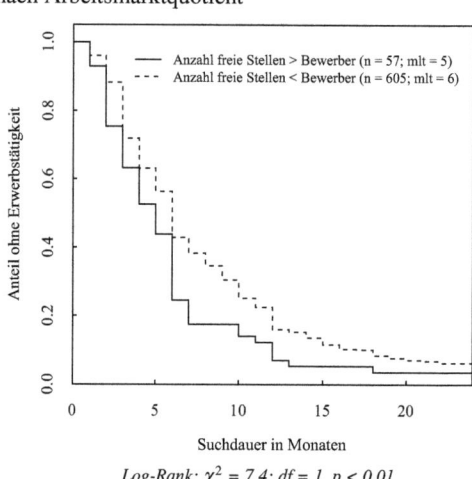

Log-Rank: $\chi^2 = 7,4$; $df = 1$, $p < 0,01$
Wilcoxon: $\chi^2 = 8,1$; $df = 1$, $p < 0,01$

Jahr des Berufseintritts (gruppiert)

Bereits bei der Analyse zum Übergang wurde ersichtlich, dass der Zeitpunkt des Arbeitsmarkteinstiegs erhebliche Konsequenzen haben kann (Tabelle 9.2), was sich letztlich auch in den multivariaten Analysen bestätigt hat (Tabelle 9.11). Auch bei der Suchdauer ergeben sich Unterschiede in Abhängigkeit vom Jahr des Berufseintritts. Allerdings sind vor allem die älteste (vor 1980) und die jüngste Kohorte (nach 1995) die Gruppen mit kürzeren Suchdauern. Die Subgruppe mit einem Berufseintritt nach 1995 hat sogar die niedrigste *median lifetime*. Bereits nach 4 Monaten sind 50 % dieser Subgruppe in die erste Erwerbstätigkeit übergegangen (Abbildung 9.9).

Überblick der Ergebnisse

Die Überlebensfunktion gibt einen Überblick darüber, wie erfolgreich – im Sinne eines Wechsels von einer erfolglosen Stellensuche in eine erste Erwerbstätigkeit – die Stellensuche zu den einzelnen Zeitpunkten ist. Nicht für alle der untersuchten Aspekte konnte bisher ein Einfluss auf die Suchdauer festgestellt werden. Soziodemografische Faktoren scheinen keine oder zumindest eine untergeordnete Rolle für die Erklärung von Unterschieden in der Stellensuchdauer zwischen Sub-

Abbildung 9.9: Überlebensfunktion: Anteil an Personen ohne Erwerbstätigkeit, verteilt nach Jahr Berufseintritt

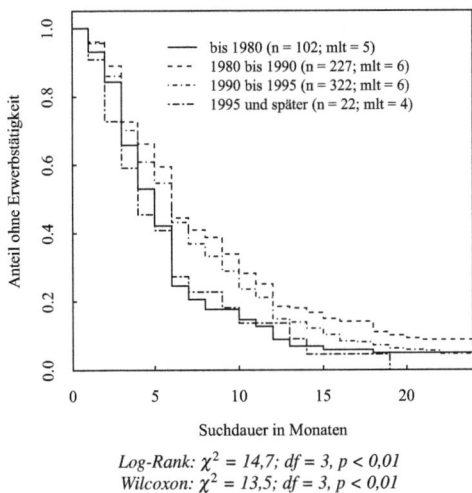

Log-Rank: $\chi^2 = 14{,}7$; $df = 3$, $p < 0{,}01$
Wilcoxon: $\chi^2 = 13{,}5$; $df = 3$, $p < 0{,}01$

gruppen zu spielen. Demgegenüber haben sowohl Humankapital (Fächergruppe, Hochschultyp und Berufsausbildung) als auch die spezifische Arbeitsmarktsituation (Arbeitsmarktquotient und Jahr des Berufseintritts) Einfluss auf die Suchdauer.

9.2.4 Stellenfindungsrate

Aus den Prämissen der Suchtheorie lässt sich ableiten, dass die Chance, eine Beschäftigung zu finden und damit indirekt die zu erwartende Suchdauer vom individuellen Lohnanspruchsniveau sowie von der Wahrscheinlichkeit ein Stellenangebot zu erhalten, abhängen. Antworten auf die beiden bereits eingangs gestellten Fragen:

(1) Was beeinflusst die Suchdauer?

(2) Wie entwickelt sich die Stellenfindung während der Suche der ersten Erwerbstätigkeit nach dem Studium?

wurden in der Vergangenheit insbesondere mit dem theoretischem Instrumentarium der Suchtheorien gegeben (Lippman und McCall 1976; McKenna 1985; Ziegler et al. 1988). Grundlage der theoretischen Prämissen ist die Annahme, dass keine vollkommene Markttransparenz herrscht. Welcher Lohn bei welchem Arbeitgeber erreicht werden kann, ist nur unter Aufwendung von Suchkosten festzustellen. Akademiker/innen in einer Phase der Stellensuche sollten demnach das erste Stellenangebot akzeptieren, bei dem der angebotene Lohn einem bestimmten Schwellenwert – *dem Lohnanspruchsniveau* – mindestens entspricht. Bei einem angenommenen optimalen Suchverhalten legen die Stellensuchenden das Lohnanspruchsniveau so fest, dass der erwartete Nettoertrag der Suche maximiert wird. Das entspricht dem Lohn, bei dem die Grenzkosten einer weiteren Stellensuche dem Gesamtertrag der Suche entsprechen. Es werden demnach alle Angebote akzeptiert, die mindestens diesem optimalen Lohnanspruchsniveau entsprechen, das zugleich dem Ertrag der Suche entspricht (Ziegler et al. 1988: 247). Die Dauer einer Stellensuche sollte immer an die Chance geknüpft sein,

Abbildung 9.10: Darstellung latenter und manifester Einflüsse auf die Suchdauer

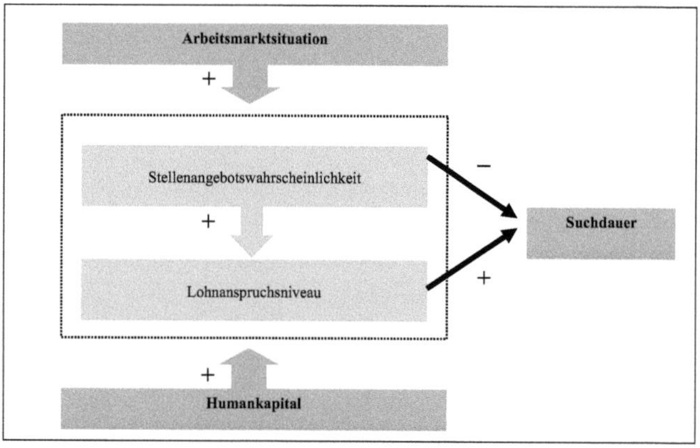

Quelle: Modifizierte und weiterentwickelte Darstellung von Schröder 2002: 17

eine Erwerbstätigkeit aufnehmen zu können und zu wollen. Deshalb sind die Faktoren, die eine Stellensuche beeinflussen, von zentralem Interesse für die Analyse des Berufseintritts von Hochqualifizierten. Mit steigendem Humankapital sollte auch die Stellenangebotswahrscheinlichkeit ansteigen. Positive Arbeitsmarktsituationen steigern die Stellenwahrscheinlichkeit ebenfalls. Negative Situationen auf dem Arbeitsmarkt sollten die Wahrscheinlichkeit, eine angemessene Tätigkeit zu finden, senken. Den sequentiellen Suchmodellen (Lippman und McCall 1976) zufolge führt eine höhere Stellenangebotswahrscheinlichkeit zu einem individuell höheren Lohnanspruchsniveau. Aus den eingangs formulierten Prämissen der

Suchtheorie, den kritischen Anmerkungen sowie den empirischen Befunden zur Suchdauer lässt sich folgendes Modell (Abbildung 9.10) ableiten. Mit einem Zuwachs an Humankapital sollte eine Steigerung der individuellen Stellenangebotswahrscheinlichkeit sowie des Lohnanspruchsniveaus einhergehen. In günstigen Arbeitsmarktsituationen für Akademiker/innen mit einem Überangebot an freien Stellen im Vergleich zur Anzahl der Bewerber/innen sollten zugleich sowohl die Stellenangebotswahrscheinlichkeit als auch die Ansprüche der Stellensuchenden und damit das Lohnanspruchsniveau steigen. Im Gegensatz dazu sollten schwierige Arbeitsmarktsituationen – gemessen am Verhältnis von Bewerberinnen und Bewerbern zur Anzahl der freien Stellen – zu einem Sinken der Stellenangebotswahrscheinlichkeit und damit auch zu einem Absinken des Lohnanspruchsniveaus führen (Abbildung 9.10). Daran anschließend stellt sich die Frage, unter welchen Prämissen die Suche für die erste Erwerbstätigkeit nach dem Verlassen des Hochschulsystems erfolgt.

(1) In Rückgriff auf die grundlegenden Annahmen der Suchtheorie kann davon ausgegangen werden, dass es bei der Unterschreitung des individuell definierten Lohnanspruchsniveaus zu einer Ablehnung der Stelle kommt. Liegt das Lohnangebot eines Arbeitgebers unterhalb des definierten Lohnanspruchsniveaus, wird die Stelle abgelehnt, andernfalls wird diese angenommen. Bei der Festsetzung des Lohnanspruchsniveaus besteht jedoch ein Zielkonflikt. Eine Erhöhung des Lohnanspruchsniveaus steigert den zu erwartenden Lohn. Allerdings wird die erwartete Suchdauer – und alle damit verbundenen Kosten – verlängert, da ein höherer Anspruchslohn zugleich die Akzeptanzwahrscheinlichkeit eines Stellenangebotes senkt. Das optimale Lohnanspruchsniveau ergibt sich demnach aus dem Betrag, für den bei minimaler Anhebung der Grenzertrag – in Form eines höheren erwarteten Lohns für die Dauer des Arbeitsverhältnisses – gleich den Grenzkosten aufgrund der längeren erwarteten Suche ist (Pissarides 1985: 164).

(2) Wie bereits aufgezeigt werden konnte (Abschnitt 6.2), sprechen zahlreiche empirische Befunde und theoretische Überlegungen gegen die Implikationen dieses Modells. In Bezug auf die Stellenfindungsrate erscheint die Prämisse älterer Suchtheorien – die Konstanz von Lohnanspruchsniveau und Angebotswahrscheinlichkeit – unrealistisch. Vermuten lässt sich eher, dass mit einer zunehmenden Suchdauer ein sinkendes Lohnanspruchsniveau verbunden ist (Franz 1999: 210; Ziegler et al. 1988: 247f.). Dieser Aspekt sollte die Stellenfindungsrate im Laufe der Zeit kontinuierlich ansteigen lassen. Parallel dazu muss aber davon ausgegangen werden, dass eine längere Suchdauer zu ei-

ner Dequalifizierung durch Arbeitslosigkeit führt (Klein 1990, 1992). Dieser Effekt sollte zu einem Absinken der Stellenfindungsrate führen (Keller und Klein 1994). Setzt man beide Effekte innerhalb der Suchdauer in Beziehung zueinander, sollte es zu Beginn einer Stellensuche von Hochqualifizierten zu einem Anstieg der Stellenfindungsrate kommen. Ohne den exakten Zeitpunkt an dieser Stelle prognostizieren oder ableiten zu können, kann man aber zugleich davon ausgehen, dass es im Laufe der Suchdauer zu einer Abnahme der Stellenfindungsrate aufgrund der Entwertung des Humankapitals kommt (Abbildung 9.11).

Abbildung 9.11: Darstellung latenter und manifester Einflüsse auf die Suchdauer, Rückwirkung der Suchdauer auf das Humankapital

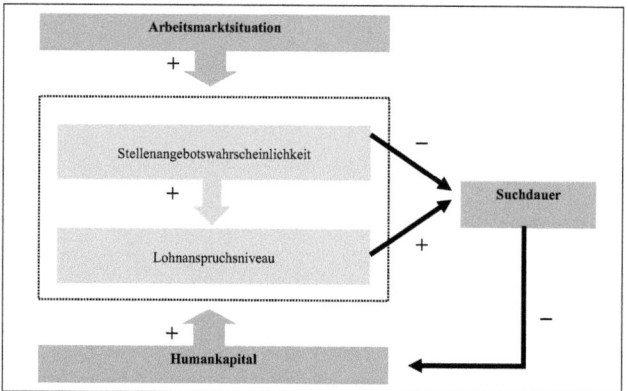

Quelle: Modifizierte und weiterentwickelte Darstellung von Schröder 2002: 17

Mit den zur Verfügung stehenden Daten ist es nicht möglich, das Modell direkt zu überprüfen. Dafür fehlen insbesondere Daten zum individuellen Lohnanspruchsniveau und der Stellenangebotswahrscheinlichkeit. Deshalb wird ein anderes Modell verwendet. Dabei wird die Stellenfindungsrate über Schätzer einer Sterbetafel (*life table*) ermittelt. Die Überlebensfunktion kann sowohl über den Kaplan-Meier-Schätzer (wie im Abschnitt 9.2) als auch über Sterbetafeln berechnet werden. Der Vorteil des Kaplan-Meier-Schätzers liegt darin, dass Intervallbestimmungen direkt anhand der Daten ohne künstliche Intervalleinteilung geschieht. Dahinter verbirgt sich die Idee, eine Schätzung für jeden Zeitpunkt zu erhalten, an dem mindestens ein Ereignis stattfindet. Die Intervalle, die zur Schätzung der Funktion notwendig sind, werden also durch die Ereignisse oder Zensierungen selbst vorgegeben. Der Nachteil dieses Verfahrens ist allerdings, dass keine direkte Schätzung der Hazardfunktion $h(t)$ (hier: *die Stellenfindungsrate*) möglich ist. Aus diesem Grund wird für die folgende grafische Darstellung der Hazardfunktion $h(t)$ auf die Sterbetafelmethode zurückgegriffen.

Diese Rate kann als Chance eines Berufseinstiegs angesehen werden und ist abhängig von der Dauer der Stellensuche. Es handelt sich dabei um die bedingte Wahrscheinlichkeit, dass in einem kleinen Zeitintervall eine Person von einer friktionellen Arbeitslosigkeit in eine Erwerbstätigkeit wechselt (Keller und Klein 1994: 153). Die Stellenfindungsrate $r(t)$ repräsentiert annähernd die bedingte Wahrscheinlichkeit, dass ein Ereignis (Aufnahme einer Erwerbstätigkeit) in einem kleinen Zeitintervall Δt ($\Delta t \rightarrow 0$) auftritt.

$$r(t) = lim(P(t, t + \Delta t)/\Delta t), (\Delta t \rightarrow 0)$$

Voraussetzung dafür ist, dass bis zum Beginn des Intervalls noch keine Erwerbstätigkeit aufgenommen wurde. Wie eingangs diskutiert, sollte die Stellenfindungsrate einer umgekehrt quadratischen Funktion nahe kommen. Die Anpassung des Lohnanspruchsniveaus sollte zu Beginn der Stellensuche zu positiven Effekten auf die Stellenfindung führen. Diese werden aber mit fortschreitender Dauer der Stellensuche durch die Entwertung des Humankapitals und die sich daraus ergebenden Nachteile auf dem Arbeitsmarkt überlagert, was anschließend zu einem Absinken der Stellenfindungsrate führen sollte. Aufgrund dieser theoretisch abgeleiteten Entwicklung, lässt sich für die ermittelte Stellenfindungsrate ein umgekehrt u-förmiger Verlauf vermuten. Auf den ersten Blick, lässt sich diese Vermutung allerdings nicht bestätigen (Abbildung 9.12).

Im Verlauf der Stellenfindungsrate fällt auf, dass zu bestimmten Zeitpunkten (3, 6, 10, 12, 18, und 24 Monate nach Verlassen der Hochschule) – verglichen mit den umliegenden Monaten – Häufungen von Datenpunkten auftreten. Zu diesen Zeitpunkten haben besonders viele Hochschulabsolventinnen und Hochschulabsolventen eine Erwerbstätigkeit aufgenommen. Allerdings sind diese Konzentrationen an Übergängen in die Erwerbstätigkeit eher Artefakte der Erhebung und auf die Art und Weise der Memorierung von Verhalten zurückzuführen. Dieses Phänomen der Häufung bestimmter Zeitangaben (hier: *die Dauer des Übergangs von der Hochschule in die Erwerbstätigkeit*) ist in der Umfrageforschung seit einiger Zeit bekannt (Friedman und Wilkins 1985). Werden offene Fragen gestellt, kommt es oft zu gerundeten Antworten (u. a. Tourangeau et al. 1997). Dabei greifen Befragte unter anderem auf Anker-Punkte zurück, um die Aufgabe der Beantwortung zu vereinfachen (Tourangeau et al. 2005: 238). In der Befragung, die dieser Un-

Abbildung 9.12: Stellenfindungsrate bis 24 Monate nach Verlassen der Hochschule von Personen mit erfolgloser Stellensuche

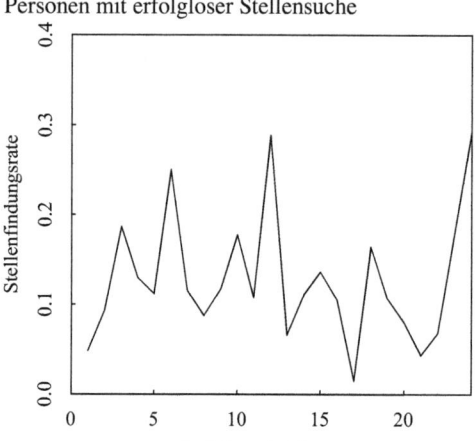

tersuchung zugrunde liegt, wurden von den Befragten offensichtlich Ankerpunkte im Zeitverlauf verwendet (Vierteljahr, halbes Jahr, volles Jahr etc.).[29] Wenn man die Funktion der Stellenfindungsrate glättet (und damit die erinnerungsbedingten Ausreißer neutralisiert), wird der anfänglich unterstellte Verlauf, zumindest für die ersten 20 Monate, erkennbar (Abbildung 9.13). Bis zum 6. Monat nach dem Verlassen der Hochschule nimmt die Stellenfindungsrate zu. Danach nimmt die Rate kontinuierlich, zumindest bis zum Zeitpunkt 24 Monate nach Verlassen der Hochschule, ab. Insofern kann der eingangs formulierte unterstellte Verlauf zumindest vorläufig bestätigt werden. Diese Daten geben einen Hinweis darauf, dass in der ersten Phase der Suchdauer die Einstellungsrate zunimmt, was möglicherweise auf ein sinkendes Lohnanspruchsniveau zurückzuführen ist. Im späteren Verlauf kommt es zu einem Absinken, was unter Umständen auf einer Entwertung durch Arbeitslosigkeit beruht. Ein Problem dieser Datenanalyse kann in einer Verzerrung durch unkontrollierte Heterogenität in der Analysegruppe bestehen (vgl. Seite 147). In diesem Fall würde sich der spezifische Verlauf auf nicht kontrollierte Hintergrundvariablen, also Unterschiede zwischen Subgruppen, zurückführen

---

[29] Weiterhin ist anzumerken, dass in den zugrunde liegenden Daten sozialwissenschaftliches *Rauschen* steckt. *Rauschen* im hier verwendeten Sinne steht für nicht genau messbare Unschärfen in den Daten, die sich unter anderem aufgrund saisonaler Schwankungen auf dem Arbeitsmarkt und sozialer Wandlungsprozesse ergeben. Allerdings kann davon ausgegangen werden, dass unter Kontrolle dieser nicht berücksichtigten Einflüsse der unterstellte Verlauf der Stellenfindungsrate deutlicher hypothesenkonform ausfallen würde.

lassen. Sollten zwei Subgruppen unterschiedliche Stellenfindungsraten besitzen, führt dies – trotz einer Konstanz der gruppenspezifischen Rate über die gesamte Suchdauer – zu einer sinkenden Rate in der Gesamtpopulation mit steigender Suchdauer. Dieser Effekt ergibt sich daraus, dass zunächst die Akademiker/innen aus der Gruppe mit hoher Stellenfindungsrate eine Beschäftigung finden und damit tendenziell diejenigen aus der Gruppe mit geringer Rate in der Risikomenge verbleiben (Ziegler et al. 1988: 253). Allerdings zeigte sich auch in einer Differenzierung der Stichprobe nach zahlreichen Merkmalen (u. a. Geschlecht, Berufseintrittskohorte und Fach) der typische umgekehrt u-förmige Verlauf. Insofern kann angenommen werden, dass die Heterogenität zwischen einzelnen Gruppen den Abwärtstrend der Stellenfindungsrate zwar verstärken, aber nicht allein hervorrufen kann. Die Befunde dieser Studie stützen zum einen die Vermutung, dass eine Absenkung des Lohnanspruchsniveaus am Anfang der Suche die Chance einer Stellenfindung erhöht und damit die Stellenfindungsrate steigert. Zum anderen lassen sich auch die Befunde von Ziegler et al. (1988) zumindest vorläufig bestätigen, dass die Dauer der Arbeitslosigkeit die Stellenangebotsrate und damit die Beschäftigungsrate (hier: *Stellenfindungsrate*) senkt und dass dieser Trend auch nicht durch Senkung der Ansprüche aufgefangen werden kann.

Abbildung 9.13: Stellenfindungsrate und geglättete Funktion bis 24 Monate nach Verlassen der Hochschule von Personen mit erfolgloser Stellensuche

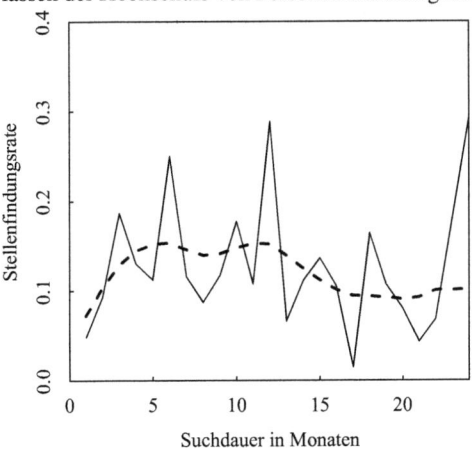

9.2.5 Determinanten der Stellensuchdauer: multivariate Analysen

Das Modell 2 (Abbildung 9.11) ist mit den vorliegenden Daten nicht direkt über-prüfbar. Der Verlauf der Stellenfindungsrate unterstützt die theoretischen An-nahmen. Allerdings kann insbesondere aufgrund fehlender Daten zum Lohnan-spruchsniveau nicht sichergestellt werden, dass der Verlauf auf die unterstellten Wirkzusammenhänge zurückgeführt werden kann. Ziegler et al. (1988: 250) wei-sen darauf hin, dass die Schwierigkeiten der Modellierung dieses Sachverhalts und die Datenbeschaffung für die relevanten Variablen problematisch ist und des-halb oft auf eine alternative Modellierung ausgewichen wird. Um den vermuteten (indirekten) Zusammenhang von Arbeitsmarktsituation und Humankapital mit der Suchdauer zu überprüfen, wird auf ein semiparametrisches Verfahren zurückge-griffen. Mit den oben verwendeten nichtparametrischen Verfahren der Ereignis-datenanalyse[30] sind einige Probleme verbunden:

- Mit einer wachsenden Anzahl der Subgruppen sinkt die Gruppengröße und ein sinnvoller Vergleich der Überlebensfunktion ist nicht mehr möglich.

- Mit einer steigenden Anzahl an Subgruppen wächst trotz ausreichender Gruppengrößen, die Interpretierbarkeit der Ergebnisse. Die Verläufe wer-den in der Summe komplexer und damit auch die Unterschiede zwischen den Gruppen schwerer zu erörtern.

- Metrische Variablen müssen für einen Gruppenvergleich künstlich geteilt werden. Mit einer Gruppierung ist immer ein Informations- und Präzisi-onsverlust verbunden (Blossfeld und Rohwer 2002: 86).

Demgegenüber sind (semi)parametrische Modelle besser geeignet, um den gleich-zeitigen Einfluss mehrere Kovariaten zu bestimmen. Die Idee hinter dieser Mo-dellierung unter Rückgriff auf den Ansatz der Regressionsanalyse ist simpel und funktional zugleich. Es wird eine explizite Funktion unterstellt, die den Kurven-verlauf der Überlebens- und Hazardfunktion angibt. Die Parameter zur Beschrei-bung dieser Funktion werden anschließend anhand der Daten geschätzt und reprä-sentieren den Einfluss der einzelnen Kovariaten. Für die folgende Analyse wird deshalb eine *Cox-Regression* verwendet. Auch mit der Cox-Regression werden Unterschiede zwischen Subgruppen untersucht und festgestellt, ob sich signifi-kante Unterschiede – dabei allerdings unter Kontrolle anderer relevanter Einfluss-größen – ergeben (u. a. Singer und Willett 2003: 503). Daraus lassen sich dann un-

---

[30] In Abschnitt 9.2 wurden der Kaplan-Meier-Schätzer und die Sterbetafel-Methode als nichtparame-trische Verfahren der Ereignisanalyse verwendet.

terschiedliche Eintrittswahrscheinlichkeiten, beispielsweise für den Übergang in eine Erwerbstätigkeit, ermitteln. Über die Einflüsse der Kovariaten können theoretische Annahmen formuliert werden, während die Hazardfunktion unspezifiziert bleibt (Kleinbaum und Klein 2005; Therneau und Grambsch 2001).[31] Dafür wird die folgende Funktion zwischen Kovariaten und Stellenfindungsrate spezifiziert:

$$log(h(t)) = log(h_0(t)) + \beta_1 x_1 + \cdots + \beta_k x_k$$

Dabei wird $log(h_0(t))$ als die *baseline hazard function* bezeichnet und repräsentiert die Hazardfunktion für Untersuchungseinheiten mit dem Wert 0 in allen unabhängigen Variablen.[32] Nach einer einfachen Umformung ergibt sich die Hazardfunktion wie folgt:

$$h(t) = log(h_0(t)) e^{\beta_1 x_1 + \cdots + \beta_k x_k}$$

Die Ergebnisse der Cox-Regression sind in der Tabelle 9.13 dargestellt.[33] Es werden die exponierten Koeffizienten e^β dargestellt, die als Prozenteffekte – (e^β - 1)*100 – der Stellensuchdauer interpretiert werden können. Ein positiver Wert e^β > 1 verkürzt die Suchdauer, während ein negativer Effekt e^β < 1 die Suchdauer verlängert.[34] Die nun folgenden Ergebnisse dienen ebenfalls der Beantwortung der *FORSCHUNGSFRAGE 2.6* (Verlauf der Stellenfindungsrate).

Weder Berufsausbildung noch Art des Hochschulzugangs haben in diesem Modell einen Einfluss auf die Dauer der Stellensuche. In der Tendenz verkürzt eine Berufsausbildung die Suche. Aber der Signifikanztest verweist eher auf eine Zufälligkeit. Absolventinnen und Absolventen aller Fächergruppen weisen, bis auf Medizin, eine kürzere Stellensuche als Hochschulabsolventinnen und Hochschulabsolventen in der Fächergruppe Sprach- und Kulturwissenschaften auf. Bei den beiden Fächergruppen mit den stärksten Effekten sind diese auch signifikant. Absolventinnen und Absolventen in den Wirtschaftswissenschaften haben eine 70 % höhere, in der Fächergruppe Mathematik und Naturwissenschaften eine 79 %

---

[31] Darin besteht zugleich der Unterschied zu den parametrischen Modellen. In Abhängigkeit von den theoretischen Annahmen über die Verweildauer können dann verschiedene Modelle spezifiziert werden. Im einfachen Basis-Modell, dem Exponential-Modell, wird die Verweildauer bis zu einem Eintritt eines Ereignisses beispielsweise mit der Exponentialverteilung beschrieben.

[32] Das Konzept der *baseline hazard function* ist vergleichbar mit der Konstanten in der linearen Regression.

[33] Auch an dieser Stelle wurde das Pseudo-R^2 ausgewiesen. Auch wenn die Größe des Wertes nur schwer interpretierbar ist, verweist die 0,11 auf einen Erklärungsgewinn im Vergleich zum *baseline hazard model* ohne unabhängige Variablen.

[34] Lesebeispiel: Je älter Akadamiker/innen beim Verlassen der Hochschule sind, umso länger ist die Suchdauer (e^β = 0,97). Jedes Jahr verlängert die Suchdauer um etwa 3 %.

Tabelle 9.13: Determinanten der Suchdauer (e^{β})

	e^{β}
Humankapital	
Berufsabschluss (Ref.-kat.: kein Abschluss)	1,27
Hochschulzugang (Ref.-kat.: Abitur/Hochschulreife)	
Zweiter Bildungsweg	0,97
Dritter Bildungsweg	1,08
Studienfach (Ref.-kat.: Sprach- und Kulturwissenschaften)	
Humanwissenschaften	1,24
Sozialwissenschaften	1,12
Wirtschaftswissenschaften	**1,70** +
Mathematik, Naturwissenschaften	**1,79** *
Medizin	0,86
Ingenieurwissenschaften	1,36
HWP	1,30
Hochschultyp (Ref.-kat.: Universitäten)	
Fachhochschule	1,29
Gesamthochschule	0,74
Abschlussnote	0,91
Promotion (Ref.-kat.: nicht begonnen)	0,88
Soziale Herkunft (Ref.-kat.: niedrige Gruppe)	
Mittlere Gruppe	0,94
Gehobene Gruppe	0,83
Hohe Gruppe	1,27
Soziodemografische Merkmale	
Alter	**0,97** *
Geschlecht (Ref.-kat.: weiblich)	0,86
Elternschaft bei Berufseintritt (Ref.-kat.: kein Kind)	0,65
Geschlecht*Elternschaft bei Berufseintritt	1,23
Arbeitsmarktsituation	
Arbeitsmarktquotient	**0,79** *
Arbeitsmarktquotient quadriert	**1,05** *
Jahr des Berufseintritts (Ref.-kat.: vor 1980)	
1980 bis 1990	**0,54** **
1990 bis 1995	**0,61** +
1995 und später	**0,46** **
n	381
Pseudo-R^2	0,11

Signifikanzniveaus: + $p < 0,1$; * $p < 0,05$; ** $p < 0,01$

höhere Stellenfindungsrate als Akademiker/innen mit einem Abschluss in der Fächergruppe Sprach- und Kulturwissenschaften beim Berufseinstieg und dadurch kürzere Suchdauern. In der Tendenz verkürzt ein Abschluss an einer Fachhochschule und verlängert ein Abschluss an einer Gesamthochschule die Suchdauer im Vergleich zu einem Universitätsabschluss. Da ein Anstieg in der Note mit einer Verschlechterung verbunden ist, verweist das *odds ratio* kleiner 1 auf eine Verlängerung der Stellensuche durch schlechtere Noten. Allerdings haben sowohl der Hochschultyp als auch die Abschlussnote keinen signifikanten Einfluss. Auch bei der Promotion ist nur eine Tendenz abzulesen, die auf eine Verlängerung der Suche hinweist, wenn Personen zum Zeitpunkt der Stellensuche eine Promotion begonnen haben. Mit den nichtsignifikanten Einflüssen der sozialen Herkunft schließen die Aspekte des Humankapitals, die insgesamt eine eher unbedeutende Rolle für die Erklärung der Stellenfindungsrate spielen.

Von den soziodemografischen Variablen besitzt ausschließlich die Kontrollvariable Alter einen signifikanten Einfluss. Ein steigendes Alter senkt die Stellenfindungsrate und verlängert dadurch die Stellensuche. Sowohl das Geschlecht als auch die Elternschaft haben keinen signifikanten Einfluss, wobei die tendenzielle Richtung mit den Ergebnissen des multivariaten Modells zum Übergang vergleichbar ist. Frauen haben längere Suchdauern und eine Elternschaft verkürzt bei Männern die Suchdauer.

Die zentralen Befunde ergeben sich im Bereich der Arbeitsmarktsituation. Der signifikante Effekt des Arbeitsmarktquotienten (< 1) und vor allem der signifikante Effekt einer Verkürzung des quadrierten Arbeitsmarktquotienten stützen die Vermutungen zum Modell 9.10.

In Arbeitsmarktsituationen, in denen die freien Stellen die Anzahl der Bewerber deutlich übersteigt, weisen die Absolventinnen und Absolventen aufgrund eines sehr hohen Lohnanspruchsniveaus zugleich etwas längere Suchdauern auf, um eine passende Stelle zu finden. Nähert sich die Anzahl freier Stellen der Zahl der Bewerber an, sinkt auch die Suchdauer, was nach dem Modell 9.10 wiederum auf ein sinkendes Lohnanspruchsniveau zurückzuführen ist. Ändert sich das Verhältnis Anzahl freie Stellen zu Bewerbern, steigt die Suchdauer wieder an. Da sich die Arbeitsmarktsituation während der Stellensuche verändern kann, sollte diese als zeitveränderliche Variable gehandhabt werden. Das kann beispielsweise durch *Episodensplitting* oder das Einbeziehen dieser Variable als zeitabhängige Variable in das Modell erfolgen (Blossfeld et al. 1986; Singer und Willett 2003). Der Arbeitsmarktquotient steht als Indikator der Arbeitsmarktsituation nur als jährliches Datum zur Verfügung. Da insgesamt nur 16,9 % der Befragten eine Suchdauer angaben, die länger als 12 Monate andauerte (Tabelle 9.12) – und damit eine Veränderung der Arbeitsmarktsituation erst möglich wird – würde die Kontrolle der Veränderung in der Zeit bei $n = 381$ (Tabelle 9.13) nur einen sehr geringen Teil der Befragten betreffen und keine abweichenden Ergebnisse produzieren.

Die Absolventinnen und Absolventen der Kohorten 1980 bis 1990, 1990 bis 1995 und nach 1995 haben alle auffällig längere Suchdauern als die Gruppe mit einem Berufseintritt vor 1980. Allerdings ist der Effekt – das zeigt die kategoriale Variable Jahr des Berufseintritts – nicht kontinuierlich. Die Befragten der Kohorte 1990 bis 1995[35] haben im Vergleich zu den Kohorten 1980 bis 1990 und nach 1995 eine höhere Beschäftigungsrate und damit eine kürzere Suchdauer. Auch wenn die Kohorte vor 1980 eine deutlich und signifikant kürzere Suchdauer aufweist.

9.3 Zusammenfassung

Sowohl die deskriptiven Befunde als auch das multivariate Modell zum Übergang von der Hochschule in die erste Erwerbstätigkeit nach dem erfolgreichen Studienabschluss haben gezeigt, dass alle drei berücksichtigten Einflussfelder – Humankapital, soziodemografische Merkmale und Arbeitsmarktsituation – einen Einfluss haben. Ohne Kontrolle der makrosoziologischen Bedingungen auf dem Arbeitsmarkt und der mikrosoziologischen Ebene individueller Merkmale, bestimmt vor allem der Hochschultyp an dem der Abschluss erworben wurde darüber, ob eine Person direkt oder verzögert in den Akademikerarbeitsmarkt eintritt. Werden die Einflüsse der Makro- sowie die Mikroebene in das Modell einbezogen, verliert der Hochschultyp an Bedeutung und Geschlecht, Elternschaft und das Verhältnis freier Stellen zur Anzahl der Bewerber treten in den Vordergrund. Dabei kann die Hypothese bestätigt werden, dass Männer mit Kindern öfter als Frauen mit Kindern direkt übergehen. Außerdem lässt sich zeigen, dass auch ein positives Verhältnis des Arbeitsmarktquotienten zu Gunsten der Anzahl freier Stellen einen direkten Übergang wahrscheinlicher macht. Außerdem zeigt nun der Beginn einer Promotion Wirkung auf den Übergang.

---

[35] Je geringer das Signifikanzniveau gewählt wird, umso geringer muss die Irrtumswahrscheinlichkeit der Signifikanztests ausfallen, um eine H_0 abzulehnen. Je geringer das Signifikanzniveau gewählt wird, umso höher ist die Bedeutsamkeit der Ergebnisse des Signifikanztests, da dadurch die Wahrscheinlichkeit, dass die Nullhypothese zu unrecht verworfen wird, sinkt. Diese Strategie wird auch als *konservatives Hypothesentesten* bezeichnet (Diekmann 1995: 594). Allerdings steigt bei dieser Strategie – insbesondere bei kleinen Stichproben – die Wahrscheinlichkeit, einen Fehler 2. Art (β-Fehler) zu begehen und damit fälschlicherweise H_0 anzunehmen, obwohl ein Zusammenhang besteht. Aus diesem Grund wird für dieses Modell die Obergrenze der Irrtumswahrscheinlichkeit (das Signifikanzniveau) auf 0,1 gesetzt.

Unter den Prämissen der Suchtheorie, kann man davon ausgehen, dass Akademiker/innen im Vergleich zu anderen Bildungsabschlüssen eine höhere Sucharbeitslosigkeit aufweisen. Auch wenn die Übergänge in den Arbeitsmarkt zwischen den einzelnen Ausbildungsniveaus schlecht zu vergleichen sind, liegt die Vermutung nahe, dass diese Statuspassage bei Hochqualifizierte durch Sucharbeitslosigkeit stärker beeinflusst wird. Unabhängig davon konnte gezeigt werden, dass die Stellenfindungsrate insgesamt am Anfang steigt und dadurch die Suchdauer verkürzt. Allerdings bleibt dieser Verlauf nicht konstant, nach einer Nivellierung kommt es nach etwa 6 Monaten zu einem Absinken der Stellenfindungsrate. Auch wenn die Variablen zur Überprüfung des Zusammenhangs von Lohnanspruchsniveau, Stellenwahrscheinlichkeit und Suchdauer nicht direkt überprüft werden konnten, unterstützen die Befunde die Vermutung eines direkten Zusammenhangs. Allerdings verweisen die deskriptiven Befunde auch darauf, dass allein eine individuelle Regulierung des Lohnanspruchsniveaus die Stellenfindungsrate nicht beeinflussen kann. Insbesondere längere Suchphasen führen, so die Vermutung, zu einer Entwertung des Humankapitals. Diese Entwertung führt längerfristig, trotz drastischer Absenkung der Ansprüche, zu einer niedrigen Stellenfindungsrate und führen damit zu noch längeren Suchphasen.

Bei der multivariaten Analyse der Suchdauer konnten einige wenige Fächereffekte festgestellt werden. Absolventinnen und Absolventen der Wirtschaftswissenschaften sowie der Fächergruppe Mathematik und Naturwissenschaften weisen eine vergleichsweise kurze Suchdauer auf. Die soziodemografischen Merkmale treten bis auf das Alter, das mit jedem Jahr die Suchdauer verlängert, in den Hintergrund. Für die Suchdauer zeichnen sich scheinbar noch stärker als für den Übergang die Bedeutung der spezifischen Arbeitsmarktsituation und der Zeitpunkt des Berufseintritts als Determinanten ab. Die Befunde zur Arbeitsmarktsituation bestätigen die dem Modell 9.10 zugrunde liegenden Hypothesen. Die beiden Extreme – die Anzahl freier Stellen übersteigt die Anzahl der Bewerber um ein Vielfaches und der entgegengesetzte Fall – führen zu längeren Suchdauern. Zwischen diesen beiden Punkten – die auf der einen Seite das Lohnanspruchsniveau extrem nach oben setzen und auf der anderen Seite aufgrund der schlechten Arbeitsmarktlage einen Einstieg verhindern – führen bessere Arbeitsmarktsituationen mit einem Überhang an freien Stellen zu kürzeren Suchdauern und schlechtere Arbeitsmarktsituationen zu einer geringeren Stellenfindungsrate und dadurch zu einer längeren Suche. Übersteigen die freien Stellen die offenen Stellen sehr stark, scheint das individuelle Lohnanspruchsniveau ebenso anzusteigen und zu einer Verlängerung der Suchdauer zu führen.

Festzuhalten bleibt weiterhin, dass auf der Basis der Befunde die Suchdauer als Indikator des Berufserfolgs eher ungeeignet scheint. Die bereits im Abschnitt 5.3.3 diskutierten Einwände gewinnen mit diesem Modell an empirischem Gehalt. Auch an dieser Stelle sei darauf hingewiesen, dass diese Modell vorerst keine allgemeine Gültigkeit für alle Akademiker/innen beanspruchen kann. Die Kontrollvariablen erhöhen zwar die Verallgemeinerbarkeit des Modells. Die Befunde gelten allerdings vorerst nur für die untersuchte Personengruppe.

10 Erste Erwerbstätigkeit nach dem Studium und Berufseintrittserfolg

10.1 Erste Erwerbstätigkeit nach dem Studium

Eine zentrale Kategorie der Analysen zum Berufserfolg von Hochaqualifizierten stellt die erste Erwerbstätigkeit nach dem Verlassen der Hochschule dar. Diese Statuspassage ist von großer Bedeutung. Aus diesem Grund werden im nun folgenden Teil die bereits im Abschnitt 6.1.1 eingeführten und zur Bearbeitung der Fragestellung relevanten Aspekte dieser Tätigkeit vorgestellt. Mit der ersten Erwerbstätigkeit sind in dieser Untersuchung befristete und unbefristete, Teil- und Vollzeiterwerbstätigkeiten oder eine Tätigkeit als Selbstständige/r gemeint. Davon ausgeschlossen wurden zweite Ausbildungsphasen, wie beispielsweise ein Referendariat oder die Tätigkeit als Arzt im Praktikum, sowie geringfügige Beschäftigungsverhältnisse. Im nun folgenden ersten Abschnitt steht die *FORSCHUNGSFRAGE 3.1* (Wie stellt sich die berufliche Situation der ersten Erwerbstätigkeit dar?) im Mittelpunkt.

10.1.1 Einkommen

In der zugrunde liegenden Studie wurde das Nettoeinkommen erfasst.[1] Die Nettoeinkommen (*verfügbare Einkommen*) setzen sich aus den um Steuern und Sozialbeiträgen verminderten Einkommen und zusätzlichen Zahlungen, wie beispielsweise Urlaubs- und Weihnachtsgeld, Honoraren und Tantiemen, zusammen. Aufgrund der Verwendung des verfügbaren Einkommens ist eine Vergleichbarkeit der Einkommen zwischen der privaten Wirtschaft, dem öffentlichen Dienst und eingeschränkt auch der selbständigen Tätigkeiten gegeben. Werden Einkommen innerhalb eines längeren Zeitraums analysiert, muss die inflationsbedingte Entwertung der Einkommen berücksichtigt werden. Daher wurden die erfassten mo-

---

[1] Die Operationalisierung und Messung werden im Abschnitt 7.3.1 diskutiert.

natlichen Nettoeinkommen um die Inflationsrate bereinigt. Die Nettoeinkommen wurden auf der Basis des Verbraucherpreisindex (vgl. Statistisches Bundesamt 2006: 326) auf das Bezugsjahr 2000 deflationiert. Damit kann man unter anderem die Entwicklung der Reallöhne im Zeitverlauf vergleichend nachvollziehen und Einkommen unterschiedlicher Zeitpunkte zueinander in Beziehung setzen.

Tabelle 10.1: Einkommen der ersten Erwerbstätigkeit (gruppiert) (in %)

	Gesamt (n = 3.079)
Bis 1.000 €	17,0
1.000 bis unter 1.500 €	23,4
1.500 bis unter 2.000 €	23,4
2.000 bis unter 2.500 €	16,6
2.500 € und mehr	19,6

Die Nettoeinkommen sind in der hier gewählten Gruppierung relativ gleich verteilt. Im Durchschnitt verdienen die befragten Personen etwa 1870 € ($\bar{x} = 1866,24$ €; $s = 1027,47$). In den Angaben steckt eine mögliche Verzerrung in Richtung höherer Einkommen. Bei den Fragen zum monatlichen Nettoeinkommen wurde explizit um die Angabe in € gebeten. Es kann nicht ausgeschlossen werden, dass trotz dieser Anweisung ein Teil der Befragten die Angaben für Tätigkeiten vor der Währungsumstellung 2002 in Deutsche Mark machte und damit das Einkommen leicht überschätzt wird.

10.1.2 Berufliche Stellung und berufliche Autonomie

Als Alternative zu diesen aufwändigen und kostenintensiven Verfahren zur Bestimmung von Statusunterschieden und zur Untersuchung von sozialer Mobilität (vgl. dazu Abschnitt 3.3) fanden vor allem auf nationaler Ebene einfachere Skalen Anwendung. Dabei wird auf die Liste der Klassifikation der beruflichen Stellung der Mikrozensus-Zusatzbefragung „Berufliche und soziale Umschichtung der Bevölkerung" vom April 1971 zurückgegriffen.[2] Der Vorteil dieser Klassifikation liegt in der Differenzierung der beruflichen Stellung entsprechend der Tätigkeitsmerkmale. So werden Landwirte, Angehörige freier Berufe und Selbstständige

---

[2] Diese Liste ist Bestandteil der *Demografischen Standards* (Ehling et al. 1992) und damit Teil vieler sozialwissenschaftlicher Erhebungen (u. a. ALLBUS, SOEP).

nach der Betriebsgröße beziehungsweise nach der Anzahl der Beschäftigten unterteilt. Bei den Beamt/innen wird nach der Art der Laufbahn unterschieden. Für die Angestellten ist der Grad der Autonomie entscheidend (u. a. Tegtmeyer 1976). In Anbetracht des zeitlichen und ökonomischen Aufwands, der hinter der Kodierung beruflicher Tätigkeiten steht, geht Hoffmeyer-Zlotnik (1993) einen Schritt weiter, indem er eine Skala zur „Autonomie in der Tätigkeit" konstruiert. Er nimmt eine Reduktion des Abstraktionsgrads des theoretischen Konstrukts sozialer Status vor und führt seine Skala ebenfalls auf die Erhebung der beruflichen Stellung zurück. Eine Korrelationsstudie mit den Prestige-Werten nach Treiman (1977) rechtfertigen seiner Meinung nach diese Simplifikation:

> „Die aufwändige Abfrage und teure Vercodung der „beruflichen Tätigkeit" lässt sich mit der „Autonomie des Handelns" im Regelfall vermeiden, sofern es nur um einen Schicht-Index geht. Ein Erfassen und Vercoden der „beruflichen Tätigkeit" könnte damit auf spezielle Fragestellungen beschränkt bleiben, die mehr als eine grobe Verortung von Befragungspersonen in der gesellschaftlichen Hierarchie erfordern. Die Mehrheit der Studien wird jedoch mit einem Prestige-Index, bzw. einer SES-Variable [M. K. sozio-ökonomische Statusvariable], auf einer 5-Punkte-Skala messend, wie sie die „Autonomie des Handelns" darstellt, hinreichend arbeiten können." (Hoffmeyer-Zlotnik 2003: 125).

Diese Befunde gewinnt vor dem Hintergrund der integrativen Funktion von Beruf und damit verbunden von Erwerbstätigkeit weiter an Bedeutung. Insbesondere in den modernen industriellen Gesellschaften stellt die Erwerbstätigkeit nicht nur die allgemeine Grundlage der Lebenserhaltung dar, sondern besitzt darüber hinaus auch determinierenden Charakter, der bis in Familien, die Freizeitgestaltung und das Selbstbild der Individuen hineinreicht.

Aufgrund der hohen Korrelation mit den üblichen Prestige-Skalen wurde auch hier die berufliche Stellung (Hoffmeyer-Zlotnik 2003: 119) erfasst und aufbauend auf diesen Daten eine Skala zur „Autonomie des beruflichen Handelns" (Hoffmeyer-Zlotnik 2003: 121) erarbeitet, die Auskunft über den sozialen Status der Befragten gibt.

Da die von Hoffmeyer-Zlotnik (1993: 136) vorgeschlagene Skala für die Gesamtbevölkerung konzipiert war, verwundern die hohen Autonomiewerte nicht (Tabelle 10.2). Insgesamt 69,3 % gaben an, eine hohe oder sehr hohe Autonomie im beruflichen Handeln bereits in der ersten Erwerbstätigkeit nach dem Studium zu besitzen. Das verweist zugleich auf eine hohe Statusadäquanz in Bezug auf die

Tabelle 10.2: Autonomie des beruflichen Handelns der ersten Erwerbstätigkeit (in %)

	Gesamt (n = 3.079)
1 – sehr niedrig	1,1
2	3,5
3	26,2
4	57,5
5 – sehr hoch	11,8

der Skala zugrunde liegende Abfrage der beruflichen Stellung. Nur knapp 5 % gaben eine sehr niedrige oder niedrige Autonomie an.

10.1.3 Zufriedenheit

Die Zufriedenheit wurde mittels einer Globalabfrage erhoben.[3] Die gruppierten Antwortverteilung in den objektiven Indikatoren finden sich auch in den ausgewählten subjektiven Indikatoren wieder. 64,1 % der Akademiker/innen gaben an, mit der ersten Erwerbstätigkeit zufrieden oder sehr zufrieden zu sein (Tabelle 10.3). Unzufrieden oder sehr unzufrieden zeigten sich nur 14,2 %. Der Befund wird durch einen Mittelwert ($\bar{x}$) von 2,29 und einem Median (m) von 2 bestätigt.

Tabelle 10.3: Berufliche Zufriedenheit der ersten Erwerbstätigkeit (in %)

	Gesamt (n = 3.282)
1 – sehr zufrieden	24,8
2	39,3
3	21,7
4	10,0
5 – völlig unzufrieden	4,2

---

[3] Zur methodischen Umsetzung siehe Abschnitt 7.3.2.

10.1.4 Bedeutung des Hochschulstudiums

Auch der zweite Indikator der subjektiven Dimension verweist auf einen hohen beruflichen Erfolg. Nur 7,1 % gaben an, dass ein erfolgreich absolviertes Studium für die erste Erwerbstätigkeit nach dem Studium keine Bedeutung hatte (Tabelle 10.4). Für weitere 16,4 % war ein Studium zumindest von Vorteil, auch wenn es nicht erforderlich war. Für etwas mehr als ein Drittel (36,7 %) war ein abgeschlossenes Hochschulstudium zumindest fachliche Voraussetzung, um die Stelle anzutreten. Für 39,7 % war das Studium zugleich formale Zugangsvoraussetzung.

Über die Hälfte aller Befragten (51,5 %) gaben an, dass eine Studium formale Voraussetzung für die erste Erwerbstätigkeit war.

Tabelle 10.4: Bedeutung des Hochschulstudiums für die erste Erwerbstätigkeit (in %)

Ein Hochschulstudium war ...	Gesamt (n = 3.005)
formale Voraussetzung	39,7
fachliche Voraussetzung	36,7
keine Voraussetzung, aber von Vorteil	16,4
ohne Bedeutung	7,1

10.1.5 Klassische Modelle des Berufserfolgs

Ein weit verbreitetes multivariates Verfahren zur Analyse des Berufserfolgs von Hochqualifizierten stellen Regressionsanalysen dar (u. a. Birkelbach 1998; Dette 2005; Enders und Bornemann 2001; Fehse und Kerst 2007; Hemsing 2001; Krempkow und Pastohr 2006; Kropp 1998; Schomburg und Teichler 1998). Auch für die hier ausgewählten vier Indikatoren beruflichen Erfolgs wurden multivariate Modelle anhand von Regressionsanalysen geschätzt. Für Einkommen, Autonomie des beruflichen Handelns und die berufliche Zufriedenheit wurden multiple lineare Regressionen gerechnet. Für die Bedeutung des Hochschulstudiums für die erste Erwerbstätigkeit wurde ein Logit-Modell verwendet. Die abhängige dichotome Variable bildete die Information: Studium als formale Voraussetzung für die erste Erwerbstätigkeit nach dem Studium – ja oder nein. Sowohl für die linearen Regressionen als auch das logistische Modell wurden die bereits bekannten Determinanten aus Modell 6.1 verwendet. Zusätzlich fand der Übergang von der

Hochschule in die erste Erwerbstätigkeit nach dem Verlassen der Hochschule Berücksichtigung. Dafür wurde auf den Befunden zum Übergang (Abschnitt 9.1), der Stellenfindungsrate (Abschnitt 9.2.4) und der Stellensuche (Abschnitt 9.2.5) eine neue Variable *Übergang* mit dem folgenden Ausprägungen gebildet:

- direkter Übergang
- Übergang innerhalb der ersten 6 Monate
- Übergang nach 6 bis 12 Monaten
- Übergang nach mehr als 12 Monaten

Die Ergebnisse der multivariaten Analysen werden im Folgenden kurz dargestellt.[4]

Humankapital

Der Berufsabschluss hat einen positiven Einfluss auf das Einkommen, aber einen negativen auf die Bedeutung des Hochschulabschlusses.[5] Während Personen mit einer erfolgreich abgeschlossenen Berufsausbildung vor dem Studium mehr Geld verdienen als Personen ohne, treten sie häufiger Stellen an, für die ein Hochschulstudium keine Voraussetzung ist. Der Hochschulzugang zeigt nur einmal Wirkung auf einen Indikator. Personen, die über den Dritten Bildungsweg zum Studium gekommen sind, haben eine vergleichsweise niedrigere Autonomie im beruflichen Handeln.

Die Fächerunterschiede sind nicht stringent. Absolventinnen und Absolventen der Wirtschaftswissenschaften, der Fächergruppen Mathematik und Naturwissenschaften und Ingenieurwissenschaften sowie der HWP erzielen in der ersten Erwerbstätigkeit nach dem Studium ein höheres Einkommen als die Akademiker/innen mit einem sprach- oder kulturwissenschaftlichen Abschluss. Absolventinnen und Absolventen der Fächergruppen Wirtschaftswissenschaften und Sozialwissenschaften haben im Vergleich zu den Sprach- und Kulturwissenschaften eine niedrigere Autonomie. Auf die Zufriedenheit scheint das studierte Fach keinen Einfluss zu haben. Ob ein Studium formale Voraussetzung war, wird nur durch das Fach Medizin erklärt.

Der Hochschultyp ist nur in Bezug auf das Einkommen relevant. Absolventinnen und Absolventen von Fachhochschulen und Gesamthochschulen verdienen mehr als Personen mit universitärem Abschluss. Eine bessere Note steigert die

---

[4] Die Tabellen dazu befinden sich in (Kühne 2008: 277).
[5] Es werden nur signifikante Ergebnisse diskutiert.

Zufriedenheit sowie die Wahrscheinlichkeit, dass für die erste Erwerbstätigkeit ein Hochschulstudium formale Voraussetzung ist. Eine mit Aufnahme der ersten Erwerbstätigkeit begonnene oder abgeschlossene Promotion steigert das Einkommen erheblich und hat einen positiven Einfluss auf die Zufriedenheit.

Die soziale Herkunft besitzt ebenfalls keinen einheitlichen und stringenten Einfluss. Im Vergleich zur niedrigsten Gruppe besitzt die Gruppe von Personen mittlerer sozialer Herkunft einen negativen Einfluss auf die Autonomie und die Gruppe gehobener Herkunft einen positiven Einfluss auf die Zufriedenheit.

Soziodemografische Merkmale

Die Soziodemografischen Merkmale sind nur für die Erklärung von Einkommen relevant. Der Effekt von Alter entspricht den Befunden allgemeiner Studien. Mit einem steigenden Alter ist zugleich ein Anstieg des Einkommens verbunden. Männer verdienen mehr als Frauen.[6] Eine Elternschaft unabhängig vom Geschlecht verringert das Einkommen der ersten Tätigkeit erheblich. Kontrolliert man den Interaktionseffekt von Geschlecht und Elternschaft, wird deutlich, dass Männer mit mindestens einem Kind beim Berufseintritt deutlich mehr verdienen als Männer ohne.

Arbeitsmarktsituation

Der Arbeitsmarktquotient zeigt ebenfalls nur bei der Erklärung von Einkommen einen Einfluss, jedoch konträr zu einer erwartbaren Tendenz. Je größer das Verhältnis Bewerber zu offenen Stellen, umso mehr Einkommen wird erzielt. Das könnte möglicherweise damit zusammenhängen, dass die Einkommen im Laufe der Zeit gestiegen sind und sich zugleich die Arbeitsmarktchancen von Hochqualifizierten verschlechtert haben. Allerdings werden die Veränderungen im Zeitverlauf durch den Arbeitsmarktindikator selbst kontrolliert. Zugleich kann im Modell das Jahr des Berufseintritts konstant gehalten werden. Außerdem wurde das Einkommen über den Verbraucherpreisindex korrigiert. Unter Umständen ist es auf eine kontinuierliche Steigerung der Nettolöhne zurückzuführen. Dieser Effekt kann mit den zur Verfügung stehenden Daten nicht endgültig erklärt werden. Das Jahr des Berufseintritts hat bis auf die Bedeutung des Hochschulstudiums immer einen negativen Effekt. Je später der Einstieg in den Akademikerarbeitsmarkt stattfand, umso niedriger war das Einstiegseinkommen, die Autonomie des beruflichen Handelns und nicht zuletzt die berufliche Zufriedenheit.

---

[6] Dieser Befund bleibt auch unter Kontrolle von Teilzeit vs. Vollzeit in der Erwerbstätigkeit erhalten.

Übergang in den Akademikerarbeitsmarkt

Die neu gebildete Variable für den Übergang in den Arbeitsmarkt trägt nur im Modell der Zufriedenheit zur Erklärung bei. Dort zeigt sich, dass ausgehend vom direkten Übergang die Zufriedenheit über die Gruppen bis zu 6 Monate Suchdauer, 6 bis 12 Monate erfolglose Stellensuche bis zu einer Suche von mehr als einem Jahr stetig abnimmt. In den anderen Modellen klärt diese Variable keine Varianz der abhängigen Variable signifikant auf. Insgesamt zeigt sich ein heterogenes Bild. Bei dieser Form der Datenanalyse treten regelmäßig, wie auch in dieser Untersuchung, drei grundlegende Probleme auf:

(1) Zwischen den einzelnen Indikatoren ergeben sich größere Unterschiede in der Wirkung einzelner Determinanten, die teilweise konträre Effekte aufweisen (u. a. Krempkow und Pastohr 2006; S. 145 Heidemann 2005).

(2) Außerdem existieren kaum Variablen, die eine durchgängige Erklärungskraft über die Modelle unterschiedlicher Indikatoren von Berufserfolg besitzen (u. a. Hemsing 2001: 208; Schomburg 2007).

(3) Insgesamt besitzen die berücksichtigten Variablen eine geringe Erklärungskraft (Schomburg und Teichler 1998: 167f.; Schomburg 2007).

Mit der Breite der Operationalisierung des Konstruktes Berufserfolg steigt zwar die Wahrscheinlichkeit, die Nähe zum empirischen Gegenstand zu verkürzen und damit Ergebnisse auf eine valide Basis zu stellen. Zugleich sind damit analytische Probleme verbunden, die sich unter anderem in heterogenen Befunden zu den einzelnen Determinanten zeigen. Aus diesem Grund wurden sowohl für die erste Erwerbstätigkeit nach dem Studium als auch für die letzte Erwerbstätigkeit vor dem Ruhestand ein Index für den Berufserfolg gebildet. Dafür wurden die vier einzelnen Aspekte:

1. Einkommen
2. berufliche Stellung und Autonomie der beruflichen Handlung
3. Zufriedenheit
4. Bedeutung eines abgeschlossenen Hochschulstudiums für die Erwerbstätigkeit

zusammengefasst. Die metrischen Indikatoren (Einkommen, Autonomie, Zufriedenheit) wurden dichotomisiert. Die beiden daraus entstandenen Gruppen entsprechen entweder einer hohen oder einer niedrigen Ausprägung des Indikators.

Die Bedeutung des abgeschlossenen Hochschulstudiums für die letzte Erwerbstätigkeit wurde ebenfalls in zwei Gruppen eingeteilt (je nachdem, ob ein Hochschulstudium Voraussetzung war oder nicht).[7] Die Indexbildung erfüllte zusätzlich zwei weitere Ziele:

- Durch die Verwendung mehrerer Indikatoren wurde die Validität der Messung erhöht.
- Die Bildung des Index reduzierte die in den Einzelindikatoren enthaltenen Informationen auf einen Skalenwert. Dadurch werden die anschließenden Analysen übersichtlicher und zuverlässiger.

Im nun folgenden Abschnitt steht der Index *Berufseintrittserfolg* im Mittelpunkt der Analysen.

10.2 Berufseintrittserfolg

Der nun folgende Abschnitt gibt Antwort auf die *FORSCHUNGSFRAGE 3.2.*, welche Aspekte einen Einfluss auf den Berufseintrittserfolg haben. Der durchschnittliche Berufseintrittserfolg beträgt $\bar{x} = 2{,}25$ bei einer Standardabweichung von $s = 1{,}20$. Diese Werte verweisen darauf, dass der Berufserfolg keine ungewöhnliche Streuung aufweist und eher in Richtung eines hohen beruflichen Erfolgs tendiert. Das bestätigt auch die Verteilung der Variable (Tabelle 10.5).

Tabelle 10.5: Verteilung des Berufseintrittserfolgs (in %)

	Gesamt (n = 3.079)
0 – sehr gering	9,7
1	17,4
2	27,0
3	29,9
4 – sehr hoch	16,1

Ausgehend von diesem Ergebnis stellt sich die Frage, wie sich die einzelnen Subgruppen im Berufseintrittserfolg unterscheiden. Im nun folgenden Abschnitt

---

[7] Die Bildung des Index wird in Abschnitt 6.1 ausführlich beschrieben und diskutiert.

werden die Verteilungen der zentralen Determinanten präsentiert. Zur Beantwortung der Forschungsfrage 3.2 werden im nun folgenden Abschnitt explorative Analysen durchgeführt. Schwerpunkt des Abschnitts bildet die Suche nach relevanten Unterschieden im Mittelwert zwischen den bereits eingeführten Subgruppen.

10.2.1 Soziodemografische Merkmale

Geschlecht

Auf der Grundlage von zahlreichen Befunden zur Benachteiligung von Frauen am Arbeitsmarkt und den bereits vorliegenden Ergebnissen dieser Analysen, ist anzunehmen, dass sich Unterschiede im Berufseintrittserfolg zwischen Akademikerinnen und Akademikern ergeben. Der t-Test zu dieser Frage (Tabelle 10.6) unterstützt diese Vermutung. Während der Mittelwert von Frauen ($\bar{x} = 2{,}04$) deutlich unter dem Durchschnitt aller Befragten insgesamt liegt, übertrifft der Berufseintrittserfolg der Akademiker diesen Wert.

Tabelle 10.6: Berufseintrittserfolg, verteilt nach Geschlecht (Mittelwert $\bar{x}$ und Standardabweichung s)

	n	$\bar{x}$	s
Frauen	841	2,04	1,17
Männer	1.654	2,36	1,20

$t = -6{,}37; p < 0{,}001$

Elternschaft

Eine intervenierende Wirkung von Elternschaft, die beim Übergang von der Hochschule in die erste Erwerbstätigkeit sichtbar wurde, lässt sich in Bezug auf den Berufseintritt nicht feststellen. Auch im Zusammenhang mit Geschlecht ergeben sich keine signifikanten Unterschiede. Unter Kontrolle beider Einflüsse[8] blieb nur der Effekt von Geschlecht (Tabelle 10.6) erhalten.

---

[8] Dafür wurde ein allgemeines lineares Modell berechnet. Das Modell mit den unabhängigen Variablen Geschlecht und Elternschaft verwies insgesamt auf mindestens einen bestehenden Effekt ($F = 14{,}12; p < 0{,}001$). Allerdings konnten weder der Interaktionseffekt Elternschaft*Geschlecht (F

Tabelle 10.7: Berufseintrittserfolg, verteilt nach Elternschaft zum Berufseintritt (Mittelwert $\bar{x}$ und Standardabweichung s)

	n	$\bar{x}$	s
kein Kind	1.812	2,25	1,17
mindestens ein Kind	710	2,27	1,20

$t = 0,51; n. s.$

10.2.2 Humankapital

Berufsausbildung

Die Analysen der Wirkung der Berufsausbildung auf den Übergang haben tendenziell eher eine verkürzende Wirkung auf die Suchdauer und den Übergang ergeben. Die Ergebnisse der Analysen zu den Einzelindikatoren waren heterogen (vgl. Seite 174. Im Bezug auf den Index Berufseintrittserfolg zeigt sich vorerst ein signifikant negativer Einfluss einer Berufsausbildung. Ohne Kontrolle anderer Einflüsse scheinen Personen ohne eine abgeschlossene Berufsausbildung vor dem Studium einen höheren Berufseintrittserfolg aufzuweisen.

Tabelle 10.8: Berufseintrittserfolg, verteilt nach abgeschlossener Berufsausbildung vor dem Studium (Mittelwert $\bar{x}$ und Standardabweichung s)

	n	$\bar{x}$	s
ohne Berufsausbildung	652	2,48	1,19
mit Berufsausbildung	1.870	2,17	1,19

$t = 5,73; p < 0,001$

Unterschiede zwischen Fächergruppen und Hochschultypen

Zahlreiche empirische Ergebnisse verweisen auf die Einflüsse des studierten Fachs und des Typs der besuchten Hochschule auf den Berufserfolg. Tabelle 10.9

$= 2,36; n. s.$) noch der Haupteffekt Elternschaft ($F = 0,06; n. s.$) mit der nötigen Sicherheit als Einfluss manifestiert werden. Nur der Haupteffekt von Geschlecht ($F = 40,11; p < 0,001$) konnte als signifikanter Einfluss bestätigt werden.

gibt Auskunft über die Mittelwertsunterschiede zwischen den Fächergruppen dieser Studie. Die nach dem absteigenden Mittelwert sortierten Fächergruppen ver-

Tabelle 10.9: Berufseintrittserfolg, verteilt nach Fächergruppen (Mittelwert $\bar{x}$ und Standardabweichung s)

	n	$\bar{x}$	s
Mathematik, Naturwissenschaften	201	2,56	1,16
Medizin	71	2,46	0,97
Rechtswissenschaften	187	2,44	1,15
Ingenieurwissenschaften	269	2,35	1,08
Humanwissenschaften (mit Sport)	271	2,26	1,15
Sozialwissenschaften	536	2,25	1,21
Sprach- und Kulturwissenschaften	267	2,19	1,36
Wirtschaftswissenschaften	255	2,14	1,24
HWP Studium	465	2,05	1,18

$F = 4,86; p < 0,001$

weisen auf größere Unterschiede. Den größten Berufseintrittserfolg weisen Akademiker/innen der Fächergruppe Mathematik, Naturwissenschaften auf. Die Absolventinnen und Absolventen der HWP haben den niedrigsten Berufserfolg. Für die explorative Analyse der Frage, ob sich Unterschiede zwischen einzelnen Fächergruppen in Bezug auf den Berufseintrittserfolg ergeben, wurde zusätzlich eine einfache Varianzanalyse durchgeführt. Da die Varianzanalyse nur global testet, ob *irgendein* Mittelwertsunterschied besteht, wurden zusätzlich *post-hoc-Tests* durchgeführt. Diese Signifikanztests werden verwendet, um die einzelnen Subgruppen mit signifikanten Unterschieden zu identifizieren (Brosius 2002: 484ff.). Diese Verfahren eignen sich insbesondere für explorative Verfahren ohne a priori formulierte Hypothesen. Für die Untersuchung der Unterschiede zwischen den Fächergruppen wurde auf den Test nach *Scheffé* zurückgegriffen.[9] Auf der Basis des post-hoc-Tests lassen sich nur zwischen den Fächergruppen Mathematik, Naturwissenschaften und HWP Studium ($\Delta\bar{x} = 0,51; p < 0,01$) signifikante Unterschiede feststellen. Bei allen anderen Unterschieden kann zumindest nicht mit

---

[9] Der *Scheffé* zählt zu den konservativsten a-posteriori-Vergleichen und entscheidet eher zugunsten der H_0 (Bortz 1999: 263). Dieser Test wurde außerdem gewählt, weil er sich gegenüber Verletzungen der Testannahmen als robust erweist und auch angewendet werden kann, wenn sich die Subgruppen stark in der Größe unterscheiden.

einer ausreichenden Sicherheit (Signifikanzniveau $\alpha = 5\,\%$) davon ausgegangen werden, dass diese *überzufällig* in der Stichprobe auftreten.

In Bezug auf die Unterschiede zwischen den Hochschultypen weisen die Absolventinnen und Absolventen der Universitäten den höchsten und die Fachhochschulabsolventinnen und Fachhochschulabsolventen den niedrigsten Berufseintrittserfolg auf. Auch hier wurde explorativ auf Gruppenunterschiede getestet. Es ergeben sich nur zwischen den Universitäten und den Fachhochschulen signifikante Unterschiede ($\Delta\bar{x} = 0,17;\ p < 0,05$).

Tabelle 10.10: Berufseintrittserfolg, verteilt nach Hochschultyp des ersten Studiums (Mittelwert $\bar{x}$ und Standardabweichung s)

	n	$\bar{x}$	s
Universität	1.128	2,36	1,21
Fachhochschule	443	2,19	1,19
Gesamthochschule	98	2,33	1,21

$F = 3,22;\ p < 0,05$

Soziale Herkunft

Ausgehend von den Überlegungen zur *HYPOTHESE 2.3* sollte die soziale Herkunft einen Einfluss auf den Berufseintrittserfolg besitzen. Eine steigende Herkunft sollte den Berufseintrittserfolg erhöhen. Allerdings ließ sich in Bezug auf diesen Aspekt kein Effekt feststellen.

10.2.3 Arbeitsmarktsituation

Arbeitsmarktquotient

Die Arbeitsmarktsituation konnte bei den Einzelindikatoren zumindest bei der Erklärung des Einkommens beitragen. Auch in Bezug auf den Berufseintritt konnte ein signifikanter Einfluss festgestellt werden. Mit einer Verbesserung der Arbeitsmarktsituation steigt auch der Berufseintrittserfolg ($r = -0,12;\ p < 0,001$).

Jahr des Berufseintritts

Die Erklärung des Indikators Zufriedenheit erfolgte unter anderem durch das Jahr des Berufseintritts. Es besteht zugleich ein negativer Zusammenhang mit dem Berufseintrittserfolg ($r = -0,24; p < 0,001$). Umso später die Personen in den Arbeitsmarkt eingetreten sind – je näher also das Jahr des Berufseintritts am Zeitpunkt der Erhebung liegt –, umso niedriger ist der Berufseintrittserfolg. Dieser Effekt muss allerdings vorerst unter Vorbehalt interpretiert werden, da sich darin durchaus auch Alterseffekte zeigen können. Um den Einfluss von Drittvariablen kontrollieren zu können, wurde wiederum ein multivariates Modell spezifiziert. Die Ergebnisse werden im anschließenden Abschnitt präsentiert.

10.2.4 Multivariate Analysen

Zur Erklärung des Berufseintrittserfolgs der befragten Personen wurde wiederum eine multivariate Regression auf die drei relevanten Bereiche:

1. Humankapital,

2. soziodemografische Merkmale und

3. Arbeitsmarktsituation

gerechnet. Es werden die unstandardisierten Regressionskoeffizienten angegeben.[10] Die Ergebnisse des Modells in Tabelle 10.11 präsentiert.

Humankapital

Der negative Einfluss einer abgeschlossenen Berufsausbildung (Tabelle 10.2.2) geht unter Kontrolle der anderen Variablen verloren. Im multivariaten Modell hat der Abschluss einer Berufsausbildung keinen Effekt auf den Berufseintrittserfolg. Die Art des Hochschulzugangs bleibt wiederum ohne Einfluss. Dieser Befund kann als Hinweis darauf gedeutet werden, dass die potentiell bis zum Hochschulstudium existierenden Ungleichheiten (u. a. im Bildungszugang und den damit verbundenen Folgen) mit einem Studium nivelliert werden können.

---

[10] Für die metrischen Variablen ist der standardisierte Koeffizient in Klammern angegeben. Da die Standardabweichung einer dichotomen Variable eine Funktion der Schiefe ist, werden die standardisierten Koeffizienten der Dummyvariablen (β-Koeffizienten) immer kleiner, umso schiefer die Variable ist (Kohler und Kreuter 2001: 194). Deswegen werden für diese Variablen die unstandardisierten Regressionskoeffizienten ausgewiesen.

Tabelle 10.11: Determinanten des Berufseintrittserfolgs

	B	(β)
Humankapital		
Berufsabschluss (Ref.-kat.: kein Abschluss)	-0,02	
Hochschulzugang (Ref.-kat.: Abitur/Hochschulreife)		
Zweiter Bildungsweg	-0,05	
Dritter Bildungsweg	-0,18	
Studienfach (Ref.-kat.: Sprach- und Kulturwiss.)		
Humanwissenschaften	**0,30** *	
Sozialwissenschaften	**0,27** **	
Wirtschaftswissenschaften	0,08	
Mathematik, Naturwissenschaften	**0,43** ***	
Medizin	0,12	
Ingenieurwissenschaften	**0,41** **	
HWP	0,21	
Hochschultyp (Ref.-kat.: Universitäten)		
Fachhochschule	**-0,18** *	
Gesamthochschule	-0,02	
Abschlussnote	**-0,16** ***	(-0,77)
Promotion begonnen (Ref.-kat.: nicht begonnen)	**0,40** ***	
Soziale Herkunft (Ref.-kat.: niedrige Gruppe)		
Mittlere Gruppe	-0,12	
Gehobene Gruppe	0,05	
Hohe Gruppe	-0,04	
Soziodemografische Merkmale		
Alter beim Verlassen der Hochschule	0,00	(0,01)
Geschlecht (Ref.-kat.: weiblich)	0,04	
Elternschaft beim Übergang (Ref.-kat.: kein Kind)	-0,31	
Geschlecht*Elternschaft	0,19	
Arbeitsmarktsituation		
Arbeitsmarktquotient	-0,03	(-0,04)
Jahr des Berufseintritts	**-0,04** ***	(-0,27)
Berufseintritt		
Übergang (Ref.-kat.: direkt)		
bis 6 Monaten	**-0,17** **	
nach 6 bis 12 Monaten	-0,18	
nach mehr als 12 Monaten	**-0,31** **	
Konstante	**80,08** ***	
n	1.852	
R^2	0,13	

*Signifikanzniveaus: * p < 0,05; ** p < 0,01; *** p < 0,01*

Der vergleichsweise hohe Erfolg der Fächergruppe Mathematik, Naturwissenschaften bestätigt sich auch in diesem Modell unter Kontrolle zahlreicher anderer Einflüsse. Zusätzlich weisen die Ingenieurwissenschaften, die Sozialwissenschaften und die Humanwissenschaften im Vergleich zu den Sprach- und Kulturwissenschaften einen höheren Berufseintrittserfolg auf. Neben den Fächereffekten bestätigt sich auch der Effekt des Hochschultyps. Absolventinnen und Absolventen von Universitäten haben einen höheren Berufseintrittserfolg als Fachhochschulabsolventinnen und Fachhochschulabsolventen. Je schlechter die Abschlussnote (Werte steigen an), umso geringer fällt der Berufserfolg aus. Wurde eine Promotion vor dem Berufseintritt begonnen, wirkt sich das insgesamt positiv auf den Berufseintritt aus. Auch im multivariaten Modell bleibt die soziale Herkunft ohne Einfluss.

Soziodemografische Merkmale

Die soziodemografischen Merkmale haben keinen Einfluss auf den Berufseintritt. Weder Alter, Geschlecht[11] noch Elternschaft beeinflussen den Berufseintrittserfolg positiv oder negativ. Vergleicht man die determinierende Wirkung dieser Gruppe an Prädiktoren bei der Erklärung von Einkommen, wird ersichtlich, dass die anderen Indikatoren beruflichen Erfolgs erheblichen Einfluss sowohl auf die Situation als auch Interpretation des Berufseinstiegs besitzen.

Arbeitsmarktsituation

Der Einfluss des Arbeitsmarktquotienten ist nur noch tendenziell erhalten geblieben. Es ist kein signifikanter Einfluss zu erkennen. Allerdings ist der Einfluss des Berufseintrittsjahres offensichtlich. Auch wenn die mittlere Gruppe (nach 6 bis 12 Monaten) den Effekt nur tendenziell bestätigen kann ($B = -0,18; p < 0,1$), ist der Zusammenhang deutlich und die *FORSCHUNGSFRAGE 3.3*, ob der Berufseintrittserfolg in Abhängigkeit der Suchdauer unterschiedlich ausfällt, beantwortet. Je später die Personen in den Arbeitsmarkt einsteigen, umso niedriger ist der Berufseintrittserfolg. Dieser Effekt ist nicht auf das Alter zurückzuführen, da es im Modell kontrolliert wird. In der Analyse der Einzelindikatoren wurde nur in Bezug auf die Zufriedenheit ein Zusammenhang mit dem Berufsjahr sichtbar. Allerdings wird deutlich, dass zumindest in der Tendenz mit allen anderen In-

---

[11] Um die Effekte des Geschlechts abzusichern, wurde auch der Einfluss „Teilzeit versus Vollzeit" überprüft. Dafür wurde eine Dummy-Variable in das Modell einbezogen, die mit 0 (Erwerbstätigkeit war Teilzeit) und 1 (Erwerbstätigkeit wurde in Vollzeit ausgeübt) kodiert war. Die Effekte des Modells blieben erhalten.

dikatoren ebenfalls ein negativer Zusammenhang besteht. Je später die Personen in den Akademikerarbeitsmarkt eingestiegen sind (je näher also das Jahr das Berufseintritts nach dem Studium am Befragungszeitpunkt lag), umso niedriger war das Einkommen, umso niedriger die Autonomie, umso geringer die Zufriedenheit, und umso unwahrscheinlicher war ein Hochschulstudium Voraussetzung für diese Erwerbstätigkeit. Durch die Bildung des Index, kommt dieser Zusammenhang auch unter Kontrolle der anderen Variablen zum Tragen.[12]

10.3 Zusammenfassung

Das Konstrukt des Berufseintrittserfolg berücksichtigt in dieser Fassung sowohl objektive Indikatoren als auch subjektive Kriterien der ersten Erwerbstätigkeit nach dem erfolgreichen Hochschulabschluss. Diese Zusammenfassung an Indikatoren vereinfacht die Darstellung der Zusammenhänge im Vergleich zur Präsentation und Auswertung einzelner Modelle für jeden Indikator erheblich.

Es werden Einflüsse aus zwei der drei Dimensionen des grundlegenden Modells (Seite 102) sichtbar. Bei den Investitionen in das Humankapital sind es insbesondere die Entscheidungen im Bildungssystem (Wahl des Studienfaches und des Hochschultyps), die Abschlussnote und die individuelle Entscheidung zum Beginn eines Dissertationsprojektes, die den Berufseintrittserfolg beeinflussen. Damit kann im Anschluss an die eingangs diskutierte Literatur wiederum die Bedeutung der Abschlussnote bestätigt werden. Die drei Variablen Berufsabschluss, Hochschulzugang und soziale Herkunft besitzen keine signifikante Wirkung auf den Berufseintrittserfolg. Damit scheint zumindest für diese Fragestellung die Selektivität der Stichprobe unerheblich zu sein. Während die soziodemografischen Merkmale keinen Einfluss haben, verweist der signifikante Effekt des Berufseintrittsjahres auf einen Kohorteneffekt beim Berufseinstieg. Dieses Ergebnis stützt zumindest vorerst die Studien und Befunde, die der Entwicklung der letzten Jahrzehnte auf dem Akademikerarbeitsmarkt eher kritisch gegenüberstehen.

---

[12] Insgesamt werden 13 % der Varianz des Index Berufseintrittserfolg erklärt. Insofern scheinen noch andere nicht berücksichtigte Faktoren zur Erklärung beitragen zu können.

11 Kontinuität und Diskontinuität im Berufsverlauf

Trotz zahlreicher Diskussionen zum Stellenwert von Arbeit in der modernen Gesellschaft stellt die Erwerbstätigkeit nach wie vor eine zentrale Dimension im gesamten Lebensverlauf dar. Ein großer Teil der Lebensverläufe ist um die Erwerbstätigkeit organisiert und bildet den äußeren Bezugsrahmen für das Handeln (Birkelbach 1998: 21). Akademische Berufsverläufe sind in der Folge der eingangs diskutierten gesellschaftlichen Veränderungsprozesse immer stärker von Brüchen und Veränderungen gekennzeichnet. Dieses Phänomen kann unter anderem vor dem Hintergrund der *Diskontinuität* von Berufsverläufen untersucht werden.

Die Beschreibung von Diskontinuität im Berufsverlauf kann anhand unterschiedlicher Kriterien und Indikatoren erfolgen. Zu Beginn des Kapitels werden einige ausgewählte Studien vorgestellt. Im Anschluss daran werden subjektive Einschätzungen der Befragten verwendet, um das Ausmaß an diskontinuierlichen Berufsverläufen bei Hochqualifizierten zu bestimmen. Das sich daran anschließende Kapitel gibt Auskunft darüber, wie sich die subjektiv wahrgenommene Kontinuität oder Diskontinuität im Berufsverlauf niederschlägt. Es kann weiterhin gezeigt werden, dass der Berufseintritt nach dem Studium die Kontinuität sich anschließender Berufsverläufe beeinflusst.

Im Anschluss daran werden der Dimension subjektiver Urteile objektive Kriterien gegenübergestellt. Dafür wird auf den Arbeitsmarktindikator *Arbeitslosigkeit* zurückgegriffen. Es wird gezeigt, dass Auftreten und Häufigkeit von Arbeitslosigkeit in akademischen Berufsverläufen als Indikator diskontinuierlicher Berufsverläufe verwendet werden kann.

11.1 Indikatoren für Kontinuität und Diskontinuität

Im Fokus der Analysen stehen die Berufsverläufe von Hochqualifizierten. Einige der bereits im ersten Teil des Buches vorgestellten Studien konnten eine Pluralisierung akademischer Erwerbstätigkeit feststellen. Damit verbunden sind Veränderungen, die in der Literatur häufig mit Blick auf die *Kontinuität* beziehungsweise die *Diskontinuität* von Berufsverläufen diskutiert werden. Der Terminus Kontinuität wird in der Literatur mit unterschiedlichen Implikationen verwendet. In diesem Buch wird der Begriff *Kontinuität* an das Modell der Normalarbeit (siehe dazu den Abschnitt 5.2.4) angelehnt. Kontinuierliche Berufsverläufe sind vor allem durch dauerhafte Erwerbstätigkeit gekennzeichnet. Demgegenüber zeichnen sich diskontinuierliche Berufsverläufe durch Umwege, Brüche und Stellenwechsel aus, die zu häufigen beruflichen Neuorientierungen führen (Jacob 2001: 8).

Um das Ausmaßes an (Dis-)Kontinuität im Berufsverlauf zu beurteilen, werden unterschiedliche Phänomene herangezogen. Riesenfelder et al. (2007: 4) untersuchten in Österreich Karrieren im naturwissenschaftlich-technischen Arbeitsfeld von hochqualifizierter Frauen und Männer. Sie konnten dabei auf der Basis offener Interviews die folgenden Karrieretypen entwickeln:

- Personen mit durchgehendem Erwerb und Einkommenszuwachs
- Personen mit durchgehendem Erwerb ohne Einkommenszuwachs
- Personen mit Karenz(-en), mit Nebenerwerb
- Personen mit Karenz(-en), ohne Nebenerwerb
- Personen mit häufigen Arbeitsplatzwechseln, aber Einkommenszuwachs
- Personen mit längerer Arbeitslosigkeit
- Personen mit längeren arbeitsmarktfernen Zeiten
- Personen mit sonstigen Charakteristika

Ebenfalls in Österreich untersuchten Jelenko et al. (2007) die Erwerbsbiografien von diplomierten Pflegebediensteten. Dabei wurden 300 erwerbstätige und arbeitslose Pflegekräfte mit Hochschulabschluss standardisiert befragt. Auf der Basis dieser Erhebung wurden zwei Aspekte von Diskontinuität im Berufsverlauf näher untersucht:

- Wechsel innerhalb des Berufsfeldes
- Berufliche Unterbrechungen

Die häufigsten Ursachen für berufliche Unterbrechungen waren Kinderbetreuung und Arbeitslosigkeit. Andretta und Baethge (1996) untersuchten die beruflichen Transformationsprozesse in den neuen Bundesländern. Schwerpunkt der Studie war die Frage, wie sich bei beruflichen Transformationen durch die individuelle Neugewinnung einer Berufskategorie ein neues persönliches und sozialstrukturelles Organisationskonzept entwickeln kann. Dafür wurden Daten einer Panelbefragung von 660 Arbeitern und Arbeiterinnen sowie Angestellten im Industrie- und Dienstleistungssektor zwischen 1992 und 1994 ausgewertet. Diskontinuierliche Berufsverläufe wurden an den drei folgenden Aspekten festgemacht:

- Wechsel im Betrieb,
- Wechsel in einen anderen Betrieb und
- Auftreten von Arbeitslosigkeit.

Ausmaß von (Dis-) Kontinuität im Berufsverlauf war ebenfalls Teil einer Untersuchung von Hohner et al. (2003). Basis der Analysen war die Befragung von 936 Hochqualifizierten im Bereich Medizin und Psychologie. Auch in dieser Studie wurde das Ausmaß an Diskontinuität im Berufsverlauf an der Anzahl der Tätigkeitswechseln und Unterbrechungen wie Arbeitslosigkeit gemessen.

Wie bereits bei dieser Auswahl an Studien zu erkennen ist, werden unterschiedliche Indikatoren zur Beschreibung und Beurteilung des Ausmaßes von (Dis-)Kontinuität herangezogen. Ein Indikator, die Arbeitslosigkeit, wurde in allen Studien verwendet. Auch hier wird das Auftreten von Arbeitslosigkeit zur Beurteilung der Kontinuität des Berufsverlaufs herangezogen. Analysen dazu folgen im anschließenden Kapitel. Vorher werden die subjektiven Beurteilungen des Berufsverlaufs vorgestellt. Ziel der beiden folgenden Abschnitt wird es sein, der *FORSCHUNGSFRAGE 3.4* nachzugehen, ob Arbeitslosigkeit ein valider Indikator für einen weniger kontinuierlicher Berufsverlauf ist. Diese Fragestellung wird anhand der beiden Variablen Auftreten und Häufigkeit von Arbeitslosigkeit überprüft.

11.2 Die subjektive Beurteilung des Berufsverlaufs

Die Befragten wurden gebeten, anhand einzelner Aussagen ihren bisherigen Berufsverlauf zu charakterisieren.[1] Die höchsten Zustimmungswerte erhielten dabei die Aussagen: *Mein bisheriges Ausbildungs- und Berufsleben ...*

- verlief selbstbestimmt
- war durch Brüche und Umwege gekennzeichnet
- entsprach einem kontinuierlichen Aufstieg

---

[1] Diese Frage haben sowohl Personen mit einem abgeschlossenen Berufsverlauf (im Ruhestand) als auch erwerbstätige Akademiker/innen beantwortet. Aus diesem Grund wurde überprüft, ob sich diese beiden Gruppen in der Beantwortung der unterscheiden. Es ergaben sich nur geringfügige Unterschiede in der Stärke der Ausprägung. Die Reihenfolge der Nennung blieb erhalten.

Demgegenüber wurden die beiden Items:

• wurde durch eine tiefe berufliche Krise unterbrochen
• verlief ziemlich enttäuschend

von einem großen Teil der Befragten abgelehnt.

Tabelle 11.1: Bilanz des Berufsverlaufs, Anteil an Personen mit Zustimmung (in %)

	n	Anteil an Zustimmungen
Verlief selbstbestimmt	2.103	63,1
Durch Brüche und Umwege gekennzeichnet	1.646	49,7
Kontinuierlicher Aufstieg	1.492	44,8
Häufigeres Um- und Neuorientieren	1.261	38,1
Entsprach geradlinigem Weg	1.184	35,5
Belastet durch erhebliche Hindernisse und Konflikte	1.058	32,0
War größtenteils im Voraus geplant	612	14,5
Unterbrochen durch tiefe berufliche Krise	481	4,3
Verlief ziemlich enttäuschend	143	1,4

In der Beantwortung der Fragen zum Berufsverlauf finden sicher zahlreiche Aspekte Berücksichtigung. Berufsausbildungen vor dem Studium und nachgeholten Studienberechtigungen tragen sicherlich zu einer Bewertung der Berufsverläufe als „durch Brüche und Umwege gekennzeichnet" bei. Darin steckt zugleich die Begründung für die häufige Zustimmung zur Chrackterisierung des Berufsverlaufs als „kontinuierlichen Aufstieg". Das der überwiegende Teil der Befragten das Statement „verlief ziemlich enttäuschend" ablehnt, zeigt sich in der allgemeinen Zufriedenheit und Bewertung des Studiums. Von allen Befragten gaben nur 2 Personen an, dass sie aus der aktuellen Sicht betrachtet nicht mehr studieren würden.

Ausgehend von der Antwortverteilung der einzelnen Items, stellt sich die Frage, welche Items eher Kontinuität im Berufsverlauf abbilden und welche eher Brüche und damit Diskontinuitäten repräsentieren. Darauf wird im folgenden Abschnitt eingegangen. Außerdem wird kurz aufgezeigt, welchen Einfluss der Berufseintritt auf den Berufsverlauf hat.

11.2.1 Einfluss des Berufseintritts auf die Kontinuität im Berufsverlauf

Anhand einer Korrelationsstudie konnten zwei Gruppen von Items ermittelt werden. Die erste Gruppe *Kontinuität* enthält Items, die einen kontinuierlichen Berufsverlauf bei positiver Beantwortung repräsentieren. Dabei handelt es sich um die folgenden Items:

* Verlief selbstbestimmt,
* War größtenteils im Voraus geplant,
* Entsprach geradlinigem Weg und
* Kontinuierlicher Aufstieg.

Die Items dieser Gruppe korrelieren alle positiv miteinander. Demgegenüber konnte eine zweite Gruppe *Diskontinuität* davon abgegrenzt werden. Die Items dieser Gruppe korrelieren innerhalb ebenfalls alle positiv. Die Zusammenhänge zwischen beiden Gruppen sind alle negativ, was die inhaltliche Annahme – die Existenz zweier Gruppen – unterstützt. Dabei handelt es sich bei der Gruppe *Diskontinuität* um die Items:

* Unterbrochen durch tiefe berufliche Krise,
* Durch Brüche und Umwege gekennzeichnet,
* Häufigeres Um- und Neuorientieren,
* Verlief ziemlich enttäuschend und
* Belastet durch erhebliche Hindernisse und Konflikte.

Die Zusammensetzung dieser beiden Gruppe konnte mit einer konfirmatorischen Faktorenanalyse bestätigt werden.[2]

Vor dem Hintergrund dieser Ergebnisse wurde nun eine neue dichotome Variable „Kontinuität im Berufsverlauf" gebildet, die für die individuell wahrgenommene Kontinuität beziehungsweise Diskontinuität im Berufsverlauf steht. Dafür wurde aus den Items innerhalb einer Gruppe ein additiver Index gebildet. Da Zustimmung mit niedrigen Werten und Ablehnung mit hohen Werten einhergeht, wurden die Indizes mit einem negativen Vorzeichen versehen. Anschließend wur-

---

[2] Die Ergebnisse der konfirmatorischen Faktorenanalyse befinden sich in (Kühne 2008: 279).

den beide Indizes miteinander verglichen. Die Anzahl der Items zwischen den Gruppen variiert (In der Gruppe *Diskontinuität* sind es 5 und in der Gruppe *Kontinuität* nur 4). Aus diesem Grund wurden die Indizes vorher standardisiert. War der Indexwert *Kontinuität* größer als der Indexwert *Diskontinuität* erhielt die neue Variable „Kontinuität im Berufsverlauf" die Ausprägung *kontinuierlich*. Waren die Werte des Index *Diskontinuität* größer, erhielt die Variable die Ausprägung *diskontinuierlich*.

Insgesamt zeigt sich zwischen den beiden Polen Kontinuität und Diskontinuität ein relativ ausgeglichenes Bild (Tabelle 11.2). Auf der Basis der subjektiven Einschätzungen schätzen nur knapp mehr als die Häfte (51 %) den eigenen Berufsverlauf als diskontinuierlich ein.

Tabelle 11.2: Kontinuität im Berufsverlauf, verteilt nach Geschlecht(in %)

	Gesamt (n = 3.304)	Frauen (n = 1.141)	Männer (n = 2.163)
Diskontinuität	51,0	55,1	48,9
Kontinuität	49,0	44,9	51,1

Frauen schätzen den eigenen Berufsverlauf im Vergleich zu Männern etwas häufiger als diskontinuierlich ein (55,1 %).

Relevant ist nun die Frage, inwieweit der Berufseintritt einen Einfluss auf den späteren Berufsverlauf hat. Der Zusammenhang der Variable „Kontinuität im Berufsverlauf" mit ausgewählten Variablen zum Übergang von der Hochschule in den Akademikerarbeitsmarkt verweist auf zwei Aspekte.

Tabelle 11.3: Kontinuität im Berufsverlauf, verteilt nach Übergang in den Akademikerarbeitsmarkt und Suchdauer (gruppiert) (in %)

	direkter Übergang (n = 1.940)	Suchdauer bis 6 Monate (n = 757)	Suchdauer 6 und 12 Monaten (n = 242)	Suchdauer länger als ein Jahr (n = 203)
Diskontinuität	46,8	50,5	64,9	68,0
Kontinuität	53,2	49,5	35,1	32,0

Ein direkter Übergang ohne eine Phase erfolgloser Stellensuche scheint eher einen kontinuierlichen Berufsverlauf zu fördern. In Bezug auf die Gruppe mit einer Stellensuche wird ersichtlich, dass Personen mit einer langen Stellensuche (länger als 6 Monate und insbesondere mit einer Suchdauer länger als ein Jahr) viel öfter angeben, einen diskontinuierlichen Berufsverlauf erlebt zu haben. Die Befragten mit einer Stellensuchdauer unter 6 Monaten unterscheiden sich in der Verteilung der Variable „Kontinuität im Berufsverlauf" nicht von den Befragten insgesamt.

Bei der Frage nach dem Zusammenhang von Berufseintritt und späterem Berufsverlauf ist es von besonderem Interesse, ob der Berufseintrittserfolg einen Einfluss hat. Die Variable „Kontinuität im Berufsverlauf" ist dichotom kodiert. Für die Zusammenhangsanalyse einer dichotomen und einer metrischen Variable wird die punktbiseriale Korrelation (r_{pbis}) verwendet.[3] Es ergibt sich ein signifikanter Zusammenhang ($r_{pbis} = 0,19; p < 0,001$). Auch wenn der Zusammenhang eher als schwach einzuschätzen ist, verweist er darauf, dass mit einem steigenden Berufseintrittserfolg auch die Wahrscheinlichkeit eines kontinuierlichen Berufsverlaufs ansteigt.

Im nun folgenden Abschnitt wird untersucht, ob Arbeitslosigkeit als Indikator beruflicher (Dis-)Kontinuität verwendet werden kann. Dafür werden Auftreten und Häufigkeit den subjektiven Einschätzungen gegenübergestellt.

11.2.2 Arbeitslosigkeit und Diskontinuität im Berufsverlauf

Von den 3.402 Befragten insgesamt waren 599 (17, 6 %) Personen mindestens einmal arbeitslos nach dem Studium. Von diesen 599 Befragten gaben etwa die Hälfte (50,4 %) an, einmal arbeitslos gewesen zu sein und etwas mehr als ein Viertel (27,9 %) wies zwei Phasen von Arbeitslosigkeit im Berufsverlauf nach dem Studium auf.

Um im weiteren Verlauf Arbeitslosigkeit als Indikator eines diskontinuierlichen Berufsverlaufs zu verwenden, wird dieser Indikator anhand der subjektiven Einschätzung des Berufsverlaufs validiert. Diese Form der Validierung (Kriteriumsvalidität) geht davon aus, dass ein Außenkriterium (hier: *individuelle Perspektive des Berufsverlaufs*) zugänglich ist, welches unabhängig vom zu überprüfenden Aspekt (hier: *Auftreten von Arbeitslosigkeit*) den interessierenden Sachverhalt beschreibt (Häder 2006: 115). Steht dieses Außenkriterium in einem engen Zusam-

---

[3] Ist die dichotome Variable – wie hier – in 0 und 1 kodiert, entspricht der punktbiseriale Korrelationskoeffizient (r_{pbis}) dem Pearsonschen Korrelationskoeffizienten r.

menhang mit dem relevanten Merkmal, das gemessen werden soll (hier: *diskontinuierlicher Berufsverlauf*), ist der Indikator valide (Friedrichs 1990: 101). Aus diesem Grund wurden die einzelnen Statements zum Berufsverlauf mit dem Auftreten von Arbeitslosigkeit (ja/nein) sowie mit der Anzahl von Arbeitslosigkeitsepisoden in den Berufsverläufen korreliert. Für die Überprüfung der Validität ist sicherlich relevant, dass bei der Zuschreibung von Arbeitslosigkeit als Indikator für einen weniger erfolgreichen Berufsverlauf unfreiwillige Arbeitslosigkeit im Zentrum des Interesses steht. In dieser Untersuchung kann zwischen unfreiwilliger Arbeitslosigkeit und Sucharbeitslosigkeit nicht unterschieden werden. Aufgrund des Wortlauts im Fragebogen kann aber davon ausgegangen werden, dass die Befragten zum überwiegenden Teil Angaben ausschließlich zu unfreiwilliger Arbeitslosigkeit gemacht haben. Aufgrund der Auswirkungen von Arbeitslosigkeit sollten insbesondere die Items positiv mit der Arbeitslosigkeit zusammenhängen:

- entsprach einem kontinuierlichen Aufstieg
- entsprach einem geradlinigem Weg

negativ und die folgenden Items:

- wurde durch eine tiefe berufliche Krise unterbrochen
- war durch Brüche und Umwege gekennzeichnet
- Häufigeres Um- und Neuorientieren
- Belastet durch erhebliche Hindernisse und Konflikte
- Verlief ziemlich enttäuschend.

Die Tabelle 11.4 gibt Auskunft zu den Analysen. Sie enthält die Korrelationskoeffizienten. Die Variable „Eintritt von Arbeitslosigkeit" ist dichotom (ja/nein) kodiert. Deshalb wird auch hier der punktbiseriale Korrelationskoeffizient (r_{pbis}) verwendet. Alle Korrelationen sind signifikant ($p < 0,001$). Auch wenn die Zusammenhänge eher als mittelmäßig zu bezeichnen sind, werden alle vorausgesetzten Zusammenhänge in der notwendigen Richtung erfüllt. Untersucht man den Zusammenhang weiterhin an den aggregierten Daten der Variable „Kontinuität im Berufsverlauf", werden die Befunde zu den einzelnen Items erwartungskonform bestätigt. Sowohl die Korrelation mit dem Eintritt von Arbeitslosigkeit ($r_{pbis} = -0,25; p < 0,001$) als auch der Häufigkeit von Arbeitslosigkeit ($r = -0,25; p < 0,001$) besitzen ein negatives Vorzeichen. Wenn Arbeitslosigkeit im Berufsverlauf eintritt und mit jedem weiteren Auftreten von Arbeitslosigkeit steigert sich die Wahrscheinlichkeit diskontinuierlicher Berufsverläufe. Damit kann die *FORSCHUNGSFRAGE 3.4* nach der Validität des Indikators zumindest vor dem Hintergrund der subjektiven Einschätzungen des Berufsverlaufs mit den zugrunde liegenden Daten positiv beantwortet werden.

Tabelle 11.4: Zusammenhang von Arbeitslosigkeit (Eintritt und Häufigkeit) und Bilanz des Berufsverlaufs (Korrelationskoeffizienten)

	Arbeitslosigkeit	
	Eintritt	Häufigkeit
	r_{pbis}	r
Unterbrochen durch tiefe berufliche Krise	0,24	0,24
Durch Brüche und Umwege gekennzeichnet	0,17	0,23
Häufigeres um und neu orientieren	0,16	0,21
Verlief ziemlich enttäuschend	0,16	0,19
Belastet durch erhebliche Hindernisse und Konflikte	0,15	0,20
Verlief selbstbestimmt	-0,11	-0,14
War größtenteils im Voraus geplant	-0,12	-0,17
Entsprach geradlinigem Weg	-0,18	-0,23
Kontinuierlicher Aufstieg	-0,20	-0,24

11.3 Zusammenfassung

Der Berufsverlauf bietet zahlreiche Analysemöglichkeiten. Im Rahmen dieses Buches wurden die akademischen Berufsverläufe der befragten Personen eingangs aus der Perspektive der Befragten untersucht. Dafür wurde auf die subjektive Einschätzung des bisherigen Berufsweges zurückgegriffen. Anhand der Analyse einer Itembatterie zur individuellen Bilanzierung des Berufsverlaufs, konnten die Akademiker/innen anschließend gruppiert werden. Die Gruppierung ist dichotom und repräsentiert kontinuierliche und diskontinuierliche Berufsverläufe. Der individuellen Perspektive konnten anschließend durch eine Zusammenhangsanalyse mit dem Auftreten und der Häufigkeit von Arbeitslosigkeit im Berufsverlauf objektive Indikatoren gegenübergestellt werden. Auf der Basis dieser Auswertung kann die Schlussfolgerung gezogen werden, dass Arbeitslosigkeit – wenn auch nicht als einziges Kriterium – als Indikator beruflicher (Dis-)Kontinuität herangezogen werden kann. Die Arbeitslosigkeit konnte nicht weiter in freiwillig (*friktionell*) und unfreiwillig unterteilt werden. Vor dem Hintergrund der Annahme, dass der größere Teil der Phasen an Arbeitslosigkeit in den Berufsverläufen unfreiwillig auftritt, können die kontinuierlichen Berufsverläufe eher als stringente Weiterführung eines Berufsstarts mit einem hohen Berufseintrittserfolg gesehen werden. Demgegenüber senkt ein niedriger Berufseintrittserfolg eher den *Erfolg* im Berufsverlauf und führt zu Brüchen (u. a. Arbeitslosigkeit), die sich in diskontinuierlichen Verläufen widerspiegeln.

12 Die letzte Erwerbstätigkeit und der Berufserfolg am Ende des Berufsverlaufs

Um den Berufserfolg in seiner Gesamtheit untersuchen zu können, muss man auf möglichst ausgedehnte Berufsverläufe zurückgreifen. Die zugrunde liegende, breit angelegte Erhebung akademischer Berufsverläufe bietet genau diese Möglichkeit. Der Datensatz beinhaltet unter anderem 242 Personen, die sich bereits im Ruhestand befinden.

Mit dieser Subgruppe ergeben sich zahlreiche Möglichkeiten inhaltliche Fragestellungen zu bearbeiten, denen allerdings auch Nachteile gegenüberstehen. Ein zentraler Vorteil dieser Befragten liegt auf der Hand. Aufgrund des angetretenen Ruhestands wurde der Berufsverlauf abgeschlossen und es können sich keine weiteren Veränderungen in der Erwerbstätigkeit ergeben, die einen Einfluss auf die objektiven Kriterien des Berufserfolgs haben können. Dadurch sind beispielsweise Vergleiche über das Einkommen und die Autonomie einfacher durchzuführen. Direkt damit verbunden ist allerdings das Problem, dass Bewertungen (beispielsweise die Zufriedenheit mit der letzten Erwerbstätigkeit vor dem Ruhestand) alterspezifisch variieren können. Allerdings ist diese Gruppe im Merkmal Alter in Jahren relativ homogen ($\bar{x} = 58,63; s = 8,28$). Außerdem existieren empirische Befunde, die Grund zu der Annahme geben, dass Informationen zur Beschäftigung gut erinnert werden (Jacobs 2002).

In die nun folgenden Analysen werden nur Personen einbezogen, die bereits den Ruhestand erreicht haben. Diese Gruppe der Befragten besitzt den Vorteil, dass die Berufsverläufe abgeschlossen sind. Es können sich also keine weiteren Veränderungen im Berufsverlauf ergeben. Damit existieren zumindest in Bezug auf die objektiven Indikatoren des Berufserfolgs vollständige Informationen. Da zugleich davon ausgegangen werden kann, dass die beruflichen Wertorientierungen über einen längeren Zeitraum stabil bleiben (Schomburg und Teichler 1998: 155), sollten auch die subjektiven Kriterien des Berufserfolgs zuverlässige Daten darstellen.

12.1 Die letzte Erwerbstätigkeit im Berufsverlauf

12.1.1 Einkommen

Von den befragten Personen im Ruhestand haben 202 Auskünfte zum Einkommen der letzten Erwerbstätigkeit nach dem Studium gemacht. Im Durchschnitt wurden Einkommen von knapp 5.000 € erzielt ($\bar{x}$ = 4.960,02 €; s = 2.450,61). Die Standardabweichung s von fast 2500 € verweist auf ein heterogenes Bild mit einer hohen Streuung im Einkommen. Zugleich befindet sich mit 46 % fast die Hälfte aller Befragten in der höchsten Einkommenskategorie (Tabelle 12.1).

Im Vergleich zur ersten Erwerbstätigkeit sind durchschnittliche Nettoeinkommen pro Monat um fast 2.500 € gestiegen. Die Einkommen der gleichen Befragten lagen in der ersten Erwerbstätigkeit bei 2428,46 € (s = 1.341,27). Durch die steigende Berufserfahrung gewinnt das individuelle Humankapital an Bedeutung und steigert den zu erwartenden Lohn im Berufsverlauf (Mincer 1974). Dieser Befund gewinnt vor dem Hintergrund an Bedeutung, dass beide Einkommen am Verbraucherpreisindex deflationiert wurden und damit trotz des zeitlichen Abstands vergleichbar sind. Außerdem verweist der positive Zusammenhang (r = 0,28; p< 0,001) des Einkommens zu beiden Zeitpunkten darauf, dass Personen mit hohen Einkommen zu Beginn der Berufslaufbahn auch am Ende hohe Einkommen erzielen.

Tabelle 12.1: Einkommen der letzten Erwerbstätigkeit (gruppiert) (in %)

	Gesamt (n = 202)
Bis 2.000 €	11,4
2.000 bis unter 3.000 €	11,9
3.000 bis unter 4.000 €	15,8
4.000 bis unter 5.000 €	14,9
5.000 € und mehr	46,0

12.1.2 Berufliche Stellung und berufliche Autonomie

Während in der ersten Erwerbstätigkeit nach dem Studium 79,0 % der Befragten eine hohe oder sehr hohe berufliche Autonomie angaben, sind es mittlerweile 85,5

% (Tabelle 12.2). Die berufliche Stellung zu beiden Zeitpunkten korreliert noch stärker als das Einkommen miteinander ($r = 0,48$).

Da die Skala zur beruflichen Autonomie auf der beruflichen Stellung beruht und die Ausprägungen 4 und 5 zugleich berufliche Stellungen repräsentieren, die ein Hochschulstudium voraussetzen[1], verweist der Anteil an Personen mit hoher und sehr hoher Autonomie auf den Stellenwert eines abgeschlossenen Studiums.

Tabelle 12.2: Autonomie des beruflichen Handelns der letzten Erwerbstätigkeit (in %)

	Gesamt (n = 214)
1 – niedrig	0,9
2	1,4
3	12,1
4	47,4
5 – hoch	38,1

12.1.3 Zufriedenheit

Auch die Zufriedenheit hat im Vergleich zur ersten Erwerbstätigkeit nach dem Studium zugenommen. Lag der Mittelwert zu Beginn des Berufsverlaufs noch bei $\bar{x} = 2,14$ ($s = 1,01$) liegt er für die letzte Erwerbstätigkeit bei $\bar{x} = 1,95$ ($s = 0,98$). Die Messungen zu beiden Zeitpunkten korrelieren positiv miteinander ($r = 0,28$; $p < 0,001$). Die hohe Zufriedenheit mit der letzten Erwerbstätigkeit vor dem Ruhestand zeigt sich auch in der Verteilung der Variable (Tabelle 12.3).

12.1.4 Bedeutung des Hochschulstudiums

Im Vergleich zu den anderen Indikatoren hat sich bei der Bedeutung des Hochschulstudiums zwischen der ersten und letzten Erwerbstätigkeit nach dem Studium am wenigsten verändert. Der Anteil an Personen, die angaben, dass ein Hochschulstudium formale Voraussetzung war, ist geringfügig angestiegen (Tabelle 12.4). Mit ebenfalls 35,9 % haben im Gegensatz zur ersten Erwerbstätigkeit geringfügig weniger Akademiker/innen mitgeteilt, dass für die erste Erwerbstä-

---

[1] Diese Zuordnung gestaltet sich für den öffentlichen Dienst relativ unkompliziert. Für die private Wirtschaft mussten dafür einige Annahmen getroffen werden.

Tabelle 12.3: Berufliche Zufriedenheit der ersten Erwerbstätigkeit (in %)

	Gesamt (n = 238)
1 – sehr zufrieden	37,4
2	40,8
3	13,9
4	5,5
5 – völlig unzufrieden	2,5

tigkeit vor dem Ruhestand ein Studium fachliche Voraussetzung war. Auch bei der Einschätzung, dass ein Studium von Vorteil, aber keine Voraussetzung war, überwog der Anteil der Personen in der ersten Erwerbstätigkeit (16,0 %) den Anteil in der letzten (13,9 %). Der Anteil an Personen mit Hochschulabschluss deren Studium ohne Bedeutung für die Erwerbstätigkeit war, ist im Berufsverlauf leicht gestiegen.

Tabelle 12.4: Bedeutung des Hochschulstudiums für die erste und letzte Erwerbstätigkeit (in %)

Ein Hochschulstudium war ...	erste Erwerbstätigkeit (n = 209)	letzte Erwerbstätigkeit (n = 204)
formale Voraussetzung	39,3	41,2
fachliche Voraussetzung	39,3	35,9
keine Voraussetzung, aber von Vorteil	16,0	13,9
ohne Bedeutung	5,3	9,0

12.2 Berufserfolg der letzten Erwerbstätigkeit

Auch für den Index *Berufserfolg der letzten Erwerbstätigkeit vor dem Ruhestand* wurden die vier Indikatoren:

- Einkommen
- berufliche Stellung und Autonomie der beruflichen Handlung
- Zufriedenheit
- Bedeutung eines abgeschlossenen Hochschulstudiums für die Erwerbstätigkeit

zusammengefasst. Im nun folgenden Abschnitt wird der Berufserfolg der letzten Erwerbstätigkeit vor dem Studium präsentiert. Insgesamt ist der Berufserfolg im Vergleich zur ersten Tätigkeit weiter gestiegen, was mit der Veränderung der Einzelindikatoren (Abschnitt 12.1) korrespondiert ($\bar{x} = 2{,}82$; $s = 0{,}92$). Diese Veränderung zeigt sich auch in der Verteilung des Index, der am Ende des Berufsverlaufs rechtssteil[2] verteilt ist.

Tabelle 12.5: Verteilung des Berufseintrittserfolgs und des Berufserfolgs der letzten Tätigkeit(in %)

	erste Erwerbstätigkeit (n = 160)	letzte Erwerbstätigkeit (n = 168)
0 – sehr gering	5,6	1,8
1	11,9	7,7
2	22,5	19,0
3	35,6	49,4
4 – sehr hoch	24,4	22,0

12.2.1 Soziodemografische Merkmale

In den folgenden Analysen soll der *FORSCHUNGSFRAGE 3.5* nachgegangen werden, wovon der Berufserfolg abhängt. Vergleichbar zu den Analysen zum Berufseintrittserfolg werden zu Beginn die drei Dimensionen soziodemografi-

---

[2] Das zeigt sich unter anderem darin, dass der Median $m = 3$ größer als der Mittelwert $\bar{x} = 2{,}82$ ist.

sche Merkmale, Humankapital und Arbeitsmarktsituation auf Zusammenhänge mit dem Index untersucht. Am Ende wird ein multivariates Modell präsentiert, dass den Einfluss der relevanten Variablen unter Kontrolle der jeweils anderen darstellt.

Geschlecht

Akademiker weisen sowohl zu Beginn als auch am Ende der akademischen Berufsverläufe einen höheren Berufserfolg auf. Die Unterschiede zwischen Akademikerinnen und Akademikern haben sich zwischen den beiden Zeitpunkten weiter vergrößert. Mittlerweile beträgt die Mittelwertdifferenz $\Delta \bar{x} = 0,57$ (Tabelle 12.6) und ist im Vergleich zum Beginn des Berufsverlaufs ($\bar{x}_{Maenner} = 2,71$; $\bar{x}_{Frauen} = 2,26$; $\Delta \bar{x} = 0,45$) weiter gestiegen.

Tabelle 12.6: Berufserfolg der letzten Erwerbstätigkeit, verteilt nach Geschlecht (Mittelwert $\bar{x}$ und Standardabweichung s)

	n	$\bar{x}$	s
Frauen	39	2,38	1,07
Männer	129	2,95	0,84

$t = -3,06; p < 0,01$

Elternschaft

Auch zu diesem Zeitpunkt scheint die Elternschaft keinen Einfluss zu besitzen (Tabelle 12.7). Für die letzte Erwerbstätigkeit konnte wiederum keine für den Berufserfolg relevante Interaktion von Geschlecht und Elternschaft festgestellt werden.

12.2.2 Humankapital

Berufsausbildung

Wie auch zu Beginn des Berufsverlaufs (Tabelle 10.2.2), beeinflusst eine abgeschlossene Berufsausbildung den Berufserfolg weder positiv noch negativ. Auch

Tabelle 12.7: Berufserfolg der letzten Erwerbstätigkeit, verteilt nach Elternschaft zum Berufseintritt (Mittelwert $\bar{x}$ und Standardabweichung s)

	n	$\bar{x}$	s
kein Kind	102	2,77	1,02
mindestens ein Kind	66	2,89	0,75

$t = -0,87; \; n. \, s.$

wenn der Berufserfolg von Personen ohne Berufserfolg in der Tendenz höher ist, erweist sich diese Differenz im Mittelwert nicht als signifikant (Tabelle 12.8).

Tabelle 12.8: Berufserfolg der letzten Erwerbstätigkeit, verteilt nach abgeschlossener Berufsausbildung vor dem Studium (Mittelwert $\bar{x}$ und Standardabweichung s)

	n	$\bar{x}$	s
ohne Berufsausbildung	30	2,90	0,88
mit Berufsausbildung	138	2,80	0,93

$t = 0,53; \; n. \, s.$

Unterschiede zwischen Fächergruppen und Hochschultypen

Sowohl die Fächergruppen als auch der Typ der Hochschule, an dem das erste Studium erfolgreich abgeschlossen wurde, verlieren im Berufsverlauf den Einfluss auf den Berufserfolg. Während zum Zeitpunkt der ersten Erwerbstätigkeit nach dem Studium beide Aspekte einen Einfluss auf den Berufserfolg haben (Tabelle 10.9 und Tabelle 10.10), können für die letzte Erwerbstätigkeit vor dem Studium keine signifikanten Effekte festgestellt werden.

Soziale Herkunft

Wie bereits zum Beginn des Berufsverlaufs, ergeben sich auch am Ende der akademischen Berufsverläufe kein Zusammenhang zwischen sozialer Herkunft und Berufserfolg.

Tabelle 12.9: Berufserfolg der letzten Erwerbstätigkeit, verteilt nach Hochschultyp des
ersten Studium (Mittelwert $\bar{x}$ und Standardabweichung s)

	n	$\bar{x}$	s
Universität	67	2,82	1,05
Fachhochschule	27	2,44	0,93
Gesamthochschule	5	2,40	1,51

F = 1,45; n. s.

12.2.3 Arbeitsmarktsituation

Arbeitsmarktquotient

Der Arbeitsmarktquotient besitzt am Ende des Berufsverlaufs einen stärkeren negativen Zusammenhang mit dem Berufserfolg als am Anfang des Berufsverlaufs. ($r = -0,16; p < 0,1$).[3] Die Wirkung und Auswirkung des Verhältnisses Stellenangebot und Stellennachfrage scheint innerhalb des Berufsverlaufs der beobachteten Gruppe noch gestiegen zu sein.

Jahr des Berufseintritts

Auch der Einfluss des Berufseintrittsjahres hat im Berufsverlauf, allerdings nur minimal, an Wirkung gewonnen ($r = -0,28; p < 0,001$). Der starke Einfluss des Einstiegszeitpunktes auf den Berufsverlauf bleibt bestehen, was darauf hindeutet, dass entstandene Nachteile unter anderem aufgrund gesellschaftlicher Veränderungen im Berufsverlauf nur selten ausgeglichen werden können.

12.2.4 Berufsverlauf und Berufserfolg am Ende der Karriere

Ausgehend von der *HYPOTHESE 3.3* sollte mit jeder Phase von Arbeitslosigkeit in einem Berufsverlauf der Berufserfolg geringer werden.

Diese Hypothese kann anhand der Variable Häufigkeit von Arbeitslosigkeit überprüft werden. Der Zusammenhang von Berufserfolg am Ende des Berufsverlaufs und der Anzahl an Episoden von Arbeitslosigkeit ist negativ ($r = -0,16; p < 0,05$). Insofern lässt sich die *HYPOTHESE 3.3* (Je häufiger Akademiker/innen

---

[3] Aufgrund der geringen Fallzahl von maximal 242 Personen in den einzelnen Analysen, wird auch
in diesem Abschnitt das Signifikanzniveau auf 0,1 gesetzt (siehe dazu Seite 166).

von zwischenzeitlicher Arbeitslosigkeit betroffen sind, umso geringer fällt der Berufserfolg am Ende des Berufsverlaufs aus.) bisher bestätigen.

12.2.5 Übergang in den Akademikerarbeitsmarkt und Berufserfolg am Ende der Karriere

Um die *FORSCHUNGSFRAGE 3.6* zu beantworten und zu überprüfen, ob auch am Ende des Berufsverlaufs ein Zusammenhang zwischen dem Übergang in die erste Erwerbstätigkeit und dem Berufserfolg besteht, wird wiederum auf die Variable Übergang in die erste Erwerbstätigkeit zurückgegriffen. In der Tendenz ist, bis auf die Gruppe mit einer erfolglosen Stellensuche, die mehr als 12 Monate andauerte, eher eine Zunahme des Berufserfolgs zu erkennen (Tabelle 12.10). Allerdings ist der Zusammenhang nicht signifikant, zumal die Gruppengröße für Personen mit einem längeren Übergang sehr klein sind.

Tabelle 12.10: Berufserfolg der letzten Erwerbstätigkeit, verteilt nach Übergang in die erste Erwerbstätigkeit (Mittelwert $\bar{x}$ und Standardabweichung s)

	n	$\bar{x}$	s
direkt	119	2,84	0,92
innerhalb der ersten 6 Monate	30	2,93	0,74
nach 6 bis 12 Monate	6	3,00	1,26
länger als 12 Monate	9	2,33	1,22

F = 1,07; n. s.

12.2.6 Zusammenhang von Berufseintrittserfolg und Berufserfolg am Ende der Karriere

Nachdem bereits ein Zusammenhang von Berufsverlauf und Berufserfolg der letzten Stelle nachgewiesen werden konnte, zugleich der Übergang von der Hochschule in die erste Erwerbstätigkeit keinen Einfluss auf den Berufserfolg der letzten Erwerbstätigkeit zu besitzen scheint, stellt sich nun die Frage nach dem Zusammenhang mit dem Berufseintrittserfolg. In der *HYPOTHESE 3.2* wurde ein kausaler Zusammenhang formuliert, der mit einem Steigen des Berufseintrittserfolgs auch einen Anstieg im Berufserfolg der letzten Erwerbstätigkeit unterstellt. Dieser Zusammenhang kann bestätigt werden. Eine Zusammenhangsanalyse ergibt einen signifikanten positiven Zusammenhang des Berufserfolgs zu den beiden Zeitpunkten ($r = 0,39$; $p < 0,001$). Aufgrund der Befunde zur Arbeitslosigkeit wurde zusätzlich überprüft, wie sich dieser Zusammenhang zwischen Personen mit und ohne Phasen von Arbeitslosigkeit in den Berufsverläufen unterscheidet. Auf den Ergebnissen der bisherigen Analysen würde sich eine Steigerung des Zusammenhangs bei Personen ohne Arbeitslosigkeit und eine Abnahme der Korrelation bei Personen mit Arbeitslosigkeit im Berufsverlauf vermuten lassen, da eine negative Korrelation zwischen Arbeitslosigkeit und Berufserfolg der letzten Erwerbstätigkeit nachgewiesen werden konnte (Abschnitt 12.2.4).

Diese Vermutung wurde explorativ untersucht und kann zumindest für die positive Wirkung der Berufsverläufe ohne Arbeitslosigkeit bestätigt werden. Der Zusammenhang von Berufserfolg am Anfang und am Ende des Berufsverlaufs ist bei Hochqualifizierten ohne zwischenzeitliche Arbeitslosigkeit höher ($r = 0,43$; $p < 0,001$) als bei Personen mit Episoden von Arbeitslosigkeit ($r = 0,24$; n. s.). Allerdings kann anhand des Signifikanztests für die letzte Gruppe dieser Zusammenhang nicht mit ausreichender Sicherheit bestätigt werden.

12.2.7 Multivariate Analysen

Um den Einfluss der relevanten Variablen gleichzeitig kontrollieren zu können, wird auch zur Erklärung des Berufserfolgs der letzten Erwerbstätigkeit nach dem Studium für die befragten Akademiker/innen ein Regressionsmodell verwendet. Aufgrund der geringen Fallzahl wurden die fehlenden Werte durch eine Imputation des Mittelwerts ersetzt. Es werden im Folgenden die zentralen Ergebnisse von zwei Modellen vorgestellt. Im Modell 2 wird zusätzlich zum Modell 1 der Berufseintrittserfolg als Determinante einbezogen. Insgesamt erklärt das Modell 1 knapp ein Fünftel der Varianz der abhängigen Variable Berufserfolg der letzten Erwerbstätigkeit (0,19). Modell 2 steigert die Varianzaufklärung auf 26 %.

Humankapital

Im Bereich des Humankapitals hatten zahlreiche Determinanten zur Erklärung der Varianz des Berufseintrittserfolg beigetragen (Tabelle 10.11). Von diesen Einflüssen auf den Berufserfolg ist am Ende des Berufsverlaufs kaum etwas erhalten geblieben. Weder das studierte Fach, noch der Typ der Hochschule an der das erste Studium erfolgreich abgeschlossen wurde, zeigen signifikante Effekte auf den Berufserfolg der letzten Erwerbstätigkeit vor dem Ruhestand. Auch die Effekte der Kontrollvariablen Abschlussnote und Promotion scheinen im Laufe der Zeit an Wirkung verloren zu haben oder werden durch die Wirkung anderer Aspekte überlagert.[4] Die soziale Herkunft besitzt zu beiden Zeitpunkten keinen Einfluss auf den Berufserfolg.

Soziodemografische Merkmale

Von den soziodemografischen Merkmalen besitzt einzig des Geschlecht[5] einen Einfluss auf den Berufserfolg von Hochqualifizierten am Ende des Berufsverlaufs. Männer haben einen signifikant höheren Berufserfolg in der letzten Erwerbstätigkeit vor dem Ruhestand. Im Vergleich zu allen anderen Determinanten ist es die Variable mit dem stärksten Einfluss.

Arbeitsmarktsituation

Der Arbeitsmarktquotient beeinflusst auch zu diesem Zeitpunkt den Berufserfolg nicht. Im Modell 1 besitzt allerdings das Jahr des Berufseintritts einen signifikanten negativen Einfluss. Wie bereits beim Berufseintritt wirkt sich die Länge des Übergangs in den Akademikerarbeitsmarkt aufgrund einer erfolglosen Stellensuche negativ auf den Berufserfolg aus.

Kontinuität im Berufsverlauf

Wie sich bereits in den einfachen bivariaten Zusammenhangsanalysen gezeigt hat, sinkt mit der Anzahl der Phasen von Arbeitslosigkeit auch der Berufserfolg am Ende der akademischen Berufslaufbahn.

Übergang in die erste Erwerbstätigkeit

Der Übergang verliert an Erklärungskraft im Vergleich zum Berufseintritt. Allerdings erweist sich der im Modell 2 berücksichtigte Indikator des Berufseintrittserfolgs als Bereicherung im Modell. Zum einen bestätigt sich der hypothesenkonforme Zusammenhang auch unter Kontrolle der anderen Variablen. Zum anderen steigt die Erklärungskraft des Gesamtmodells an.

---

[4] Es wurde sowohl überprüft, ob der Beginn einer Promotion als auch ob eine erfolgreich beendete Promotion einen Einfluss haben. Beide Aspekte sind nicht signifikant.

[5] Auch in diesem Modell wurde überprüft, ob sich die Ergebnisse unter Einbezug der Variable Teilzeit versus Vollzeit der untersuchten Erwerbstätigkeit ändern. Es ergeben sich aber keine Veränderungen in den Koeffizienten.

Tabelle 12.11: Determinanten des Berufserfolgs der letzten Erwerbstätigkeit

	Modell 1		Modell 2	
	B	(β)	B	(β)
Humankapital				
Berufsabschluss (Ref.-kat.: kein Abschluss)	0,02		0,02	
Hochschulzugang (Ref.-kat.: Abitur/Hochschulreife)				
Zweiter Bildungsweg	-0,05		-0,01	
Dritter Bildungsweg	0,06		0,04	
Studienfach (Ref.-kat.: Sprach- und Kulturwiss.)				
Humanwissenschaften	0,04		-0,03	
Sozialwissenschaften	0,06		0,03	
Wirtschaftswissenschaften	0,24		0,30	
Mathematik, Naturwissenschaften	-0,02		-0,07	
Medizin	0,74		0,82	
Ingenieurwissenschaften	-0,08		-0,12	
HWP	0,07		0,13	
Hochschultyp (Ref.-kat.: Universitäten)				
Fachhochschule	-0,11		-0,07	
Gesamthochschule	0,04		0,15	
Abschlussnote	-0,14	(-0,10)	-0,06	(-0,03)
Promotion begonnen (Ref.-kat.: nicht begonnen)	0,23		0,19	
Soziale Herkunft (Ref.-kat.: niedrige Gruppe)				
Mittlere Gruppe	-0,05		-0,02	
Gehobene Gruppe	0,29		0,29	
Hohe Gruppe	0,06		0,17	
Soziodemografische Merkmale				
Alter beim Verlassen der Hochschule	0,01	(0,04)	0,01	(0,04)
Geschlecht (Ref.-kat.: weiblich)	**0,34** *		**0,30** *	
Elternschaft beim Übergang (Ref.-kat.: kein Kind)	0,31		0,21	
Geschlecht*Elternschaft	-0,16		-0,11	
Arbeitsmarktsituation				
Arbeitsmarktquotient	-0,03	(-0,08)	-0,02	(-0,06)
Jahr des Berufseintritts	**-0,01** *	(-0,16)	**-0,01** +	(-0,11)
Kontinuität im Berufsverlauf				
Anzahl Phasen Arbeitslosigkeit	**-0,12** *	(-0,15)	**-0,11** +	(-0,13)
Übergang in die erste Erwerbstätigkeit				
Übergang (Ref.-kat.: direkt)				
bis 6 Monaten	0,11		0,07	
nach 6 bis 12 Monaten	0,23		0,25	
nach mehr als 12 Monaten	-0,13		-0,15	
Berufseintrittserfolg			**0,24** **	(0,28)
Konstante	**30,37** *		**23,50** +	
n	242		242	
R^2	0,19		0,26	

Signifikanzniveau: + *p < 0,1;* * *p < 0,05;* ** *p < 0,01*

13 Schlussbetrachtung

In der vorliegenden Arbeit wurden akademische Berufsverläufe untersucht. Im Vordergrund stand die Frage, welchen Einfluss die Arbeitsmarktsituation, soziodemografische Merkmale und Investitionen in das Humankapital auf den Berufserfolg haben. Ausgangspunkt war die Überlegung, dass der Berufserfolg ein mehrdimensionales Konstrukt darstellt, das sich im Laufe eines Berufsweges verändern kann. Deshalb wurden zwei spezifische Aspekte – die erste Erwerbstätigkeit nach dem Verlassen der Hochschule und die letzte Erwerbstätigkeit vor dem Ruhestand – für die Analysen ausgewählt. Damit verbunden war die Frage, inwieweit der Berufseintritt und der Berufsverlauf den Berufserfolg von Hochqualifizierten beeinflusst.

Um diese Fragen zu beantworten, wurden Daten einer Studie verwendet, in der über 7.000 Akademiker/innen zu ihren Bildungs- und Berufsverläufen befragt wurden. Die befragten Personen sind ehemalige Stipendiatinnen und Stipendiaten der Hans-Böckler-Stiftung und bilden deshalb eine Subgruppe aller Akademiker/innen. Von allen befragten Personen konnten die Informationen von 3.402 in diesem Buch ausgewertet werden. Bereits bei der Konzeption der Befragung wurde der Erfassung des Berufserfolgs von Hochqualifizierten besondere Aufmerksamkeit gewidmet. Das Konzept Berufserfolg wurde mit Fokus auf die Komplexität des Gegenstandes umfassend operationalisiert und im Fragebogen integriert. Aus diesem Grund konnte in dieser Untersuchung auf eine breite empirische Basis zurückgegriffen werden, die zahlreiche Analysen möglich macht.

Ein weiterer Vorteil dieser Untersuchung lag in der breit gefächerten Struktur der untersuchten Grundgesamtheit. Die Anlage des Forschungsdesigns zielte auf eine möglichst umfangreiche und detaillierte Erfassung von Bildungs- und insbesondere von Berufsverläufen ab. Dadurch standen Informationen zur Erwerbstätigkeit sowohl von Berufsanfängerinnen und Berufsanfängern als auch von Hochqualifizierten im Ruhestand zur Verfügung. Die Datengrundlage zeichnet die Einzigartigkeit aus, Informationen der letzten Erwerbstätigkeit vor dem Ruhestand einzelnen Aspekten des Berufseintritts gegenüberstellen zu können.

Dieses Analysepotential stellt eine Bereicherung der Forschung zum Berufserfolg von Hochqualifizierten dar. Zugleich bestanden aufgrund der heterogenen
Struktur der befragten Hochschulabsolventinnen und Hochschulabsolventen keine Beschränkungen auf einen bestimmten Hochschultyp, spezifische Fächergruppen oder einen ausgewählten Hochschulzugang. Aufgrund der vorakademischen
Berufserfahrung zahlreicher Befragter konnte zusätzlich bei allen Analysen der
Frage nachgegangen werden, inwieweit eine Doppelqualifikation durch den Erwerb einer Berufsausbildung und eines Hochschulabschlusses Wirkung auf den
weiteren Berufsverlauf haben. Der Datensatz wurde außerdem mit einem fach-
spezifischen Indikator für die jährliche Arbeitsmarktsituation ergänzt. Dadurch
standen für jede Person Informationen zur Verfügung, die Auskunft über die spezifische Situation auf dem Akademikerarbeitsmarkt – in Abhängigkeit vom Jahr
des Berufseintritts sowie des ersten abgeschlossenen Studiums – gaben. Die Selektivität der Stichprobe wurde durch ausgewählte Variablen – die typische Merkmale der befragten Gruppe repräsentieren – kontrolliert. Die multivariaten Modelle lieferten keinen Anhaltspunkt auf signifikante Einflüsse dieser Variablen, was
die Übertragbarkeit der Ergebnisse auf andere Gruppen von Hochqualifizierten
steigert.

13.1 Zusammenfassung und Diskussion der Befunde

13.1.1 Indikatoren und Determinanten des Berufserfolgs

Die zahlreichen Absolventenstudien der letzten Jahre haben zu einem Wandel
der Perspektive auf den beruflichen Erfolg geführt. Während lange Zeit das Einkommen als einziger und valider Indikator für den Erfolg einer beruflichen Situation galt, wurde das Konzept Berufserfolg sowohl empirisch als auch theoretisch auf ein immer breiteres Fundament gestellt. Die teilweise implizite Verwendung der objektiven Indikatoren, als Maßstab des Erfolgs, wich einer fundierteren
Operationalisierung des Konstruktes. Dafür waren sicherlich zahlreiche Aspekte
ausschlaggebend. Beispielsweise kann die empirisch belegbare Ausdifferenzie-
rung akademischer Berufsverläufe zur Erklärung herangezogen werden. Für eine
breiter angelegte Operationalisierung des theoretischen Konstruktes könnte auch
eine steigende Akademisierung des Arbeitsmarktes und die damit verbundenen
Veränderungen im Berufsbild akademischer Erwerbsarbeit sprechen. Der sicher
wichtigste Grund für eine Berücksichtigung der individuellen Perspektive liegt in
der Wahrnehmung und Interpretation der jeweiligen beruflichen Situation. Denn
selbst wenn die voraussetzungsvolle Annahme zutrifft, dass alle Hochqualifizierten nach einem angemessenen oder hohen Einkommen streben, bleibt die Fra-

ge offen, was ein angemessenes oder hohes Einkommen individuell bedeutet und welchen Stellenwert Einkommen im Vergleich zu anderen Aspekten der Erwerbstätigkeit (Arbeitsinhalte, Möglichkeit selbstständig zu arbeiten, Vereinbarkeit von Beruf und Familie etc.) zukommt (Schomburg und Teichler 1998: 153). Diese Perspektive ist nicht neu (Crites 1969; Hughes 1937), wurde allerdings lange Zeit vernachlässigt. Mittlerweile finden immer stärker Aspekte wie berufliche Zufriedenheit und Beurteilungen der Adäquanz einer Beschäftigung Berücksichtigung.

Der individuelle Lebenslauf besitzt als Institution (Kohli 1985, 1988) integrative Wirkung und strukturiert damit auch den Berufsverlauf. Der Berufsverlauf wird als Teil des Lebenslaufs auf der einen Seite durch das individuelle Handeln, und auf der anderen Seite durch die gesellschaftlichen Rahmenbedingungen bestimmt (Birkelbach 1998: 20). Zwischen diesen beiden Polen sind die zentralen Determinanten beruflichen Erfolgs angeordnet.

13.1.2 Der Übergang von der Hochschule in die erste Erwerbstätigkeit

Es ergeben sich vier verschiedene Übergangsprofile beim Eintritt in den Arbeitsmarkt:

1. Eine Erwerbstätigkeit wurde bereits während des Studiums aufgenommen.
2. Eine Erwerbstätigkeit wurde unmittelbar nach dem Verlassen der Hochschule aufgenommen.
3. Es kam zu einem verzögerten Übergang.
4. Es wurde bis zum Befragungszeitpunkt noch keine Erwerbstätigkeit seit dem erfolgreichen Abschluss des ersten Studiums aufgenommen.

Da für die Analysen der Statuspassage *Übergang in den Akademikerarbeitsmarkt* insbesondere der Zeitpunkt der Stellensuche relevant ist und die Gruppe der Personen ohne Erwerbstätigkeit sehr gering war, erweist sich die dichotome Variable direkter vs. verzögerter Übergang als analytisch wertvoll.

Für die untersuchten Determinanten ergibt sich ein heterogenes Bild. Zusammenhänge mit dem Übergang ergeben sich vor allem bei dem Jahr des Berufseintritts, der studierten Fächergruppe, der Hochschulart und der Arbeitsmarktsituation. Außerdem konnten geschlechterspezifische Zusammenhänge festgestellt werden, die auch unter Kontrolle relevanter Drittvariablen erhalten blieben. Zugleich konnte gezeigt werden, dass Akademiker mit Kindern im Gegensatz zu Hochschulabsolventen ohne Kind häufiger direkt nach dem Verlassen der Hochschule eine Erwerbstätigkeit aufnehmen.

In der multivariaten Analyse blieb der Einfluss von vier Aspekten erhalten: Der Beginn einer Promotion, ein steigendes positives Verhältnis von freien Stellen zu Bewerberinnen und Bewerbern sowie die Elternschaft von Akademikern erhöhen die Wahrscheinlichkeit eines direkten Übergangs. Eine Elternschaft außerhalb einer Interaktion mit Geschlecht senkt diese Wahrscheinlichkeit.

Diese Ergebnisse verweisen auf den ungleichen Einfluss von Geschlecht, da Elternschaft zum großen Teil von Frauen zugunsten der Erwerbstätigkeit der Männer übernommen wird. Außerdem wird bereits an dieser Stelle die determinierende Wirkung der Arbeitsmarktsituation deutlich. Insbesondere der Arbeitsmarktquotient entfaltet bei dem Übergang seine Wirkung. Das kann sicherlich auch darauf zurückgeführt werden, dass Akademiker/innen, die erst vor kurzem die Hochschule verlassen haben, im Vergleich zu bereits auf dem Akademikerarbeitsmarkt etablierten Hochqualifizierten, weniger bewerbungsrelevante Aspekte erfüllen (vor allem Berufserfahrung).

Es konnte gezeigt werden, dass sich die Suchdauer für die erste Erwerbstätigkeit als Indikator beruflichen Erfolgs – zumindest in den ersten Monaten – nicht eignet. Die empirischen Befunde deuten darauf hin, dass es auch bei der Stellensuche von Hochqualifizierten zu friktioneller Arbeitslosigkeit kommen kann. Dauert die Phase des Übergangs aufgrund erfolgloser Stellensuche länger an, sinken die Stellenfindungsraten.

Es gibt zugleich empirische Hinweise darauf, dass die Suchdauer steigen kann, wenn die Anzahl freier Stellen die Zahl der Bewerber/innen deutlich übersteigt. Theoretisch nicht abgesichert, lässt sich dafür die Vermutung anführen, dass in dieser Situation das Lohnanspruchsniveau enorm steigt und dadurch die Stellensuche erschwert wird.

Die Suchdauer unterscheidet sich zwischen einzelnen Subgruppen zum Teil erheblich. Während soziodemografische Faktoren (bis auf Alter) keine oder zumindest eine untergeordnete Rolle für die Erklärung von Unterschieden in der Stellensuchdauer zu spielen scheinen, haben sowohl das Humankapital (Fächergruppe, Hochschultyp und Berufsausbildung) als auch die spezifische Arbeitsmarktsituation (Arbeitsmarktquotient und Jahr des Berufseintritts) einen Einfluss auf die Suchdauer. Mit steigendem Alter, steigendem Arbeitsmarktquotienten (Anzahl freie Stellen < Anzahl Bewerber/innen) und steigendem Jahr des Berufseintritts sinkt die Wahrscheinlichkeit, eine Stelle zu finden. Zusätzlich haben die Absolventinnen und Absolventen der Fächergruppen Wirtschaftswissenschaften, Mathematik und Naturwissenschaften, im Vergleich zu den Sprach- und Kulturwissenschaften, eine kürzere Suchdauer.

13.1.3 Berufseintrittserfolg

Die untersuchten Aspekte der ersten Erwerbstätigkeit nach dem Studium (Einkommen, berufliche Autonomie, berufliche Zufriedenheit und Bedeutung des Hochschulabschlusses) verweisen auf eine insgesamt gute berufliche Lage der untersuchten Akademiker/innen. Die klassischen Regressionsmodelle der Einzelindikatoren verweisen auf das Dilemma einer umfangreichen Operationalisierung:

- Zwischen den einzelnen Indikatoren ergeben sich größere Unterschiede in der Wirkung einzelner Determinanten. Zugleich treten teilweise konträre Effekte auf.
- Es existieren kaum Variablen, die eine durchgängige Erklärungskraft über die Modelle unterschiedlicher Indikatoren von Berufserfolg besitzen.
- Insgesamt zeichnen sich die berücksichtigten Variablen durch eine geringe Erklärungskraft aus.

Aus diesen Gründen wurden alle weiteren Analysen mit einem Index durchgeführt, der die vier ursprünglichen Indikatoren vereint. Dadurch wurde die Aussagekraft des Index gegenüber den Einzelindikatoren erhöht und zugleich die Übersichtlichkeit der sich anschließenden Analysen gewahrt.

Insgesamt zeigt sich ein hoher Berufseintrittserfolg, der von zahlreichen Determinanten beeinflusst wird. Für die Ebene des Humankapitals ergeben sich unter anderem Fächergruppeneffekte. Absolventinnen und Absolventen der Humanwissenschaften, Sozialwissenschaften, Mathematik und Naturwissenschaften sowie Ingenieurwissenschaften haben im Vergleich zur Fächergruppe Sprach- und Literaturwissenschaften einen höheren Berufseintrittserfolg. Im Vergleich zu Fachhochschulabsolventinnen und Fachhochschulabsolventen weisen Akademiker/innen mit einem universitären Abschluss ebenfalls einen höheren Berufseintrittserfolg auf. Auch eine begonnene Promotion steigert den Berufserfolg zu Beginn des Berufsverlaufs. Die Arbeitsmarktsituation besitzt nur noch in Bezug auf das Jahr des Berufseinstiegs Einfluss auf den Berufseintrittserfolg. Je näher das Berufseintrittsjahr an den Zeitpunkt der Befragung rückt, umso geringer wird der Berufserfolg.

13.1.4 Berufsverlauf

Der Berufsverlauf ist von zahlreichen Aspekten abhängig und kann anhand verschiedener Indikatoren beschrieben werden. Die Erwerbstätigkeit besitzt immense Bedeutung für den gesamten Lebenslauf. Anhand subjektiver Bilanzierungen konnten diskontinuierliche und kontinuierliche Berufsverläufe festgestellt werden. Unterbrechungen der Erwerbstätigkeit durch Arbeitslosigkeit sind mit zahlreichen Auswirkungen verbunden. Aufgrund des Stellenwerts von Arbeitslosigkeit wurde dieser Arbeitsmarktindikator zur Charakterisierung der Berufsverläufe der subjektiven Einschätzung gegenübergestellt. Es konnte gezeigt werden, dass ein Auftreten von Arbeitslosigkeit sich durchaus als Indikator für diskontinuierliche Berufsverläufe eignet. Außerdem konnte ein Zusammenhang zwischen dem Übergang in den Akademikerarbeitsmarkt und dem späteren Erfolg im Berufsverlauf gezeigt werden. Je schneller der Übergang stattfand, umso seltener trat Arbeitslosigkeit in den Berufsverläufen auf und als umso kontinuierlicher und damit erfolgreicher wurde der Verlauf gewertet.

13.1.5 Berufserfolg am Ende des Berufsverlaufs

Der Berufserfolg am Ende des Berufsverlaufs repräsentiert den letzten Teil des Konstruktes im zugrunde liegenden Modell (Abbildung 6.1). Die einzelnen Parameter der letzten Erwerbstätigkeit vor dem Ruhestand liegen über den Werten der ersten Erwerbstätigkeit. Daraus lässt sich bereits indirekt ableiten, dass der Wert des Berufserfolgs ebenfalls über dem Wert zu Beginn des Berufsverlaufs liegt.

In einer multivariaten Analyse wurde wiederum geprüft, welche Determinanten auch am Ende des Berufsverlaufs noch einen Einfluss besitzen. Dabei stellt sich heraus, dass, neben dem Berufseintrittserfolg und der Kontinuität im Berufsverlauf, das Jahr des Berufseintritts sowie das Geschlecht einen Einfluss haben. Je höher der Berufserfolg am Anfang des Berufsverlaufs ist und umso kontinuierlicher ein Berufsweg verläuft (je seltener Phasen von Arbeitslosigkeit auftreten), umso höher ist der Berufserfolg in der letzten Erwerbstätigkeit vor dem Ruhestand. Männer haben einen höheren Berufserfolg zu diesem Zeitpunkt. Je später die Personen in den Arbeitsmarkt eingestiegen sind, umso geringer fällt der Berufserfolg aus.

13.2 Schlussfolgerungen

Insgesamt hat sich das grundlegende Modell bewährt. Die Einflüsse der Dimensionen konnten ebenso bestätigt werden wie der Einfluss von Berufseintritt und Berufsverlauf. Auch wenn die Modelle an einer Subgruppe aller Akdemiker/innen überprüft wurden, verweisen die Ergebnisse der berücksichtigten Determinanten und Kontrollvariablen auf eine potentielle Verallgemeinerbarkeit der Befunde.

Formal lassen sich die Ergebnisse nur auf die Stipendiat/innen der Hans-Böckler-Stiftung beziehen. Da die populationsspezifischen Kontrollvariablen (Berufsabschluss, Hochschulzugang und soziale Herkunft) in keinem der multivariaten Modelle einen signifikanten Einfluss besessen haben, könnten die spezifizierten Modelle auch bei anderen Akademikergruppen zur Erklärung von beruflichem Erfolg beitragen.

Auf der Basis der Ergebnisse der Analysen lassen sich weitere Prämissen für die Forschung und Forschungsfragen ableiten. Insbesondere für die Analyse akademischer Berufsverläufe würden langfristig angelegte Längsschnittstudien das Analysepotential enorm erhöhen. Der immense Kostenvorteil der oft verwendeten retrospektiven Querschnittserhebung birgt im Unterschied zu einem Paneldesign zugleich Nachteile in der Datenerhebung. Zusätzlich zu den klassischen Problemen der Umfrageforschung wie Erinnerungsproblemen und Ungenauigkeiten, die sich aus Schätzungen zurückliegender Fakten ergeben, besteht eine Einschränkung der messbaren Detailtiefe vieler Informationen. Aspekte, wie friktionelle Arbeitslosigkeit oder Lohnanspruchsniveau, lassen sich vor allem in Bezug auf weit zurückliegende Ereignisse (wie zum Beispiel den Berufseinstieg) nur sehr eingeschränkt oder überhaupt nicht erheben. Es unterstreicht zugleich die Forderung nach institutionellen Rahmenbedingungen für eine standardisierte Erhebung von zeitgenauen Informationen zum Verbleib von Hochschulabsolventinnen und Hochschulabsolventen auf Individualbasis, die sich nach Fächern, Fächergruppen, Hochschulen und Regionen differenziert betrachten lassen (Falk et al. 2007: 10).

Die Ergebnisse verweisen auf die Anwendbarkeit der Humankapitaltheorie und deren Weiterentwicklungen in Bezug auf die Analyse von Berufserfolg. Außerdem zeigte sich auch in dieser Untersuchung, dass der Mehrdimensionalität des Konstruktes Rechnung getragen werden muss.

Bestätigung fand insbesondere der Ansatz dieser Arbeit, Berufserfolg als dynamisches Konzept zu erfassen und Änderungen im Zeitverlauf zu beobachten. Berufserfolg ist keine individuelle Disposition, die mit dem Berufseintritt nach dem Verlassen der Hochschule ausgeprägt wird und bis zum Ende des Berufsverlaufs konstant bleibt. Wie am Beispiel der zwischenzeitlichen Arbeitslosigkeit gezeigt wurde, haben spezifische Ereignisse eine determinierende Wirkung, die sich in den Berufsverläufen fortschreiben. Zugleich konnte aber auch gezeigt werden, welche Bedeutung bereits die Erstplatzierung auf dem Arbeitsmarkt hat.

Im Forschungsgegenstand Berufserfolg steckt weiteres Analysepotential. Zum einen ist zu vermuten, dass die Berufsverläufe von Promovierten Spezifika darstellen, die sich von den anderen Hochqualifizierten unterscheiden können (Enders und Bornemann 2001). Außerdem wurde den Teilarbeitsmärkten private Wirtschaft, öffentlicher Dienst und selbstständige Tätigkeiten vorerst wenig Beachtung geschenkt. Es lässt sich aber vermuten, dass die Differenzen der Teilarbeitsmärkte insgesamt (Becker 1993) auch bei Hochqualifizierten anzutreffen sind. Die beiden objektiven Indikatoren Einkommen und berufliche Autonomie wurden so gewählt, dass Informationen aus den drei Bereichen vergleichbar wurden. Allerdings lässt sich vermuten, dass es in den Teilarbeitsmärkten Unterschiede hinsichtlich des Berufserfolgs gibt. Es existieren beispielsweise empirische Hinweise dafür, dass auch von Hochqualifizierten der Weg in die Selbstständigkeit vermehrt in Phasen ungünstiger Arbeitsmarktsituationen gewählt wird (Kerst und Minks 2005).

Weiterhin wurde den unterschiedlichen gesellschaftlichen Entwicklungen in Ost- und Westdeutschland keine Beachtung geschenkt. Grund dafür war, dass der überwiegende Teil der befragten Personen (insbesondere die Akademiker/innen im Ruhestand) Erwerbstätigkeiten in den alten Bundesländern ausübte.

Aufgrund der Breite des Forschungsvorhabens konnten in der zugrunde liegenden Studie nur einzelne Aspekte detailliert erfasst werden. Für die Arbeitsmarktforschung mit einem Fokus auf akademischer Erwerbstätigkeit, könnte eine detailliertere Analyse der Wirkung von Elternschaft gewinnbringend sein. Elternschaft könnte als Reaktion auf problematische Arbeitsmarktlagen stattfinden.

Weiterhin wäre eine stärkere Differenzierung von Arbeitslosigkeit sinnvoll. Insbesondere friktionelle Arbeitslosigkeit sollte sich in ihrer Wirkung auf den Berufserfolg von unfreiwilliger Arbeitslosigkeit unterscheiden. Schlussendlich sei auf das Analysepotential des Lohnanspruchsniveaus verwiesen. In diesem Buch konnte der Aspekt ausschließlich als latente Variable Berücksichtigung finden. Eine explizite Operationalisierung des Konstruktes könnte die Erklärungen der Phase des Berufseintritts anreichern.

Auch wenn für die Logit-Modelle und die Cox-Regression die Gütemaße nur bedingt Auskunft über die Erklärungskraft der Einzelmodelle ergeben, lässt sich vermuten, dass es weitere bisher noch nicht berücksichtigte Faktoren gibt, die einen Einfluss auf den Berufserfolg zu unterschiedlichen Zeitpunkten des Berufsverlaufs besitzen. Ein Aspekt der daraufhin näher untersucht werden könnte, sind „Gelegenheitsstrukturen", die die Vor- und Nachteile bestimmter Gruppen am Arbeitsmarkt beeinflussen (Grotheer 2005). Es lassen sich Hinweise darauf finden, dass aufgrund kurzfristiger Veränderungen von Gelegenheitsstrukturen berufsbiografische Entscheidungen zu zentralen Weichenstellungen in Berufsverläufen führen können (Struck-Möbbeck et al. 1996). Derartige Einflüsse lassen sich allerdings schwer standardisiert erheben und abbilden. Außerdem lies die Gruppengröße der letzten Modelle nur eingeschränkt Aussagen in Bezug auf den Berufserfolg zu. Die Subgruppen waren teilweise sehr klein, was sich unter anderem in gröberen Schätzern und höheren Irrtumswahrscheinlichkeiten äußert.

Insgesamt lässt sich in den Berufsverläufen von Hochqualifizierten eine Verkettung der einzelnen Statuspassagen aufzeigen. Der Übergang in den Akademikerarbeitsmarkt bedingt die Kontinuität im Berufsverlauf. Dieser wiederum determiniert den Berufserfolg am Ende des Berufsverlaufs. Das bestätigt den Befund von Blossfeld (1985a) nun auch für Akademiker/innen. Behinderungen beim Eintritt in den Arbeitsmarkt können später kaum oder nur geringfügig ausgeglichen werden.[1] Die jeweils existenten historischen Eintrittsbedingungen in den Akademikerarbeitsmarkt spiegeln sich in den Berufsverläufen der Hochqualifizierten wider. Ein niedriger Berufseintrittserfolg ist selbst über enorm lange Berufsverläufe kaum zu kompensieren. Diese Befunde decken sich mit aktuellen Ergebnisse von Absolventenstudien, auch wenn diese auf viel kürzere Berufsverläufe zurückgreifen (Fehse und Kerst 2007: 92).

---

[1] Die Arbeit von Blossfeld war als direkte Kohortenanalyse angelegt. Es können sich zusätzlich Perioden- und Alterseffekte überlagern. Die statistischen Befunde der multivariaten Analysen verweisen allerdings eher auf Kohorteneffekte.

Literaturverzeichnis

Abele, A. E. (2002). Ein Modell und empirische Befunde zu beruflicher Laufbahnentwicklung unter besonderer Berücksichtigung des Geschlechtsvergleichs. Psychologische Rundschau, 53, 109-118.

Abele, A. E. (2003). Frauenkarrieren in Wirtschaft und Wissenschaft – Ergebnisse der Erlanger Langzeitstudien BELA-E und MATHE. Zeitschrift für Frauenforschung und Geschlechterstudien, 4, 49-61.

Abele, A. E., Andrä, M. und Schute, M. (1999). Wer hat nach dem Hochschulexamen schnell eine Stelle? Erste Ergebnisse der Erlanger Längsschnittstudie (BELA-E). Zeitschrift für Arbeits- und Organisationspsychologie, 43, 95-101.

Achatz, J. (2005). Geschlechtersegregation im Arbeitsmarkt. In: M. Abraham und T. Hinz (Hrsg.), Arbeitsmarktsoziologie. Probleme, Theorien, empirische Befunde (S. 263-302). Wiesbaden: VS Verlag für Sozialwissenschaften.

Alewell, D. (1993). Interne Arbeitsmärkte – Eine informationsökonomische Analyse. Dissertation, Universität Hamburg.

Alex, L. (2000). Qualifikation und erwerbstätigkeit 1979-1999. In: Qualifikationsstrukturbericht 2000 (S. 145-178). Bundesministerium für Bildung und Forschung.

Allmendinger, J. und Schreyer, F. (2005). Trotz allem gut – Zum Arbeitsmarkt von Akademikerinnen heute und morgen. In: J. Allmendinger (Hrsg.), Karriere ohne Vorlage. Junge Akademiker zwischen Studium und Beruf. (S. 29-47). Hamburg: Edition Körber-Stiftung.

Andreß, H.-J. (1992). Einführung in die Verlaufsdatenanalyse. Statistische Grundlagen und Anwendungsbeispiele zur Längsschnittanalyse kategorialer Daten. Köln: Zentrum für Historische Sozialforschung.

Andretta, G. und Baethge, M. (1996). Zwischen zwei Welten: Berufliche Transformationsbiographien in den neuen Bundesländern. In: L. Clausen (Hrsg.), Gesellschaften im Umbruch. Verhandlungen des 27. Kongresses der Deutschen Gesellschaft für Soziologie in Halle an der Saale 1995. (S. 17-29). Frankfurt a. M.: Campus.

Arrow, K. J. (1973). Higher education as a filter. Journal of Public Economics, 2, 193-216.

Backhaus, K., Erichson, B., Plinke, W. und Weiber, R. (2006). Multivariate Analyseme-thoden. Eine anwendungsorientierte Einführung. Berlin u.a.: Springer.

Baethge, M. (2000). Der unendlich langsame Abschied vom Industrialismus und die Zukunft der Dienstleistungsbeschäftigung. WSI-Mitteilungen, 3, 149-156.

Baur, N. (2005). Verlaufsmusteranalyse. Methodologische Konsequenzen der Zeitlichkeit sozialen Handelns. Wiesbaden: VS Verlag für Sozialwissenschaften.

Büchel, F. (1997). Berufseinmündung und erste Karrierephase von Akademikern mit einer beruflichen Zusatzqualifikation. Ein Beitrag zur bildungspolitischen Kontroverse „HIS versus Büchel/Helberger". Mitteilungen aus der Arbeitsmarkt- und Berufsforschung, 30, 618-634.

Büchel, F. (1998). Zuviel gelernt? Ausbildungsinadäquate Erwerbstätigkeit in Deutsch-land. Bertelsmann: Berlin.

Büchel, F. und Helberger, C. (1995). Bildungsnachfrage als Versicherungsstrategie. Der Effekt eines zusätzlich erworbenen Lehrabschlusses auf die beruflichen Startchancen von Hochschulabsolventen. Mitteilungen aus der Arbeitsmarkt- und Berufsforschung, 1, 32 - 42.

Büchel, F. und Matiaske, W. (1996). Die Ausbildungsadäquanz der Beschäftigung bei Berufsanfängern mit Fachhochschul- und Hochschulabschluß. Konjunkturpolitik, 42, 53-77.

Beck, U. (1999). Schöne neue Arbeitswelt. Frankfurt a. M.: Campus.

Beck, U. (Hrsg.). (2000). Die Zukunft von Arbeit und Demokratie. Frankfurt a. M.: Suhrkamp.

Becker, G. S. (1964). Human Capital. A theoretical and empirical analysis with special reference to education. New York: Columbia University Press.

Becker, G. S. (1981a). Altruism in the family and selfishness in the market place. Econo-mica, 48, 1-15.

Becker, G. S. (1981b). A treatise on the family. Cambridge: Harvard University Press.

Becker, P. (1997). Praxisbezogene Studienform im Hauptstudium. Teilarbeitsmärkte für wirtschaftswissenschaftliche Hochschulabsolventinnen und -absolventen. Eine Absol-ventenbefragung der Examensjahrgänge 1992 bis 1995. Trier: Universität.

Becker, R. (1993). Staatsexpansion und Karrierechancen. Berufsverläufe im öffentlichen Dienst und in der Privatwirtschaft. Frankfurt: Campus.

Becker, R. (2000). Klassenlage und Bildungsentscheidungen. Eine empirische Anwendung der Wert-Erwartungstheorie. Kölner Zeitschrift für Soziologie und Sozialpsychologie, 52, 450-474.

Becker, R. (2006). Dauerhafte Bildungsungleichheit als unerwartete Folge der Bildungs-expansion? In: A. Hadjar und R. Becker (Hrsg.), Bildungsexpansion. Erwartete und unerwartete Folgen (S. 27-61). Wiesbaden: VS Verlag für Sozialwissenschaften.

Becker, R. und Lauterbach, W. (Hrsg.). (2004a). Bildung als Privileg? Erklärungen und Befunde zu den Ursachen der Bildungsungleichheit. Wiesbaden: VS Verlag für Sozialwissenschaften.

Becker, R. und Lauterbach, W. (2004b). Dauerhafte Bildungsungleichheiten – Ursachen, Mechanismen, Prozesse und Wirkungen. In: R. Becker und W. Lauterbach (Hrsg.), Bildung als Privileg? Erklärungen und Befunde zu den Ursachen der Bildungsungleichheit (S. 9-40). Wiesbaden: VS Verlag für Sozialwissenschaften.

Behnke, J. (2005). Lassen sich Signifikanztests auf Vollerhebungen anwenden? Einige essayistische Anmerkungen. Politische Vierteljahresschrift, 46, 1-15.

Bell, D. (1975). Die nachindustrielle Gesellschaft. Frankfurt: Campus.

Berger, P. A. und Konietzka, D. (2001). Die Erwerbsgesellschaft. Opladen: Leske+Budrich.

Bergman, M. M. und Joye, D. (2001). Comparing Social Stratification Schemas: CAMSIS, CSP-CH, Goldthorpe, ISCO-88, Treiman and Wright. Cambride Studies in Social Research, 9, 1-37.

Beyer, O. und Wacker, A. (1999). Hannoversche Geistes- und SozialwissenschaftlerInnen auf dem Arbeitsmarkt. Eine schriftliche Befragung zum Berufseinstieg und zum beruflichen Verbleib der Magister- und DiplomabsolventInnen der Abschlussjahrgänge 1990 - 1997. Hannover.

Böhlich, S. (1999). Neue Formen der Beschäftigung. Wiesbaden: Gabler.

Bichler, H. und Schomburg, H. (1997). Agrarwirte in Studium und Beruf. Ergebnisse einer Befragung der Absolventinnen und Absolventen des integrierten Diplomstudiengangs Agrarwirtschaft in Witzenhausen. (Bd. Arbeitspapiere 34). Kasssel: Wissenschaftliches Zentrum für Berufs- und Hochschulforschung der Universität Gesamthochschule Kassel.

Biersack, W., Kettner, A. und Schreyer, F. (2007). Engpässe, aber noch kein allgemeiner Ingenieurmangel. IAB Kurzbericht, 16, 1-8.

Birkelbach, K. (1998). Berufserfolg und Familiengründung. Lebensläufe zwischen institutionellen Bedingungen und individueller Konstruktion. Opladen: Westdeutscher Verlag.

Birkelbach, K. (2005). Chancen IV, 1: Methodenbericht zur 4. Stufe des Längsschnittprojekts „Chancenzuweisung durch Ausbildung". Arbeitsbericht an die DFG. Köln und Duisburg: Universität Duisburg-Essen.

Bischoff, W. (1996). Derzeitige und künftige Berufsfelder der Diplom-Agraringenieure. Berichte über die Landwirtschaft, 74, 1-29.

Blau, P. M. und Duncan, O. D. (1967). The american occupational structure. New York: Wiley.

Blauner, R. (1964). Alienation and freedom: The factory worker and his industry. Chicago: The University of Chicago Press.

Blossfeld, H.-P. (1983). Hochqualifizierung und Verdrängung – Konsequenzen der Bildungsexpansion in den siebziger Jahren. In: M. Haller und W. Müller (Hrsg.), Beschäftigungssystem im gesellschaftlichen Wandel (S. 184-240). Frankfurt a. M.: Campus.

Blossfeld, H.-P. (1984a). Bildungsexpansion und Tertiärisierungsprozeß. Eine Analyse der Entwicklung geschlechtsspezifischer Arbeitsmarktchancen von Berufsanfängern unter Verwendung eines log-linearen Pfadmodells. Zeitschrift für Soziologie, 13, 20-44.

Blossfeld, H.-P. (1984b). Die Entwicklung der qualifikationsspezifischen Verdienstrelationen von Berufsanfängern zwischen 1970 und 1982. Kölner Zeitschrift für Soziologie und Sozialpsychologie. Sonderheft, 2, 293-322.

Blossfeld, H.-P. (1985a). Berufseintritt und Berufsverlauf. Eine Kohortenanalyse über die Bedeutung des ersten Berufs in der Erwerbsbiographie. Mitteilungen aus der Arbeitsmarkt- und Berufsforschung, 18, 177-197.

Blossfeld, H.-P. (1985b). Bildungsexpansion und Berufschancen. Frankfurt: Campus.

Blossfeld, H.-P. (1987). Karriereprozesse im Wandel der Arbeitsmarktstrukturen - Ein dynamischer Ansatz zur Erklärung intragenerationaler Mobilität. Mitteilungen aus der Arbeitsmarkt- und Berufsforschung, 20, 74-88.

Blossfeld, H.-P. (1988). Berufseinstieg und Segregationsprozeß – Eine Kohortenanalyse über die Herausbildung von geschlechtsspezifischen Strukturen im Bildungs- und Berufsverlauf. In: A. Weymann (Hrsg.), Bildung und Beschäftigung – Grundzüge und Perspektiven des Strukturwandels (S. 281-314). Göttingen : Schwartz.

Blossfeld, H.-P. (1989). Kohortendifferenzierung und Karriereprozeß. Eine Längsschnittstudie über die Veränderung der Bildungs- und Berufschancen im Lebenslauf. Frankfurt a. M.: Campus.

Blossfeld, H.-P. (1990). Berufsverläufe und Arbeitsmarktprozesse. Ergebnisse sozialstruktureller Längsschnittuntersuchungen. In: K. U. Mayer (Hrsg.), Lebensverläufe und sozialer Wandel. Sonderheft 31 der Kölner Zeitschrift für Soziologie und Sozialpsychologie (S. 118-145). Opladen: Westdeutscher Verlag.

Blossfeld, H.-P. (1991). Der Wandel von Ausbildung und Berufseinstieg bei Frauen. In: K. U. Mayer, J. Allmendinger und J. Huinink (Hrsg.), Vom Regen in die Traufe: Frauen zwischen Beruf und Familie (S. 1-22). Frankfurt a. M.: Campus.

Blossfeld, H.-P. und Becker, R. (1989). Arbeitsmakrtprozesse zwischen öffentlichem und privatwirtschaftlichem Sektor. Kohortenspezifische Auswirkungen der Expansion des Staates als Arbeitgeber. Mitteilungen aus der Arbeitsmarkt- und Berufsforschung, 22, 233-247.

Blossfeld, H.-P., Hamerle, A. und Mayer, K. U. (1986). Ereignisanalyse. Statistische Theorie und Anwendung in den Wirtschafts- und Sozialwissenschaften. Frankfurt a. M.: Campus.

Blossfeld, H.-P., Hannan, M. T. und Schümann, K. (1988). Erwerbsverlauf und die Entwicklung der Arbeitseinkommen bei Männern. Zeitschrift für Soziologie, 17(6), 407-423.

Blossfeld, H.-P. und Rohwer, G. (1996). Techniques of event history modeling. London: Lawrence Erlbaum Associates.

Blossfeld, H.-P. und Rohwer, G. (2002). Techniques of event history modeling. new approaches to causal analysis. Mahwah: Lawrence Erlbaum.

Blossfeld, H.-P. und Shavit, Y. (1993). Dauerhafte Ungleichheiten. Zeitschrift für Pädagogik, 39, 25-52.

Bonß, W. (2000). Was wird aus der Erwerbsgesellschaft? In: U. Beck (Hrsg.), Die Zukunft von Arbeit und Demokratie (S. 327- 415). Frankfurt a. M.: Suhrkamp.

Bonß, W. (2001). Vergesellschaftung über Arbeit. Oder: Gegenwart und Zukunft der Arbeitsgesellschaft. In: P. A. Berger und D. Konietzka (Hrsg.), Die Erwerbsgesellschaft (S. 331-356). Opladen: Leske+Budrich.

Borg, I. (2000). Affektiver Halo in Mitarbeiterbefragungen. ZUMA Arbeitsberichte, 03.

Bornmann, J., Lutz & Enders. (2002). Was lange währt, wird endlich gut: Promotionsdauer an bundesdeutschen Universitäten. Beiträge zur Hochschulforschung, 24, 52 - 73.

Bortz, J. (1999). Statistik für Sozialwissenschaftler. New York u. a.: Springer.

Boudon, R. (1974). Education, opportunity, and social inequality. New York: Wiley.

Brückner, E. (1990). Die Retrospektive Erhebung von Lebensverläufen. In: K. U. Mayer (Hrsg.), Lebensverläufe und sozialer Wandel. Sonderheft 31 der Kölner Zeitschrift für Soziologie und Sozialpsychologie (S. 374-403). Opladen: Westdeutscher Verlag.

Brüderl, J., Hinz, T. und Jungbauer-Gans, M. (1995). Münchner Soziologen und Soziologinnen im Beruf. Sozialwissenschaften und Berufspraxis(18), 328 - 345.

Brüderl, J., Hinz, T. und Jungbauer-Gans, M. (1996). Langfristig erfolgreich. Münchner Soziologinnen und Soziologen auf dem Arbeitsmarkt. Soziologie, 3, 5-23.

Brüderl, J. und Reimer, D. (2002). Soziologinnen und Soziologen im Beruf. Ergebnisse ausgewählter Absolventenstudien der 90er Jahre. In: R. Stockmann, T. Knoll und W. Meyer (Hrsg.), Soziologie im Wandel. Universitäre Ausbildung un dArbeitsmarktchancen im Wandel (S. 199-214). Opladen: Leske+Budrich.

Briedis, K. und Minks, K.-H. (2004). Zwischen Hochschule und Arbeitsmarkt. Hannover: HIS.

Briedis, K. und Minks, K.-H. (2007). Generation Praktikum – Mythos oder Massenphänomen. HIS-Projektbericht, 1-10.

Broscheid, A. und Gschwend, T. (2003). Augäpfel, Murmeltiere und Bayes: Zur Auswertung stochastischer Daten aus Vollerhebungen. MPIfG Working Paper, 03(7).

Broscheid, A. und Gschwend, T. (2005). Zur statistischen Analyse von Vollerhebungen. Politische Vierteljahresschrift, 1, 16-26.

Brosius, F. (2002). SPSS 11. Bonn: MITP-Verlag.

Bruggemann, A., Groskurth, P. und Ulich, E. (1975). Arbeitszufriedenheit. Schriften zur Arbeitspsychologie. Bern: Huber.

Bundesagentur für Arbeit. (2007). Arbeitsmarkt Kompakt 2007: Arbeitsmarkt Kompakt für Akademiker. Bonn.

Burkhardt, A., Schomburg, H. und Teichler, U. (2000). Hochschulstudium und Beruf. Ergebnisse von Absolventenstudien. Bonn: Bundesministerium für Bildung und Forschung.

Buttgereit, M. und Teichler, U. (Hrsg.). (1992). Hochschulabsolventen im Beruf. Bad Honnef: Bock.

Butz, B., Haunss, S., Hennies, R. und Richter, M. (1997). Flexible Allrounder: Wege in den Beruf für PolitologInnen. Ergebnisse einer AbsolventInnenbefragung am Institut für Politische Wissenschaft der Universität Hamburg. Hamburg:Universität Hamburg.

Carlsson, G. und Karlsson, K. (1970). Age, cohorts and the generation of generations. American Sociological Review, 35, 710-718.

Carr, D. (1996). Two paths to self-employment? Work and Occupations, 23, 26-53.

Carroll, G. R. und Mayer, K. U. (1986). Job shift patterns in the Federal Republic of Germany: The effects of social class, industrial sector, and organisational size. American Sociological Review, 51, 323-341.

Chiappori, P.-A. (1988). Rational household labor supply. Econometrica, 56, 63-89.

Cisik, A. (1994). Perspektiven eines ganzheitlichen Personalmanagements. Eine organisationspsychologische Studie zum Einfluß des Personalmanagements auf die Arbeitszufriedenheit am Beispiel von Auszubildenden und Trainees eines Unternehmens der Lebensmittelindustrie. Dissertation, Frankfurt/Main.

Clark, C. (1940). The condition of economic progress. London: Macmillan.

Cornelißen, W. (Hrsg.). (2005). Gender-Datenreport: 1. Datenreport zur Gleichstellung von Frauen und Männern in der Bundesrepublik Deutschland im Auftrag des Bundesministeriums für Familie, Senioren, Frauen und Jugend. München.

Crites, J. O. (1969). Vocational Psychology. New York: McGraw-Hill.

Dahrendorf, R. (1965). Bildung ist Bürgerrecht. Plädoyer für eine aktive Bildungspolitik. Hamburg: Nannen.

Delgaard, P. (2002). Introductory Statistics with R. New York u. a.: Springer.

Dette, D. E. (2005). Berufserfolg und Lebenszufriedenheit. Eine längsschnittliche Analyse der Zusammenhänge. Dissertation, Philosophische Fakultät der Friedrich-Alexander-Universität Erlangen-Nürnberg.

Dette, D. E., Abele, A. E. und Renner, O. (2004). Zur Definition und Messung von Berufserfolg – Theoretische Überlegungen und metaanalytische Befunde zum Zusammenhang von externen und internen Laufbahnerfolgsmaßen. Zeitschrift für Personalpsy-
chologie, 3, 170-183.

Diekmann, A. (1995). Empirische Sozialforschung: Grundlagen, Methoden, Anwendun-
gen. Hamburg: Rowohlt.

Dietrich, H. und Abraham, M. (2005). Eintritte in den Arbeitsmarkt – Fakten, Trends
und Fragen. In: M. Abraham und T. Hinz (Hrsg.), Arbeitsmarktsoziologie. Probleme,
Theorien, empirische Befunde (S. 69-98). Wiesbaden: VS Verlag für Sozialwissenschaften.

Dillman, D. A. (1991). The design and administration of mail surveys. Annual Review of
Sociology, 225-249.

Dillman, D. A. (2000). Mail and internet surveys: The tailored design method. New York:
John Wiley & Sons.

Dombois, R. (1999). Der schwierige Abschied vom Normalarbeitsverhältnis. Aus Politik
und Zeitgeschichte, 49, 13-20.

Ehling, M., Heyde, C., Hoffmeyer-Zlotnik, J. H. P. und Quitt, M. (1992). Eine deutsche
Standarddemographie. ZUMA-Nachrichten, 31, 29-46.

Enders, J. und Bornemann, L. (2001). Karriere mit Doktortitel? Ausbildung, Berufsver-
bleib und Berufserfolg von Promovierten. Frankfurt: Campus.

Esser, H. (1996). Soziologie. Allgemeine Grundlagen. Frankfurt: Campus.

Falk, R. und Weiß, R. (1993). Zukunft der Akademiker. Köln: Deutscher Instituts-Verlag.

Falk, S. und Reimer, M. (2007). Verschiedene Fächer, verschiedene Übergänge: der Berufseinstieg und „frühe" Berufserfolg bayerischer Hochschulabsolventen. Beiträge zur
Hochschulforschung, 29(1), 34-69.

Falk, S., Reimer, M. und Hartwig, L. (2007). Absolventenforschung für Hochschulen und
Bildungspolitik: Konzeption und Ziele des „Bayerischen Absolventenpanels". Beiträge zur Hochschulforschung, 29(1), 6-33.

Falk, S. und Sackmann, R. (2000). Risikoreiche Berufseinstiege in Ostdeutschland? Ein
Ost-West-Vergleich. In: W. R. Heinz (Hrsg.), Übergänge – Individualisierung, Fle-
xibilisierung und Institutionalisierung des Lebensverlaufs. Sonderheft der Zeitschrift
für Sozialisationsforschung und Erziehungssoziologie (S. 41-69). Opladen: Westdeutscher Verlag.

Fehse, S. und Kerst, C. (2007). Arbeiten unter Wert? Vertikal und horizontal inadäquate Beschäftigung von Hochschulabsolventen der Abschlussjahrgänge 1997 und 2001.
Beiträge zur Hochschulforschung, 29(1), 72-98.

Festinger, L. (1957). A theory of cognitive dissonance. Stanford: Stanford University
Press.

Fischer, G., Tessaring, M. und Reinberg, A. (1993). Bestand und Bewegung im Bildungs- und Beschäftigungssystem der Bundesrepublik Deutschland. Ergebnisse der Bildungs- gesamtrechnung für die alten und neuen Bundesländer. Beiträge zur Arbeitsmarkt- und Berufsforschung, 170.

Fischer, L. (2006). Arbeitszufriedenheit. Konzepte und empirische Befunde. Göttingen: Hogrefe.

Fishbein, . A. I., M. (1975). Belief, attitude, intention, and behavior: An introduction to theory and research. Reading, MA: Addison-Wesley.

Fisher, A. G. B. (1939). Production-primary, secondary and tertiary. The Economic Record, 15, 24-38.

Fleming, T. R. und Harrington, D. P. (1981). A class of of hypothesis test for one and two sample censored survival data. Communications in Statistics, 10, 763-794.

Fourastié, J. (1954). Die große Hoffnung des 20. Jahrhunderts. Köln-Deutz: Bund.

Fraenkel, M. (1996). Aspekte der künftigen Akademikerbeschäftigung im öffentlichen Dienst. In: M. Tessaring (Hrsg.), Die Zukunft der Akademikerbeschäftigung. Doku- mentation eines Workshops der Bundesanstalt für Arbeit (S. 132-148). Nürnberg: Beiträge zur Arbeitsmarkt- und Berufsforschung.

Franz, W. (1999). Arbeitsökonomie. Berlin: Springer.

Franz, W. (2003). Arbeitsmarktökonomik. Berlin: Springer.

Franzen, A. und Hangartner, D. (2005). Soziale Netzwerke und beruflicher Erfolg. Eine Analyse des Arbeitsmarkteintritts von Hochschulabsolventen. Kölner Zeitschrift für Soziologie und Sozialpsychologie, 57, 443-465.

Franzen, A. und Hangartner, D. (2006). Social networks and labour market outcomes: The non-monetary benefits of social capital. European Sociological Review., 22, 353-368.

Franzen, A. und Hecken, A. (2002). Studienmotivation, Erwerbspartizipation und der Einstieg in den Arbeitsmarkt. Kölner Zeitschrift für Soziologie und Sozialpsychologie, 54, 733-752.

Friebe, H. und Lobo, S. (2006). Wir nennen es Arbeit. München: Heyne.

Friedman, W. und Wilkins, A. (1985). Scale effects in memory for the time of past events. Memory and Cognition, 13, 168-175.

Friedrichs, J. (1990). Methoden der empirischen Sozialforschung. Opladen: Westdeutscher Verlag.

Frohwieser, D., Kühne, M., Lenz, K. und Wolter, A. (2006). Bildungs- und Berufswege von Stipendiaten und Stipendiatinnen der Hans-Böckler-Stiftung. (Tech. Rep.). Dresden: Technische Universität Dresden.

Frohwieser, D., Lenz, K., Weißhuhn, G. und Wolter, A. (2003). Die Zukunft des Humankapitals in Sachsen: Gegenüberstellung von Angebot und Bedarf an Hochschulabsolventen und Hochschulabsolventinnen im Freistaat Sachsen bis zum Jahr 2020. Dresden.

Ganzeboom, H. B. G., Graaf, P. M. D., Treiman, D. J. und Leeuw, J. D. (1992). A standard international socio-economic index of occupational status. Social Science Research, 21, 1-56.

Gebert, D. und Rosenstiel, L. von. (1996). Organisationspsychologie. Stuttgart u.a.: Kohlhammer.

Geißler, R. (2000). Bildungsexpansion und Bildungschancen. Informationen zur politischen Bildung, 269.

Geißler, R. (2004). Sozialer Wandel in Deutschland. Bonn: Bundeszentrale für politische Bildung.

Geis, A. (1986). Computerunterstützte Branchenvercodung. ZUMA-Nachrichten, 18, 79 - 88.

Geis, A. und Hoffmeyer-Zlotnik, J. H. P. (2000). Stand der Berufsvercodung. ZUMA-Nachrichten, 47, 103-128.

Gleiser, S. (1996). Der Arbeitsmarkt für Akademiker. In: M. Tessaring (Hrsg.), Die Zukunft der Akademikerbeschäftigung. Dokumentation eines Workshops der Bundesanstalt für Arbeit (S. 11-45). Nürnberg: Beiträge zur Arbeitsmarkt- und Berufsforschung.

Glenn, N. D. (2005). Cohort analysis. Thousand Oaks: Sage Publications.

Granovetter, M. (1995). Getting a job: A study of contacts and careers. Chicago: University of Chicago Press.

Granovetter, M. S. (1973). The strength of week ties. American Journal of Sociology, 78, 1360-1380.

Granovetter, M. S. (1974). Getting a job. a study of contacts and careers. Cambridge: Harvard University Press.

Grühn, D. und Hecht, H. (2007). Generation Praktikum? Prekäre Beschäftigungsformen von Hochschulabsolventinnen und -absolventen. Berlin: DGB-Bundesvorstand.

Gronau, R. (1977). Leisure, home production and work. The theory of the allocation of time revisted. Journal of Political Economy, 85, 1099-1123.

Grotheer, M. (2005). Erwerbseinstiege ostdeutscher Hochschul- und Lehrabsolventen: Eine Anwendung der Optimal-Matching-Technik. Arbeitspapiere SFB 580, 6.

Groves, R. M. (1989). Survey errors and survey costs. New York: Wiley.

Gunz, H. P. und Heslin, P. A. (2005). Reconceptualizing career success. Journal of Organizational Behavior, 26, 105-111.

Hadjar, A. und Becker, R. (Hrsg.). (2006a). Die Bildungsexpansion. Erwartete und unerwartete Folgen. Wiesbaden: VS Verlag für Sozialwissenschaften.

Hadjar, A. und Becker, R. (2006b). Die Bildungsexpansion. Erwartete und unerwartete Folgen. In: A. Hadjar und R. Becker (Hrsg.), Bildungsexpansion. Erwartete und unerwartete Folgen (S. 11-26). Wiesbaden: VS Verlag für Sozialwissenschaften.

Handl, J. (1985). Mehr Chancengleichheit im Bildungssystem. Erfolg der Bildungsreform oder statistisches Artefakt? Kölner Zeitschrift für Soziologie und Sozialpsychologie, 37, 698-722.

Haug, S. und Kropp, P. (2002). Soziale Netzwerke und der Berufseinstieg von Akademikern. Arbeitsbericht des Instituts für Soziologie, 32, 1-39.

Häder, M. (2006). Empirische Sozialforschung. Eine Einführung. Wiesbaden: VS Verlag für Sozialwissenschaften.

Heckhausen, H. (1987). Interdisziplinäre Forschung zwischen Intra-, Multi- und Chimären-Disziplinarität. In: J. Kocka (Hrsg.), Interdisziplinarität. Praxis – Herausforderung – Ideologie (S. 129-145). Frankfurt a. M.: Suhrkamp.

Heckman, J. J. und Singer, B. (1984). Econometric duration analysis. Journal of Econometrics, 24, 63-132.

Heidemann, L. (2005). Dresdner Absolventenstudie Nr. 17: Philosophische Fakultät 2004. Die Absolvent/innen der Philosophischen Fakultät der Abschlussjahrgänge 1999/2000-2002/03. Dresden: Technische Universität Dresden.

Heine, C. und Scheller, P. (2005). Studium, Beruf und Werdegang. HIS-Kurzinformation, A14.

Hemsing, W. (2001). Berufserfolg und Lebenslauf. Der Einfluß von Humankapitalinvestitionen, privaten Bindungen und Arbeitsmarktstrukturen auf den Berufserfolg ehemaliger Gymnasiasten. Dissertation, Universität Köln.

Henneberger, F. und Sousa-Poza, A. (2002). Beweggründe und Determinanten zwischenbetrieblicher Mobilität: Die Schweiz in einer internationalen Perspektive. Mitteilungen aus der Arbeitsmarkt- und Berufsforschung, 35, 204-231.

Heslin, P. A. (2003). Self- and other-referent criteria of career successq. Journal of Career Assessment, 11, 262-286.

Heslin, P. A. (2005). Conceptualizing and evaluating career success. Journal of Organizational Behavior, 26, 113-136.

Hillmert, S. und Mayer, K. U. (2004). Geboren 1964 und 1971 – Neuere Untersuchungen zu Ausbildungs- und Berufschancen in Westdeutschland. Wiesbaden: Verlag für Sozialwissenschaften.

Hinz, T. und Abraham, M. (2005). Theorien des Arbeitsmarktes. In: M. Abraham und T. Hinz (Hrsg.), Arbeitsmarktsoziologie. Probleme, Theorien, empirische Befunde (S. 17-68). Wiesbaden: VS Verlag für Sozialwissenschaften.

Hoffmann, E. und Walwei, U. (1998). Normalarbeitsverhältnis: ein Auslaufmodell? Überlegungen zu einem Erklärungsmodell für den Wandel der Beschäftigungsformen. Mitteilungen aus der Arbeitsmarkt- und Berufsforschung, 31, 408-425.

Hoffmann, E. und Walwei, U. (2002). Wandel der Erwerbsformen: Was steckt hinter den Veränderungen? In: G. Kleinhenz (Hrsg.), IAB-Kompendium Arbeitsmarkt- und Berufsforschung. Beiträge zur Arbeitsmarkt- und Berufsforschung (S. 135-144).

Hoffmeyer-Zlotnik, J. H. P. (1993). Operationalisierung von „Beruf" als zentrale Variable zur Messung von sozio-ökonomischen Status. ZUMA-Nachrichten, 32, 135-141.

Hoffmeyer-Zlotnik, J. H. P. (2003). „Stellung im Beruf" als Ersatz für eine Berufsklassifikation zur Ermittlung von sozialem Prestige. ZUMA-Nachrichten, 53, 114-127.

Hoffmeyer-Zlotnik, J. H. P., Hess, D. und Geis, A. J. (2004). Computerunterstützte Vercodung der International Standard Classification of Occupations (ISCO-88). ZUMA-Nachrichten, 55, 29-52.

Hoffmeyer-Zlotnik, J. H. P. und Krebs, D. (1993). Subjektive Statuszuweisung objektive Schichtmessung. ZUMA-Arbeitsbericht, 93(14).

Hoffmeyer-Zlotnik, J. H. P. und Warner, U. (1998). Die Messung von Einkommen im nationalen und internationalen Vergleich. ZUMA-Nachrichten, 42, 30-65.

Hohn, B. J. (2006). Arbeitsmarkt Kompakt 2006. Arbeitsmarkt für Akademiker. Nürnberg: Zentralstelle für Arbeitsvermittlung der Bundesagentur für Arbeit (ZAV).

Hohner, H.-U., Grote, S., Hoff, E.-H. und Dettmer, S. (2003). Berufsverläufe, Berufserfolg und Lebensgestaltung von Ärztinnen und Ärzten. In: A. E. Abele, E.-H. Hoff und H.-U. Hohner (Hrsg.), Frauen und Männer in akademischen Professionen. Berufsverläufe und Berufserfolg (S. 43-56). Heidelberg: Asanger.

Holtkamp, R., Koller, P. und Minks, K.-H. (2000). Hochschulabsolventen auf dem Weg in den Beruf. Eine Untersuchung des Berufsübergangs der Absolventenkohorten 1989, 1993 und 1997. Hannover.

Hradil, S. (2001). Soziale Ungleichheit in Deutschland. Opladen: Leske+Budrich.

Hörschgen, H., Cierpka, R., Friese, M. und Steinbach, R. (1993). Erfolg in Studium und Beruf. Eine empirische Analyse über Erfolgsfaktoren von Wirtschaftswissenschaftlern. Stuttgart: Forschungsstelle für Angewandtes Marketing.

Häußermann, H. und Siebel, W. (1995). Dienstleistungsgesellschaften. Frankfurt/Main: edition suhrkamp.

Hughes, E. C. (1937). Institutional office and the person. American Journal of Sociology, 43, 404-413.

Hughes, E. C. (1958). Men and their work. London u. a.: Free Press and Macmillan.

Isserstedt, W., Middendorff, E., Fabian, G. und Wolter, A. (2006). Die wirtschaftliche und soziale Lage der Studierenden in der Bundesrepublik Deutschland 2006. 18. Sozialerhebung des Deutschen Studentenwerks durchgeführt durch HIS Hochschul-Informations-System. Hannover: BWH GmbH-Medien Kommunikation.

Jacob, M. (2001). Ausmaß und Struktur von Mehrfachausbildungen. Eine Analyse der Ausbildungswege in den achtziger und neunziger Jahren. Arbeitspapiere Max-Planck-Institut für Bildungsforschung, 2001(7).

Jacobs, S. C. (2002). Reliability and recall of unemployment events using retrospective data. Work, emplayment and society, 16, 537-548.

Jahoda, M. (1982). Employment and unemployment: A social-psychological analysis. Cambridge: Cambridge University Press.

Jelenko, M., Kaupa, I., Kien, C. und Mosberger, B. (2007). Erwerbsbiographien und Qualifikationsprofile von diplomierten Pflegebediensteten. Wien: Arbeitsmarktservice Österreich.

Jungbauer-Gans, M. (1999). Der Lohnunterschied zwischen Frauen und Männern in selbständiger und abhängiger Beschäftigung. Kölner Zeitschrift für Soziologie und Sozialpsychologie, 51, 364-390.

Kahle, I. und Schaeper, H. (1991). Bildungswege von Frauen. Vom Abitur bis zum Berufseintritt. Hannover: HIS.

Kaiser, M. (1988). Akademisierung des Beschäftigungssystems. In: H. J. Bodenhöfer (Hrsg.), Bildung, Beruf, Arbeitsmarkt (S. 83-124). Berlin: Duncker & Humblot.

Kappelhoff, W. T., Peter. (1987). Intergenerationen- und Karrieremobilität in der Bundesrepublik Deutschland und in den Vereinigten Staaten. Kölner Zeitschrift für Soziologie und Sozialpsychologie, 39, 302-329.

Keller, B. und Klein, T. (1994). Berufseinstieg und Mobilität von Akademikern zwischen öffentlichem Dienst und Privatwirtschaft. Mitteilungen aus der Arbeitsmarkt- und Berufsforschung, 27, 152-160.

Kerst, C. und Minks, K.-H. (2005). Selbstständigkeit und Unternehmensgründung von Hochschulabsolventen fünf Jahre nach dem Studium. HIS Information, A8.

Kühne, M. (2008). Berufserfolg von Hochschulabsolventinnen und Hochschulabsolventen. Eine empirische Untersuchung akademischer Berufswege. Dissertation, Technische Universität Dresden.

Killisch, W., Lenz, K., Christmann, G. B., Frohwieser, D., Kühne, M., Kunis-Michel, M., Laskowski, R. und Rudolph, S. (2007). Hochschulen im demografischen Wandel. Die Lage in Sachsen. Dresden.

Klein, T. (1990). Arbeitslosigkeit und Wiederbeschäftigung im Erwerbsverlauf. Kölner Zeitschrift für Soziologie und Sozialpsychologie, 44, 688-705.

Klein, T. (1992). Zur Zeitabhängigkeit der Wiederbeschäftigungschance Arbeitsloser. Erwiderung auf Ludwig-Mayerhofer. Kölner Zeitschrift für Soziologie und Sozialpsychologie, 46, 134-1381.

Klein, T. (1994). Die Einkommenskarriere von Hochschulabsolventen. Ein empirischer Beitrag zur Kontroverse zwischen Humankapitaltheorie und Senioritätsentlohnung. Mitteilungen aus der Arbeitsmarkt- und Berufsforschung, 27, 205-211.

Kleinbaum, D. G. und Klein, M. (2005). Survival analysis. A self-learning text. New York u. a.: Springer.

Klemm, K. (1995). Lehrerbedarfsplanung. RdJB, 2, 154-163.

König, H. (1990). Die Krise der Arbeitsgesellschaft und die Zukunft der Arbeit: Zur Kritik einer aktuellen Debatte. In: H. König, B. von Greiff und H. Schauer (Hrsg.), Sozialphilosophie der industriellen Arbeitswelt. Leviathan Sonderheft (S. 322-345). Opladen: Westdeutscher Verlag.

Kocka, J. und Offe, C. (Hrsg.). (2000). Geschichte und Zukunft der Arbeit. Frankfurt a. M.: Campus.

Kohler, U. und Kreuter, F. (2001). Datenanalyse mit Stata. München u. a.: Oldenbourg.

Kohli, M. (1985). Die Institutionalisierung des Lebenslaufs. Kölner Zeitschrift für Soziologie und Sozialpsychologie, 37, 1-29.

Kohli, M. (1988). Normalbiographie und Individualität: Zur institutionellen Dynamik des gegenwärtigen Lebenslaufregimes. In: H.-G. Brose und B. Hildenbrand (Hrsg.), Vom Ende des Individuums zur Individualität ohne Ende. Opladen: Leske+Budrich.

Kohli, M. (1994). Institutionalisierung und Individualisierung der Erwerbsbiographie.. In: E. Beck, Ulrich /Beck-Gernsheim (Hrsg.), Riskante Freiheiten. (S. 219-244). Frankfurt a. M.: Suhrkamp.

Kohli, M. und Künemund, H. (2000). Die zweite Lebenshälfte. Gesellschaftliche Lage und Partizipation im Spiegel des Alters-Survey. Opladen: Leske+Budrich.

Kommission für Zukunftsfragen der Freistaaten Bayern und Sachsen. (1997). Erwerbstätigkeit und Arbeitslosigkeit in Deutschland. Entwicklung, Ursachen und Maßnahmen. Teil II Ursachen steigender Arbeitslosigkeit in Deutschland und anderen frühindustrialisierten Ländern. Bonn.

Konsortium Bildungsberichterstattung. (2006). Bildung in Deutschland. Ein indikatorengestützter Bericht mit einer Analyse zu Bildung und Migration. Bielefeld: Bertelsmann.

Krempkow, R. und Pastohr, M. (2004). Was macht Hochschulabsolventen erfolgreich? Analyse der Bestimmungsgründe beruflichen Erfolges anhand der Dresdner Absolventenstudien 2000 - 2003 (Bd. 2004; Tech. Rep.). TU Dresden, Institut für Soziologie.

Krempkow, R. und Pastohr, M. (2006). Was macht Hochschulabsolventen erfolgreich? Eine Analyse der Determinanten beruflichen Erfolges anhand der Dresdner Absolventenstudien 2000 - 2004. Zeitschrift für Evaluation, 1, 7-38.

Kristen, C. (1999). Bildungsentscheidungen und Bildungsungleichheit – Ein Überblick über den Forschungsstand: Arbeitspapier des MZES Nr. 5. (Bd. 5). Mannheim: Mannheimer Zentrum für Europäische Sozialforschung.

Kromrey, H. (1999). Diplom-Soziologie – und was dann? In: D. Grühn (Hrsg.), Mit Praxisprogrammen das Berufsziel erreichen (S. 43-62). Berlin.

Kromrey, H. (2002). Kriterien für einen erfolgreichen Berufseinstieg? Resultate von Absolventenstudien und ihre mögliche Fehlinterpretation. In: J. Allmendinger (Hrsg.), Entstaatlichung und soziale Sicherheit. Verhandlungen des 31, Kongresses der Deutschen Gesellschaft für Soziologie in Leipzig 2002. Opladen: Leske+Budrich.

Kronauer, M. (2002). Exklusion. Die Gefährdung des Sozialen im hoch entwickelten Kapitalismus. Frankfurt: Campus.

Kropp, P. (1998). Berufserfolg im Transformationsprozeß. Eine theoretisch-empirische Studie über die Gewinner und Verlierer der Wende in Ostdeutschland. Amsterdam: Thesis Publishers.

Kuhnke, R. (2005). Methodenanalyse zur Panelmortalität. Arbeitsbericht im Rahmen der Dokumentationsreihe: Methodische Erträge aus dem „DJI-Übergangspanel". München/Halle.

Kultusministerkonferenz. (2000). Arbeitslose Lehrer 1988 bis 1998. Bonn.

Kunz, V. (2000). Kulturelle Variablen, organisatorische Netzwerke und demokratische Staatsstrukturen als Determinanten der wirtschaftlichen Entwicklung im internationalen Vergleich. Kölner Zeitschrift für Soziologie und Sozialpsychologie, 52, 195-225.

Kunz, V. (2001). „Do institutions matter?" Politische Bestimmungsfaktoren des Wirtschaftswachstums in demokratischen Industriegesellschaften. Antwort auf Herbert Obinger. Kölner Zeitschrift für Soziologie und Sozialpsychologie, 53, 149-165.

Lüdeke, R. und Beckmann, K. (2001). Die Passauer Absolventenstudie „Wirtschaftswissenschaft": Leistungsindikatoren (Noten), Einkommensniveaus, Einkommensprofile und Einkommensbarwerte. In: R. K. Weizäcker (Hrsg.), Bildung und Beschäftigung. (S. 27-122). Berlin: Duncker & Humblot.

Lewin, K., Minks, K.-H. und Uhde, S. (1996). Abitur - Berufsausbildung - Studium. Zur Strategie der Doppelqualifizierung von Abiturienten („HIS-Studie"). Mitteilungen aus der Arbeitsmarkt- und Berufsforschung, 3, 431-454.

Lin, N. (1999). Social networks and status attainment. Annual Review of Sociology, 25, 467-487.

Lipowsky, F. (2003). Wege in den Beruf – Beruflicher Erfolg von Lehramtsabsolventen in der Berufseinstiegsphase. Bad Heilbrunn: Klinkhardt.

Lippman, S. A. und McCall, J. J. (1976). Job search in a dynamic economy. Journal of Economic Theory, 12, 365-390.

Long, J. S. (1997). Regression models for categorical and limited dependent variables. Thousand Oaks: Sage Publications.

Ludwig-Mayerhofer, W. (2005). Arbeitslosigkeit. In: M. Abraham und T. Hinz (Hrsg.), Arbeitsmarktsoziologie. Probleme, Theorien, empirische Befunde (S. 199-239). Wiesbaden: VS Verlag für Sozialwissenschaften.

Lynn, P., Clarke, P., Martin, J. und Sturgis, P. (2002). The effects of extended interviewer efforts on nonresponse bias. In: R. M. Groves, D. A. Dillman, J. L. Altinge und R. J. A. Little (Hrsg.), Survey Nonresponse (S. 135-147). New York: Wiley.

Manser, M. und Brown, M. (1980). Marriage and household decision making: A bargaining analysis. International Economic Review, 21, 31-44.

Mayer, K. U. und Carroll, G. R. (1987). Jobs and classes: structural constraints on career mobility. European Sociological Review, 3, 14-38.

Mayer, K. U. und Huinink, J. (1990). Alters-, Perioden- und Kohorteneffekte in der Analyse von Lebensverläufen oder Lexis ade? In: K. U. Mayer (Hrsg.), Lebensverläufe und sozialer Wandel. Sonderheft 31 der Kölner Zeitschrift für Soziologie und Sozialpsychologie (S. 442-459). Opladen: Westdeutscher Verlag.

McElroy, M. und Horney, M.-H. (1981). Nash-bargained household decisions: Towards a generalization of the theory of demand. International Economic Review, 36, 333- 349.

McKenna, C. J. (1985). Uncertainty and the labour market: recent developments in job-search theory. Brighton: Wheatsheaf Books.

McManus, P. (2001). Womens participation in elf-employment in western industrialized nations. International Journal of Sociology, 31, 70-97.

Mertens, D. (1974). Schlüsselqualifikationen. Mitteilungen aus der Arbeitsmarkt- und Berufsforschung, 07, 36-43.

Merton, R. K. (1968). The matthew effect in science. Science, 159, 56-63.

Meulemann, H. (1985). Bildung und Lebensplanung. Die Sozialbeziehung zwischen Elternhaus und Schule. Frankfurt: Campus.

Meulemann, H. (1995). Die Geschichte einer Jugend. Lebenserfolg und Erfolgsdeutung ehemaliger Gymnasiasten zwischen dem 15. und 30. Lebensjahr. Opladen: Westdeutscher Verlag.

Meulemann, H., Hummel, H.-J., Wieken-Mayser, M., Wiese, W. und Ziegler, R. (1987). Lebensplanung und Lebenserfolg in privilegierten Lebensläufen. Abschlußbericht eines DFG-Projektes. Köln: Zentralarchiv für empirische Sozialforschung – Universität zu Köln.

Mincer, J. (1962). On-the-job training: costs, returns and some implications. Journal of Political Economy, 70, 50 - 79.

Mincer, J. (1974). Schooling,experience and earnings. Columbia University Press: New York.

Minks, K.-H. (1992). Absolventenreport Wirtschaftswissenschaften. Ergebnisse einer Untersuchung zum Berufsübergang von Absolventen wirtschaftswissenschaftlicher Studiengänge des Prüfungsjahrgangs 1988 und 1989. (Bd. Bildung Wissenschaft Aktuell 6). Bonn: Bundesminister für Bildung und Wissenschaft.

Minks, K.-H. (1996). Frauen aus technischen und naturwissenschaftlichen Studiengängen. Ein Vergleich der Berufsübergänge von Absolventinnen und Absolventen. Hochschulplanung, 116.

Minks, K.-H. und Bathke, G. W. (1994). Absolventenreport Medizin. Ergebnisse einer Längsschnittuntersuchung zum Berufsübergang von Absolventinnen und Absolventen der Humanmedizin. Bildung-Wissenschaft-Aktuell, 4.

Minks, K.-H. und Filaretow, B. (1993). Absolventenreport Sozialwissenschaften. Ergebnisse einer Längsschnittuntersuchung zum Berufsübergang von Absolventen sozialwissenschaftlicher Diplomstudiengänge. Bonn: Bundesministerium für Bildung und Wissenschaft.

Minks, K.-H. und Filaretow, B. (1995). Absolventenreport Magisterstudiengänge. Ergebnisse einer Längsschnittuntersuchung zum Berufsübergang von Absolventinnen und Absolventen der Magisterstudiengänge. Bonn: Bundesministerium für Bildung und Wissenschaft.

Minks, K.-H. und Nigmann, R. (1991). Hochschulabsolventen zwischen Studium und Beruf. Hannover: Hochschul-Informations-System GmbH.

Müller, W. (1978). Klassenlagen und Lebenslauf. Mannheim (Habilitationsschrift).

Müller, W. (1998). Erwartete und unerwartete Folgen der Bildungsexpansion. Kölner Zeitschrift für Soziologie und Sozialpsychologie, Sonderheft 38, 81-112.

Müller, W. R. P. (2004). Weshalb gibt es so wenige Arbeiterkinder in Deutschlands Universitäten? In: R. Becker und W. Lauterbach (Hrsg.), Bildung als Privileg? (S. 311-352). Wiesbaden: VS Verlag für Sozialwissenschaften.

Mortensen, D. (1988). Matching: Finding a partner for life or otherwise. American Journal of Sociology, 94, 215-240.

Mouw, T. (2003). Social capital and finding a job: Do contacts matter? Amercan Sociological Review, 68, 868-898.

Mutz, G., Ludwig-Mayerhofer, W., Koenen, E. J., Eder, K. und Bonß, W. (1995). Diskontinuierliche Erwerbsverläufe. Analysen zur postindustriellen Arbeitslosigkeit. Opladen: Leske+Budrich.

Neller, K. (2005). Kooperation und Verweigerung: Eine Non-Response-Studie. ZUMA-Nachrichten, 57, 9-36.

Nicholson, N. (2000). Motivation-selection-connection: an evolutionary model of career development. In: M. Peiperl, M. Arthur, R. Goffee und T. Morris (Hrsg.), Career frontiers: New concepts of working life (S. 54-75). Oxford: University Press.

Noll, H.-H. (1981). Kriterien und Mechanismen der beruflichen Platzierung – ein Aspekt der Wohlfahrtsproduktion. Mannheimer Berichte, 18, 488-498.

Noll, H.-H. (2000). Subjektive Indikatoren. Expertise für die Kommission zur Verbesserung der informationellen Infrastruktur zwischen Wissenschaft und Statistik. Mannheim: ZUMA.

Noll, H.-H. und Weick, S. (2007). Einkommensarmut und Konsumarmut – unterschiedliche Perspektiven und Diagnosen. Analysen zum Vergleich der Ungleichheit von Einkommen und Konsumausgaben. Informationsdienst Soziale Indikatoren (ISI), 37, 1-6.

Noll, S., Heinz-Herbert; Weick. (2005). Markante Unterschiede in den Verbrauchsstrukturen verschiedener Einkommenspositionen trotz Konvergenz. Analysen zu Ungleichheit und Strukturwandel des Konsums. Informationsdienst Soziale Indikatoren (ISI), 34, S. 1-5.

Obinger, H. (2001). Verteilungskoalitionen und demokratische Staatsstrukturen als Determinanten der wirtschaftlichen Entwicklung? Eine Replik auf Volker Kunz. Kölner Zeitschrift für Soziologie und Sozialpsychologie, 53, 136-148.

OECD. (2005). Education at a glance 2005. Paris: OECD.

OECD. (2006). Education at a glance 2006. Paris: OECD.

Offe, C. (1984). Das Wachstum der Dienstleistungsarbeit: Vier soziologische Erklärungsansätze. In: C. Offe (Hrsg.), Arbeitsgesellschaft. Strukturprobleme undZukunftsperspektiven. (S. 291-319). Frankfurt: Campus.

Osterland, M. (1990). „Normalbiografie" und „Normalarbeitsverhältnis". In: P. A. Berger und S. Hradil (Hrsg.), Lebenslagen, Lebensläufe, Lebensstile (S. 351-362). Göttingen: Schwartz.

Parmentier, K., Schade, H.-J. und Schreyer, F. (1996). Berufe im Spiegel der Statistik. Beschäftigung und Arbeitslosigkeit 1985-1995. Beiträge zur Arbeitsmarkt- und Berufsforschung, 50.

Parmentier, K., Schade, H.-J. und Schreyer, F. (1999). Ingenieurinnen und Ingenieure: Turbulenzen und Zyklen am Arbeitsmarkt. IAB Materialien, 3, 9-10.

Parmentier, W., Klaus; Dostal. (2002). Qualifikation und Erwerbssituation in Deutschland. Konzeption und inhaltliche Schwerpunkte der BIBB/IAB-Erhebungen. In: G. Kleinhen (Hrsg.), IAB-Kompendium Arbeitsmarkt- und Berufsforschung (S. 31-44). Nürnberg: Beiträge zur Arbeitsmarkt- und Berufsforschung.

Parsons, F. (1909). Choosing a vocation. Boston: Houghton Mifflin.

Peschel, P. (1997). Arbeitsmarkterfahrung junger Wirtschaftswissenschaftler. Ergebnisse einer Absolventenstudie der Universität-Gesamthochschule Essen. Informationen für die Beratungs- und Vermittlungsdienste der Bundesanstalt für Arbeit Nürnberg, 4, 247-265.

Peto, R. und Peto, J. (1972). Asymptotically efficient rank invariant test procedures. Journal of the Royal Statistical Society, 135, 185-206.

Picht, G. (1964). Die deutsche Bildungskatastrophe. Olten: Walter.

Pissarides, C. (1985). Job search and the functioning of labour marktets. In: D. Carline, C. Pissarides, W. Siebert und P. J. S. (Hrsg.), Surveys in economics: Labour economics. (S. 159-185). London/New York: Longman.

Plicht, H., Schober, K. und Schreyer, F. (1994). Zur Ausbildungsadäquanz der Beschäftigung von Hochschulabsolventinnen und -absolventen. Mitteilungen aus der Arbeitsmarkt- und Berufsforschung, 27(3), 175-199.

Plicht, H. und Schreyer, F. (2002). Methodische Probleme der Erfassung von Adäquanz der Akademikerbeschäftigung. In: IAB - Kompendium Arbeitsmarkt - und Berufsforschung. (S. 531-545). Nürnberg: Beiträge zur Arbeitsmarkt- und Berufsforschung.

Pointer, S. und Hinz, T. (2005). Mobilität im Arbeitsmarkt. In: M. Abraham und T. Hinz (Hrsg.), Arbeitsmarktsoziologie. Probleme, Theorien, empirische Befunde (S. 99-132). Wiesbaden: VS Verlag für Sozialwissenschaften.

Pollak, R. A. (1985). A transaction cost approach to families and households. Journal of Economic Literature, 23, 581-608.

Preisendörfer, P. und Voss, T. (1988). Arbeitsmarkt und soziale Netzwerke. Die Bedeutung sozialer Kontakte beim Zugang zu Arbeitsplätzen. Soziale Welt, 39, 104-119.

Prüfer, P. und Rexroth, M. (1996). Verfahren zur Evaluation von Surveyfragen. ZUMA-Nachrichten, 20(39), 95-116.

Prüfer, P. und Rexroth, M. (2000). Zwei-Phasen-Pretesting. ZUMA-Arbeitsbericht, 00/08(8).

Prüfer, P., Rexroth, M. und Fowler, F. J. (Hrsg.). (2004). QUEST 2003. Questionnaire evaluation standards. ZUMA - Nachrichten Spezial, Band 9. Mannheim: ZUMA.

Ramm, D. M. und Bargel, T. (2005). Frauen im Studium. Langzeitstudie 1983-2004. Bundesministerium für Bildung und Forschung (BMBF).

Rammstedt, B., Koch, K., Borg, I. und Reitz, T. (2004). Entwicklung und Validierung einer Kurzskala für die Messung der Big Five Persönlichkeitsdimensionen in Umfragen. ZUMA-Nachrichten, 55, 5 - 28.

Reimer, M. (2001). Die Zuverlässigkeit des autobiographischen Gedächtnisses und die Validität retrospektiv erhobener Lebensverlaufsdaten. Berlin: Max-Planck-Institut für Bildungsforschung.

Reinberg, A. (1999). Der qualifikatorische Strukturwandel auf dem deutschen Arbeitsmarkt. Entwicklungen, Perspektiven und Bestimmungsgründe. Mitteilungen aus der Arbeitsmarkt- und Berufsforschung, 32, 434-447.

Reinberg, A. und Hummel, M. (2002). Zur langfristigen Entwicklung des qualifikationsspezifischen Arbeitskräfteangebots und -bedarfs in Deutschland. Empirische Befunde und aktuelle Projektionsergebnisse. Mitteilungen aus der Arbeitsmarkt- und Berufsforschung, 35, 580-600.

Reinberg, A. und Hummel, M. (2004). Fachkräftemangel bedroht Wettbewerbsfähigkeit der deutschen Wirtschaft. Aus Politik und Zeitgeschichte, 28, 3-10.

Reinberg, A. und Hummel, M. (2005). Höhere Bildung schützt auch in der Krise vor Arbeitslosigkeit. IAB Kurzbericht, 9.

Reinberg, A. und Schreyer, F. (2003). Studieren lohnt sich auch in Zukunft. IAB Kurzbericht, 20.

Reuband, K.-H. und Blasius, J. (2000). Situative Bedingungen des Interviews, Kooperationsverhalten und Sozialprofil konvertierter Verweigerer. Ein Vergleich von telefonischen und face-to-face Befragungen. In: Methoden in Telefonumfragen. (S. 139-167). Opladen: Westdeutscher Verlag.

Riesenfelder, A., Schelepa, S. und Wetzel, P. (2007). Karrieretypen im naturwissenschaftlich-technischen Arbeitsfeld. Eine Studie zu Dimensionen von (Dis)Kontinuität in den Karrieren hochqualifizierter Frauen und Männer. Wien: Lechner, Reiter und Riesenfelder Sozialforschung OEG.

Rifkin, J. (1995). Das Ende der Arbeit und ihre Zukunft. Frankfurt a. M.: Campus.

Rostampour, P. und Lembert, A. (2003). Berufserfolg. Objektive und subjektive Dimensionen. In: H. Krüger, T. Rauschenbach, K. Fuchs, C. Grunert, A. Huber, B. Kleifgen, P. Rostampour, C. Seeling und I. Züchner (Hrsg.), Diplom-Pädagogen in Deutschland. Survey 2001. Weinheim: Juventa.

Rumberger, R. W. (1981). Overeducation in the U. S. labor market. Praeger: New York.

Schaeper, H. (1995). Zur Arbeitssituation von Lehrenden an westdeutschen Universitäten. Ergebnisse einer empirischen Untersuchung in fünf ausgewählten Disziplinen. In: J. Enders und U. Teichler (Hrsg.), „Der Hochschullehrerberuf". Aktuelle Studien und ihre hochschulpolitische Diskussion. Neuwied: Luchterhand.

Schelsky, H. (1956). Soziologische Bemerkungen zur Rolle der Schule in unserer Gesellschaftsverfassung. In: H. Schelsky (Hrsg.), Schule und Erziehung in der industriellen Gesellschaft (S. 9-50). Würzburg: Werkbund Verlag.

Schimpl-Neimanns, B. (2000a). Hat die Bildungsexpansion zum Abbau der sozialen Ungleichheit in der Bildungsbeteiligung geführt? Methodische Überlegungen zum Analyseverfahren und Ergebnisse multinomialer Logit-Modelle für den Zeitraum 1950-1989. ZUMA Arbeitsberichte, 2.

Schimpl-Neimanns, B. (2000b). Soziale Herkunft und Bildungsbeteiligung. Kölner Zeitschrift für Soziologie und Sozialpsychologie, 52, 636-669.

Schlafke, W. (1972). Akademisches Proletariat? Osnabrück: Fromm.

Schlegelmilch, C. (1987). Taxifahrer Dr. phil. Akademiker in der Grauzone des Arbeitsmarktes. Opladen: Leske+Budrich.

Schmidlin, S. (2003). Die Entwicklung des Arbeitsmarktes für hoch qualifizierte Arbeitskräfte. Eine empirische Analyse der Absolventenbefragungen 1991 bis 2001. Neuachtel: Bundesamt für Statistik (BFS).

Schmidlin, S. (2007). Der Einstieg in den Arbeitsmarkt: Ergebnisse der Schweizer Hochschulabsolventenbefragung der letzten zehn Jahre. Beiträge zur Hochschulforschung, 29, 100-128.

Schmidt, G. (1999). Kein Ende der Arbeitsgesellschaft. Berlin: Edition Sigma.

Schnell, R. (1997). Nonresponse in Bevölkerungsumfragen. Opladen: Leske+Budrich.

Schnell, R., Hill, P. und Esser, E. (1999). Methoden der empirischen Sozialforschung. München u. a.: Oldenbourg.

Schneller, K. und Schneider, W. (2005). Bundesweite Befragung der Absolventinnen und Absolventen des Jahres 2003 im Studiengang Psychologie. Psychologische Rundschau, 56, 159-175.

Schomburg, H. (1992). „Berufliche Orientierungen und Berufszufriedenheit". In: U. Teichler und M. Buttgereit (Hrsg.), Hochschulabsolventen im Beruf. (S. 207-242.). Bad Honnef: Bock.

Schomburg, H. (2007). Kein schwerer Start: Die ersten Berufsjahre von Hochschulabsolventen in Europa. Beiträge zur Hochschulforschung, 29(1), 130-155.

Schomburg, H. und Teichler, U. (1998). Studium, Studienbedingungen und Berufserfolg. In: U. Teichler, H.-D. Daniel und J. Enders (Hrsg.), Brennpunkt Hochschule. Neuere Analysen zu Hochschule, Politik und Gesellschaft. (S. 141-172). Frankfurt a.M.: Campus.

Schomburg, H., Teichler, U., Doerry, M. und Mohr, J. (Hrsg.). (2001). Erfolgreich von der Uni in den Job. Regensburg: Wahlhalla Fachverlag.

Schröder, J. (2002). Der Berufseinstieg von Universitätsabsolventinnen und -absolventen: Eine empirische Untersuchung anhand der sozialwissenschaftlichen Absolventinnen und Absolventen der Universität Mannheim. Unveröffentlichte Diplomarbeit, Fakultät für Sozialwissenschaften der Universität Mannheim.

Schreyer, F. (1999). Studienfachwahl und Arbeitslosigkeit. IAB Kurzbericht, 14.

Schreyer, F. (2000). „Unsichere" Beschäftigung trifft vor allem die Niedrigqualifizierten. ibv(49), 5013-5020.

Schreyer, F. (2001). Grundzüge des Akademikerarbeitsmarktes. Informationen für die Beratungs- und Vermittlungsdienste der Bundesanstalt für Arbeit, 26, 2211-2233.

Schreyer, F., Ramm, M. und Bargel, T. (2005). Studierende in „Männerfächern". Eine Sonderauswertung der Konstanzer Studierendensurveys zu Aspekten der Sozio- und Bildungsbiographie. IAB Werkstattbericht, 6, 1-13.

Schüssler, R. und Funke, C. (2002). Projektionen der Arbeitsmärkte für Hochschulabsolventen nach Fachrichtungen - Erfahrungen und Perspektiven. In: L. Bellmann und J. Velling (Hrsg.), Arbeitsmärkte für Hochqualifizierte (S. 377-435). Nürnberg: Bundesanstalt für Arbeit.

Schubert, F. und Engelage, S. (2006). Bildungsexpansion und berufsstruktureller Wandel. In: A. Hadjar und R. Becker (Hrsg.), Die Bildungsexpansion. Erwartete und unerwartete Folgen (S. 93-122). Wiesbaden: VS Verlag für Sozialwissenschaften.

Seibert, M. L., S. E. & Kraimer. (2001). The five-factor model of personality and career success. Journal of Vocational Behaviour, 58, 1-21.

Sengenberger, W. (1978). Der gespaltene Arbeitsmarkt. Frankfurt: Campus.

Sesselmeier, W. und Blauermel, G. (1997). Arbeitsmarkttheorien. Ein Überblick. Heidelberg: Physica.

Settersten, R. A. (1999). Lives in time and place: The problems and promises of developmental science. Amityville: Baywood Publishing Co.

Shavit, Y. und Müller, W. (1998). From school to work. A comperative study of educational qualifications and occupational destinations. OXford: Clarend Press.

Singer, J. D. und Willett, J. B. (2003). Applied longitudinal data analysis: Modeling change and event occurrence. Oxford: University Press.

Solga, H. und Powell, J. (2006). Gebildete-ungebildet. In: S. Lessenich und F. Nullmeier (Hrsg.), Deutschland. Eine gespaltene Gesellschaft (S. 175-190). Frankfurt a. M.: Campus.

Sørensen, A. (1990). Unterschiede im Lebenslauf von Frauen und Männern. In: K. U. Mayer (Hrsg.), Lebensverläufe und sozialer Wandel. Sonderheft 31 der Kölner Zeitschrift für Soziologie und Sozialpsychologie (S. 304-321). Opladen: Westdeutscher Verlag.

Spence, M. (1973). Job market signaling. Quarterly Journal of Economics, 87, 355-374.

Spence, M. A. (1974). Market signaling. Cambridge: Harvard University Press.

Statistisches Bundesamt (Hrsg.). (1999). Demographische Standards. Gemeinsame Empfehlung des Arbeitskreises Deutscher Marktforschungsinstitute (ADM), der Arbeitsgemeinschaft Sozialwissenschaftlicher Institute (ASI) und des Statistischen Bundesamtes. Wiesbaden: Statistisches Bundesamt.

Statistisches Bundesamt (Hrsg.). (2005). Datenreport 2004. Zahlen und Fakten über die Bundesrepublik Deutschland. Bonn.

Statistisches Bundesamt (Hrsg.). (2006). Datenreport 2006. Zahlen und Fakten über die Bundesrepublik Deutschland. Bonn.

Stückmann, G. (1968). Der Berufserfolg als Motivationsphänomen. Berlin: Duncker & Humblot.

Sternberg, R. und Bergmann, H. (2003). Global Entrepreneurship Monitor. Unternehmensgründungen im weltweiten Vergleich. Länderbericht Deutschland 2002. Universität Köln.

Stichweh, R. (1994). Wissenschaft, Universität, Profession. Soziologische Analysen. Frankfurt a. M.: Suhrkamp.

Stief, M. und Abele, A. (2002). Der Berufsstart von Sozialwissenschaftlern und Sozialwissenschaftlerinnen im Vergleich mit anderen Fächern: Befunde aus einer Langzeitstudie. Sozialwissenschaften und Berufspraxis, 25., 85-98.

Stifterverband für die Deutsche Wissenschaft (Hrsg.). (2004). Schlüsselkompetenzen und Beschäftigungsfähigkeit. Konzepte für die Vermittlung überfachlicher Qualifikationen an Hochschulen. Essen.

Stigler, G. J. (1962). Information in the labor market. The Journal of Political Economy, 70, 94-105.

Stinchcombe, A. L. (1974). Creating efficient industrial administrations. New York u. a.: Academic Press.

Struck-Möbbeck, O., Rasztar, M., Sackmann, R., Weymann, A. und Wingens, M. (1996). Gestaltung berufsbiographischer Diskontinuität. Bewältigungsstrategien von ostdeutschen Berufs- und Hochschulabsolventen im Transformationsprozeß. Arbeitspapiere SFB 186, 38.

Szydlik, M. (1993). Arbeitseinkommen und Arbeitsstrukturen. Eine Analyse für die Bundesrepublik Deutschland und die Deutsche Demokratische Republik. Berlin: Edition Sigma.

Tegtmeyer, H. (1976). Die soziale Schichtung der Erwerbstätigen in der Bundesrepublik. In: H. Tegtmeyer (Hrsg.), Soziale Strukturen und individuelle Mobilität. (S. 49-69). Boppart: Schriftenreihe des Bundesinstituts für Bevölkerungsforschung.

Teichler, U. (Hrsg.). (1981). Der Arbeitsmarkt für Hochschulabsolventen. München: Saur.

Teichler, U. (1992). Der Zusammenhang von Studium und Beruf in der Einschätzung der Absolventen. Ergebnisse der dritten Befragung bei Absolventen der Kasseler Verlaufsstudie. In: U. Teichler und M. Buttgereit (Hrsg.), Hochschulabsolventen im Beruf. Ergebnisse der dritten Befragung bei Absolventen der Kasseler Verlaufsstudie. (Bd. 102, S. 173-205). Bad Honnef: Schriftenreihe Studien zu Bildung und Wissenschaft.

Teichler, U. und Wolter, A. (2004a). Studierchancen und Studienangebote außerhalb des Mainstreams in Deutschland (Bd. 2). Hamburg: Hamburger Universität für Wirtschaft und Politik.

Teichler, U. und Wolter, A. (2004b). Zugangswege und Studienangebote für nicht-traditionelle Studierende. Die Hochschule, Journal für Wissenschaft und Bildung, 13, 64-60.

Tessaring, M. (1977). Qualifikationsspezifische Arbeitslosigkeit in der Bundesrepublik Deutschland. Mitteilungen aus der Arbeitsmarkt- und Berufsforschung, 10, 229-142.

Tessaring, M. (1982). Beschäftigungsmöglichkeiten und Arbeitsmarktrisiken hochqualifizierter Arbeitskräfte. Aus Politik und Zeitgeschichte, 25.

Tessaring, M. (1985). An Evaluation of Labour-Market and Educational Forecasts in the Federal Republic of Germany. In: R. Youdi und K. Hinchliffe (Hrsg.), Forecasting Skilled Manpower Needs: The Experience of Eleven Countries (S. 57-74). Paris: UNESCO, International Institute for Educational Planning .

Therneau, T. M. und Grambsch, P. M. (2001). Modeling survival data: Extending the cox model. New York u. a.: Springer.

Thorndike, E. L. (1934). Prediction of vocational success. New York: The Commomwealth Fund.

Thurow, L. C. (1975). Generating inequality. New York: Basic Books.

Thurow, L. C. (1978). Die Arbeitskräfteschlange und das Modell des Arbeitsplatzwettbewerbs. In: W. Sengenberger (Hrsg.), Der gespaltene Arbeitsmarkt. (S. 117-137). Frankfurt a. M.: Campus.

Titze, H. (1981). Überfüllungskrisen in akademischen Karrieren: eine Zyklustheorie. Zeitschrift für Pädagogik, 27, 187-224.

Titze, H. (1986). Historische Erfahrungen mit der Steuerung des Lehrerbedarfs. Ein Beitrag aus der Sicht der historischen Bildungsforschung. In: W. Heitmeyer (Hrsg.), Interdisziplinäre Jugendforschung. Fragestellungen, Problemlagen, Neuorientierungen (S. 193-214). Weinheim: Juventa.

Tölke, A. (1998). Beruflich erfolgreich durch Ehe und Familie? Zum Zusammenhang von Lebensform und Berufskarriere. In: M. Oechsle und B. Geissler (Hrsg.), Die ungleiche Gleichheit: Junge Frauen und der Wandel im Geschlechterverhältnis. (S. 131-150). Opladen: Leske+Budrich.

Touraine, A. (1972). Die postindustrielle Gesellschaft. Frankfurt: Campus.

Tourangeau, R., Rasinski, K., Jobe, J. B., Smith, T. W. und Pratt, W. F. (1997). Sources of error in a survey on sexual behavior. Journal of Official Statistics, 13, 341-365.

Tourangeau, R., Rips, L. und Rasinski, K. (2005). The psychology of survey response. Cambridge: Cambridge University Press.

Treiman, D. J. (1977). Occupational prestige in comparative perspective. New York: Academic Press.

Urban, D. und Mayerl, J. (2006). Regressionsanalysen: Theorie, Technik und Anwendung. Wiesbaden: VS Verlag für Sozialwissenschaften.

Walwei, U. (1998). Bestimmungsfaktoren für den Wandel der Erwerbsformen. IAB Kurzbericht, 3, 1-8.

Wanous, J. P., Reichers, A. E. und Hudy, M. J. (1991). Overall job satisfaction: How good are single-item measures? Journal of Applied Psychology, 82, 247-252.

Wegener, B. (1988). Kritik des Prestiges. Opladen: Westdeutscher Verlag.

Weißhuhn, G. und Clement, W. (1982). Analyse der qualifikationsspezifischen Verdienstrelationen in der Bundesrepublik Deutschland auf der Basis der Beschäftigtenstatistik 1974/1977. Mitteilungen aus der Arbeitsmarkt- und Berufsforschung, 15, 36-49.

Weiss, A. (1995). Human capital vs. signaling explanations of wage. Journal of Economic Perspectives, 9, 133-154.

Westermann, R. (1985). Empirical tests of scale type for individual ratings. Applied Psycho-logical Measurement, 9, 265-274.

Westermann, R., Heise, E., Spies, K. und Trautwein, U. (1996). Identifikation und Erfassung von Komponenten der Studienzufriedenheit. Psychologie in Erziehung und Unterricht, 43, 1-22.

Weymann, V. und Koll, M. (2001). Die Bremer Absolventenstudie. Bremen: EMPAS.

Wiendieck, G. (1994). Arbeits- und Organisationspsychologie. Berlin: Quintessenz.

Williamson, O., Wachter, M. und Harris, J. (1975). Understanding the employment relation – the analysis of idiosyncratic exchange. Bell Journal of Economics, 6, 250-280.

Willich, J., Minks, K.-H. und Schaeper, H. (2002). Was fordert, was hemmt die Teilnahme an beruflicher Weiterbildung? HIS-Kurzinformation, A4.

Windzio, M. und Grotheer, M. (2002). Bleiben die Erfolgreichen übrig? Die Kombination von Sequenzmusteranalyse und log-linearen Pfadmodellen bei der Analyse des Zusammenhangs von Berufserfolg und Panelmortalität. Zeitschrift für Soziologie, 4(31).

Winkler, A. (1997). Screening- und Kompensationsfunktion alternativer Beschäftigungsformen für Schwerbehinderte. Mitteilungen aus der Arbeitsmarkt- und Berufsforschung, 30, 430-440.

Wirth, H. und Dümmler, K. (2004). Zunehmende Tendenz zu späteren Geburten und Kinderlosigkeit bei Akademikerinnen. Eine Kohortenanalyse auf der Basis von Mikrozensusdaten. Informationsdienst Soziale Indikatoren, 32, 1-6.

Wissenschaftsrat (Hrsg.). (2006). Empfehlungen zur künftigen Rolle der Universitäten im Wissenschaftssystem. Köln.

Wolf, C. (1995). Sozio-ökonomischer Status und berufliches Prestige. Ein kleines Kompendium sozialwissenschaftlicher Skalen auf der Basis der beruflichen Stellung und Tätigkeit. ZUMA-Nachrichten, 37, 102-136.

Wolter, A. (1989). Von der Elitenbildung zur Bildungsexpansion : 200 Jahre Abitur (1788-1988). Oldenburg : Bibliotheks- und Informationssystem der Univ.

Wolter, A. (2005a). Auf dem Wege zu einem Europäischen Hochschulrahmen – Studienreform und Hochschulpolitik im Zeichen des Bologna-Prozesses.

Wolter, A. (2005b). Der lange Arm der Familie: Studieren unter dem Einfluss der sozialen Herkunft. In: Beiträge zur Bildungs- und Familienforschung. Festschrift für Friedrich W. Busch anlässlich seiner Emeritierung (S. 11-37). Würzburg: Ergon.

Wolter, A. (2007). From the academic republic to the managerial university – the implementation of new governance structures in german higher education. In: The 3rd international workshop on reforms of higher education in six countries – commonalities and differences. (S. 11-132.). Tokio: University of Tsukuba, Research Center for University Studies.

Ziegler, R., Brüderl, J. und Diekmann, A. (1988). Stellensuchdauer und Anfangseinkommen bei Hochschulabsolventen. Ein empirischer Beitrag zur Job-Search Theorie. Zeitschrift für Wirtschafts- und Sozialwissenschaften, 108, 247-270.

Zur aktuellen Bildungsdebatte

> Zentrale Ursachen für sozial ungleiche Bildungschancen

Der Inhalt: Elternhaus und Bildungssystem als Ursachen dauerhafter Bildungsungleichheit – Bildungsungleichheit im Primar- und Sekundarbereich – Berufliches Ausbildungssystem und Arbeitsmarkt – Konsequenzen für Politik und Forschung

Im Anschluss an kontroverse Diskussionen über dauerhafte Bildungsungleichheiten stellt das Buch detailliert aus sozialwissenschaftlicher Perspektive zentrale Ursachen für sozial ungleiche Bildungschancen in den Mittelpunkt der Betrachtung. Daher werden der aktuelle Stand empirischer Bildungsforschung diskutiert und neue Analysen vorgelegt.

Ziel ist es, in systematischer Weise soziale Mechanismen aufzuzeigen, die zur Entstehung und Reproduktion von Bildungsungleichheiten beitragen.

Rolf Becker /
Wolfgang Lauterbach (Hrsg.)
Bildung als Privileg
Erklärungen und Befunde
zu den Ursachen
der Bildungsungleichheit

3. Aufl. 2008. 440 S. Geb.
EUR 39,90
ISBN 978-3-531-16116-7

Erhältlich im Buchhandel
oder beim Verlag.
Änderungen vorbehalten.
Stand: Januar 2009.

www.vs-verlag.de

VS VERLAG FÜR SOZIALWISSENSCHAFTEN

Abraham-Lincoln-Straße 46
65189 Wiesbaden
Tel. 0611.7878-722
Fax 0611.7878-400

MIX
Papier aus verantwortungsvollen Quellen
Paper from responsible sources
FSC® C105338

If you have any concerns about our products,
you can contact us on
ProductSafety@springernature.com

In case Publisher is established outside the EU,
the EU authorized representative is:
**Springer Nature Customer Service Center GmbH
Europaplatz 3, 69115 Heidelberg, Germany**

Printed by Libri Plureos GmbH
in Hamburg, Germany